YINGKE® 盈科

盈科全国业务指导委员会系列丛书·2024

反洗钱专项法律实务

盈科律师事务所／编
郭志浩／著

法律出版社 LAW PRESS · CHINA
北京

图书在版编目（CIP）数据

反洗钱专项法律实务 / 盈科律师事务所编 ；郭志浩著. -- 北京 ：法律出版社, 2024. -- ISBN 978 - 7 - 5197 - 9860 - 4

Ⅰ. D922.281.4

中国国家版本馆 CIP 数据核字第 20247NQ843 号

反洗钱专项法律实务

FANXIQIAN ZHUANXIANG FALÜ SHIWU

盈科律师事务所　编
郭志浩　著

策划编辑　朱海波　杨雨晴
责任编辑　朱海波　杨雨晴
装帧设计　汪奇峰　臧晓飞

出版发行　法律出版社
编辑统筹　法律应用出版分社
责任校对　蒋　橙
责任印制　刘晓伟
经　　销　新华书店

开本　710 毫米 × 1000 毫米　1/16
印张　19.5　　**字数**　300 千
版本　2024 年 12 月第 1 版
印次　2024 年 12 月第 1 次印刷
印刷　固安华明印业有限公司

地址：北京市丰台区莲花池西里 7 号(100073)
网址：www.lawpress.com.cn
投稿邮箱：info@lawpress.com.cn
举报盗版邮箱：jbwq@lawpress.com.cn

销售电话：010 - 83938349
客服电话：010 - 83938350
咨询电话：010 - 63939796

书号：ISBN 978 - 7 - 5197 - 9860 - 4　　**定价**：78.00 元

凡购买本社图书，如有印装错误，我社负责退换。电话：010 - 83938349

盈科全国业务指导委员会
系列丛书编委会

总 主 编

李 华

副总主编

罗 勇 陈 浩 沈彦炜 杜 芹

出版统筹

郭 琪 丁 萌 冯 玥 张静彤

本书编著者

郭志浩 著

参 编 者

丁美婷 邢艺璇 吕盈辉 侯柔倩

序言

中国人民银行于2024年7月1日发布的《2022年中国反洗钱报告》①显示，我国打击洗钱的力度在不断加大。目前打击洗钱出现了可疑交易报告数量大增、反洗钱调查深入强化、涉洗案件批捕起诉大幅上升、洗钱犯罪宣判量刑增多四大趋势，基于此，我国在打击洗钱犯罪方面也取得了长足进展。多年来，各部门密切配合，从机制建设、法规完善、国际合作等多个角度推进反洗钱工作。一方面，反洗钱的机制不断优化，相关监管部门权责更加明确，监管效能显著增强；另一方面，最高人民法院会同最高人民检察院联合制定《关于办理洗钱刑事案件适用法律若干问题的解释》并征求相关部门意见，继续推进掩饰、隐瞒犯罪所得、犯罪所得收益司法解释的修订工作，为查处洗钱行为提供了有力的司法保障。同时，中国人民银行等部门还相继出台反洗钱办法，构建起较为完整的反洗钱法规体系。

在深化国际合作方面，我国主动积极配合国际反洗钱组织的评估工作，明确了在反洗钱工作中存在的不足，并取得显著整改成效。FATF② 正式宣布，2021年我国在其《四十项建议》③合规性指标上达标数量从25项上升至31项，充分表明我国反洗钱工作取得了新的进展。展望未来，我国将继续优化反洗钱机制，完善法规体系，并深化国际合作，努力提高反洗钱工作水平，切实维护国家金融安全。

FATF于2023年6月23日公布了最新一期全球反洗钱状况报告（*Jurisdictions*

---

① 《2022年中国反洗钱报告》，载 http://www.pbc.gov.cn/fanxiqianju/resource/cms/2024/07/2024070115492924117.pdf。

② 反洗钱金融行动特别工作组（Financial Action Task Force on Money Laundering，FATF），是目前世界上最具影响力的国际反洗钱和反恐融资领域最具权威性的国际组织之一。

③ China's progress in strengthening measures to tackle money laundering and terrorist financing，https://www.fatf-gafi.org/en/publications/mutualevaluations/documents/fur-china-2022.html.

under Increased Monitoring – 23 June 2023），[1]对各国家和地区反洗钱制度进行了全面评估，总结了当前反洗钱合作面临的形势与挑战。报告显示，绝大多数国家都取得了反洗钱制度建设方面的进步。通过加强对金融机构和非金融机构的监管，建立健全客户尽职调查和可疑交易报告制度，许多国家都提高了反洗钱的法律效力。一些发展中国家还制订了反洗钱的国家行动计划，并在制度建设中取得了进展。与此同时，发达国家的反洗钱制度也在不断完善。美国通过建立中央收益所有权登记制度，欧洲通过加强跨境监管合作，都提升了反洗钱的执法效果。信息技术的运用也使反洗钱监测更加精准。但是，发展中国家反洗钱制度建设仍面临一定困难。例如菲律宾，监管体系不健全，对赌场、贵金属等高风险领域监管不力，导致洗钱活动猖獗。此外，法规不完善、执法能力薄弱、腐败等问题也影响了发展中国家的反洗钱进展。

但是反洗钱活动仍然猖獗，尤其以加密货币等新型洗钱手段不断兴起。加密货币洗钱犯罪市场规模庞大，可能超过700亿美元，且以每年100亿~200亿美元的速度增长。[2] 发行USDT稳定币（全球市值最大的虚拟货币稳定币）的泰达币2022年共处理18.2万亿美元成交额，超过了VISA（14.1万亿美元）和万事达卡（7.7万亿美元）。[3] 2024年，泰达币不仅在1万多种数字货币中市值排名第三，而且以230亿美元的日成交额位居榜首。[4] 同时，根据联合国的最新报告，[5]加密货币已经成为东亚和东南亚地下钱庄及洗钱基础设施的重要组成部分，为当地跨国

---

① Jurisdictions under Increased Monitoring – 23 June 2023，https://www.fatf-gafi.org/en/publications/High-risk-and-other-monitored-jurisdictions/Increased-monitoring-june–2023.html.

② "Crypto Money Laundering: Four Exchange Deposit Addresses Received Over $1 Billion in Illicit Funds in 2022"（加密货币洗钱:2022年4个交易所存款地址接收超过10亿美元非法资金），Chainalysis，2023年1月26日，https://blog.chainalysis.com/reports/crypto-money-laundering–2022/。

③ "Tether"（泰达币），X，https://twitter.com/Tether_to/status/1614235064543363074.

④ Jamie Redman，"Tether's Market Cap Soars by Over 35% to $90 Billion in 2023，Nearing Top 100 Global Assets"（泰达币2023年市值飙升超过35%，达到900亿美元，接近全球排名百大资产），Bitcoin.com，2023年12月7日，https://news.bitcoin.com/tethers-market-cap-soars-by-over-35-to-90-billion-in-2023-nearing-top-100-global-assets/。

⑤ "Casinos，Money Laundering，Underground Banking，and Transnational Organized Crime in East and Southeast Asia: A Hidden and Accelerating Threat"（东亚及东南亚赌场、洗钱、地下钱庄和跨国有组织犯罪:日益增长的隐秘威胁），联合国毒品与犯罪问题办公室，2024年1月，https://www.unodc.org/roseap/uploads/documents/Publications/2024/Casino_Underground_Banking_Report_2024.pdf。

组织犯罪提供了便利。联合国还指出,泰达币发行的 USDT 稳定币在地下钱庄和洗钱基础设施中的使用日益增多。

由此可见,随着加密货币的兴起,全球的反洗钱形势日益严峻。这就要求各国政府加强通力合作、共享信息,共同打击洗钱犯罪行为,以此应对不断发展的洗钱领域新变化。洗钱的起点是犯罪,终点是银行账面上的数字,这一系列过程相当复杂,因此,本书分为三编讲述了"断卡"行动与银行卡解冻、资金出入境、虚拟货币与黄金交易的反洗钱三个方面的法律实务,笔者在刑事领域深耕多年,积累了较多的实务经验,也是较早研究加密货币领域反洗钱的实务工作者,这三方面与笔者日常的工作息息相关,也是最新的反洗钱政策与洗钱路径,所谓"知彼知己,百战不殆",对于一本反洗钱书籍来说,应当对各种洗钱手法、资金出入路径、惩罚措施有全面的了解,才能分析出其中的利弊,更好地开展反洗钱工作。

笔者深知,打击洗钱犯罪并非一朝一夕之功,既要有国与国之间的雷霆行动,也要有普通人的举手之劳。笔者虽是一名普通的律师,但希望能通过本书,给全球反洗钱法律实务做一些贡献。

1 PART

断卡行动与银行卡解冻法律实务

2
PART

资金出入境法律实务

3 PART

虚拟货币与黄金交易的反洗钱法律实务

1

PART

第一编

断卡行动与银行卡解冻法律实务

第一章 银行卡解冻法律实务

第一节 “断卡”行动的政策背景

一、“断卡”行动的出台

公安部数据[①]显示，在2020年的前10个月内，中国执法机构侦破电信网络诈骗案件达15.5万起，共计逮捕涉嫌犯罪人员14.5万名，与上年相比，分别激增了65.6%和74.1%。在打击电信诈骗的多维度战线上，相关机构还封锁了超过21万个与诈骗有关的域名，拦截了超过5100万次的诈骗电话和6.3亿多条诈骗短信。从这些数据可以看出，2020年上半年，电信网络诈骗案件数量激增，严重危害人民群众利益，一场针对电信网络诈骗的全面、系统性打击行动迫在眉睫。

面对如此严峻形势，2020年10月11日，国务院专门召开打击治理电信网络新型违法犯罪工作部际联席会议。会议针对电信诈骗案件数量激增的严峻局面，决定在全国范围内开展“断卡”专项行动，集中打击非法开办和贩卖电话卡、银行卡等违法犯罪行为，切断电信诈骗的技术链条。这标志着国家正式启动重拳出击，向电信诈骗以及与之相关的洗钱、掩饰隐瞒犯罪所得、网络赌博等犯罪宣战。

二、“断卡”行动政策的变化

2020年10月，国务院召开打击治理电信网络新型违法犯罪工作部际联席会

① 《国务院打击治理电信网络新型违法犯罪工作部际联席会议决定在全国范围内开展“断卡”行动》，载https://www.gov.cn/xinwen/2020-10/11/content_5550326.htm。

议，正式开展“断卡”行动。此次行动着眼根治电信网络诈骗犯罪的滋生土壤，重点打击非法开办贩卖电话卡、银行卡的行为。会议要求采取多管齐下措施，集中抓获一大批非法开办贩卖“两卡”的违法犯罪团伙，整治一大批“两卡”犯罪猖獗的重点地区，严惩一大批“两卡”违法失信人员，坚决遏制电信网络诈骗犯罪的高发态势。

2021 年 5 月，工业和信息化部在电信网络诈骗治理工作会议上明确，要继续推进“断卡”行动，加大力度整治电信网络诈骗。[①] 强调要突出源头治理与综合治理，健全部、省两级行业主管部门与公安机关协作配合机制，统筹调度全行业反诈技术资源，严肃落实企业反诈责任，提升大数据分析诈骗线索能力。针对电话卡、物联网卡管理问题，要建立“二次实人认证”、快速停复机协同工作机制，清理整顿高风险号卡，增加对涉诈互联网账号及信息的关联处置力度，进一步压实企业反诈责任。

2021 年 6 月，最高人民检察院和教育部联合下发《关于印发在校学生涉“两卡”犯罪典型案例的通知》，[②]警示广大在校学生远离“两卡”犯罪。该通知指出，部分在校学生社会阅历不足，在利益驱使下非法买卖“两卡”，已成为“两卡”犯罪的重要群体之一。通知详细列举了 5 起在校学生参与“两卡”犯罪的典型案例，并对校园开展法治教育提出明确要求，呼吁教育部门和学校加强引导，增强学生风险防范意识，不要成为犯罪“工具人”。

2021 年 9 月，十部委联合印发了《关于进一步防范和处置虚拟货币交易炒作风险的通知》，[③]其中明确要求继续深入开展“断卡行动”，依法严厉打击虚拟货币领域的违法犯罪活动。这表明断卡行动开始与虚拟货币领域犯罪活动联动打击。

2021 年 10 月，时值“断卡”行动开展一周年，国务院联席会议办公室再次召开

---

① 《推进“断卡行动”工信部加大力度整治电信网络诈骗》，载 https://www.gov.cn/xinwen/2021-05/13/content_5606096.htm。

② 《关于印发在校学生涉“两卡”犯罪典型案例的通知》，载 https://www.spp.gov.cn/xwfbh/wsfbt/202106/t20210623_522065.shtml#2。

③ 《关于进一步防范和处置虚拟货币交易炒作风险的通知》，载 https://www.gov.cn/zhengce/zhengceku/2021-10/08/content_5641404.htm。

全国"断卡"行动推进会，对行动进行再部署和再推动。[①] 会议强调要进一步提高政治站位，加大打击力度，打赢这场攻坚战。明确要实施重点地区"红黄牌"警告约谈制度，建立快速通报机制，继续推进信用惩戒，形成强大震慑。各地区、各部门要压实主体责任，继续去存量、控增量，坚决关停高危卡、管控可疑卡，严把开卡关。

2022 年 7 月，工业和信息化部在对全国人大建议的答复中表示，[②]将部署开展"断卡行动 2.0"，继续加强技术手段建设，提高电信网络诈骗治理能力。这标志着"断卡"行动升级为 2.0 版本，行动与技术手段的结合将更加紧密。

2023 年 6 月，《人民日报》发文称，[③]依法严打严惩战果丰硕，法律政策不断完善，全国逐渐构建全链条重拳打击涉诈犯罪生态系统。各地区、各行业全面梳理本地区、本领域存在的涉诈风险和管理漏洞，做到风险隐患清零。工业和信息化部开通"一证通查"服务和启动"断卡行动 2.0"以来，组织集中排查处置涉诈高危电话卡近亿张，清理关联互联网账号近亿个，有力地挤压了涉诈犯罪的生存空间。

从上述政策变化看，"断卡"行动在持续推进过程中，打击范围从最初的非法"两卡"逐步扩展到校园、虚拟货币等更广领域。手段也从简单打击违法行为，逐渐丰富到综合治理、技术应用等方面。这表明国家层面在总结经验的基础上，不断完善相关政策，使"断卡"行动能够顺应形势发展，发挥更大作用，切实遏制了电信网络诈骗犯罪的高发态势，维护了社会稳定。

三、落实成果

(一)打击效果显著

截至 2023 年 11 月底，全国当年共破获电信网络诈骗案件 39.1 万起，同比上升 5.7%，抓获犯罪嫌疑人数同比上升 64.4%，立案数同比下降 17.3%，造成财产

---

① 《全国"断卡"行动推进会召开 部署深入推进打击整治非法开办贩卖电话卡银行卡违法犯罪攻坚战》，载 https://www.gov.cn/xinwen/2021-10/12/content_5641960.htm。

② 《对十三届全国人大五次会议第 4311 号建议的答复》，载 https://www.miit.gov.cn/zwgk/jytafwgk/art/2022/art_545f29f22e0449de89f12705b57e0e60.htm。

③ 《不法分子不断翻新诈骗形式与作案手段，各地公安机关——全链条打击，遏制电诈上升态势》，载 http://paper.people.com.cn/rmrb/html/2023-06/28/nw.D110000renmrb_20230628_2-11.htm。

损失数额同比下降1.3%，实现了“两升两降”的工作目标，打击治理电信网络诈骗犯罪取得显著成效。①

(二)行业治理有序推进

各地、各部门按照“断网络、打团伙、断通道”的总体思路，持续深化对重点业务和突出问题的整治工作，积极推进技术手段建设和应用，不断提高反诈防控能力。同时，加强对金融机构和通信企业的监管和问责，严肃查处内部“内鬼”问题。

(三)社会共治形成合力

各地、各部门加强对从业人员和目标人群的宣传教育，增强防范意识和能力，曝光一批典型案例和违法违规人员，形成有效震慑。同时，积极发动社会各界力量，广泛开展反诈志愿服务，建立健全多元化的社会反诈合作机制。

第二节　银行卡解冻四步法

一、联系开户行

联系开户行，获取以下信息：冻结主体、冻结时间、冻结缘由。

(一)如何与开户行取得联系

持卡人可以通过拨打客服电话、“114”电话查询、前往开户行等方式获取上述信息。

(二)如何确认冻结主体

1. 如果是银行的风控措施，持卡人要直接与银行沟通解冻的方式。

2. 如果是税务机关冻结，持卡人要查询公司是否有欠税，税务机关在追缴欠税款时会冻结纳税人的账户。

3. 如果是司法冻结，持卡人需要明确是公、检、法哪家机关冻结的。在公安机

---

① 《公安机关打击治理电信网络诈骗违法犯罪获显著成效》，载 https://www.gov.cn/xinwen/2023-01/02/content_5734607.htm。

关、检察院冻结的情况下,牵涉的就是刑事案件。在法院冻结的情况下,牵涉的可能是刑事案件或者民事执行案件。

冻结后静待3天,大部分银行卡被冻结后,3天内都会自动解开,因此可以先等3天。在银行卡被冻结的案例中,多数为公安机关冻结,解冻四步法针对的也是公安机关的冻结。

二、联系冻结地公安机关

(一)与冻结地公安机关取得联系

如果3天后银行卡没有自行解冻,持卡人要主动和冻结地公安机关取得联系。如果没有联系方式,可以通过"114"查询、总机查询等方式获得联系电话。有条件的也可以到公安机关所在地查询,还可以委托专业的解冻卡律师与公安机关联系。

(二)与警官沟通处理方式

持卡人与承办警官取得联系后,警官可能会要求持卡人提供一些必要的材料,持卡人可以按照警官的要求提供相关材料。

在笔者团队办理的大量解卡案例中,大部分警官的出发点在于维护受害人的合法权益免受损害,对持卡人的权益关注较少。如果有专业的律师从持卡人的角度向警官分析案情,提供专业的法律意见,就能更好地维护持卡人的权益,提高解冻的成功率。

三、准备材料并提交

(一)准备材料

以涉虚拟币交易的银行卡解冻为例,持卡人可以准备以下材料,包括半年到一年的银行流水、虚拟货币交易记录或链上转币记录、平台交易记录、与交易对手的聊天记录、交易对手的实名信息、个人收入证明和工作证明、卡内其他资金合法来源证明以及其他能够证明资金来源合法的材料。除上述材料外,持卡人还需提交《解冻申请书》,向公安机关说明应当解冻的理由。

持卡人如果准备材料有困难,可以委托专业的解卡律师代为准备全套的解冻材料。一套完善的解冻材料是能否成功解冻的关键因素。

(二)提交材料

持卡人将上述材料准备好后,可以携带材料前往冻结地公安机关配合调查,也可以委托律师由律师代为前往公安机关配合调查。

四、公安机关审查材料

在公安机关做完调查后,一般情况下,公安机关会在一周内给予是否解冻的答复。如果提交资料后公安机关没有任何反馈或仍然不解冻,建议持卡人委托专业律师沟通处理。

总之,持卡人碰到银行卡被冻结的情况时,可以先按照银行卡解冻四步法尝试解冻。如果情况较为复杂,自己难以处理或者牵涉的利益较多,可以委托专业的解卡律师解决。

第三节　解冻银行卡被问最多的问题

很多持卡人都很关注,在办理解冻银行卡的过程中,公安机关可能会问到哪些问题?根据以往办理解冻银行卡案件所遇到的情况,笔者团队将可能涉及的问题总结如下。

1. 你有没有稳定的工作和收入来源?如果没有你卡里的钱是怎么回事?

2. 你的银行流水这么乱,必须说清楚每一笔的来龙去脉才能处理,这笔钱是干什么的?是不是赃款?

3. 你认识给你转账的人吗?他和你是什么关系?你知不知道他这笔钱的来源是有问题的?怎么能够证明你不知道?

4. 你为什么会和一个陌生人交易?你怎么能够证明你这一笔流水就是对应这笔交易记录?

5. 你说陌生人先给你转钱你才给对方转币,对方凭什么就相信你?

6. 你不知道买卖虚拟货币是违法的吗?(问的同时给你看《94公告》①、《924通知》②等文件)

7. 你之前为什么一直不来解冻?是不是做贼心虚?现在为什么又突然来了?准备的材料是不是造假的?

8. 你怎么能证明你卖的虚拟货币就是你自己的?

9. 你交易之前有没有验证过对方资金的合法性?没有验证过你怎么知道对方的资金就是合法的?难道就没有怀疑过对方的钱有问题吗?

10. 你知不知道做OTC是违法的,你这是参与洗钱知道吗?我们现在就可以按照帮信罪给你立案了。

11. 你的虚拟货币是怎么来的?是不是参与了一些违法的项目?

12. 你知道国家打击虚拟货币所以就赶快卖了,那你还说你不知道虚拟货币是违法的,不是违法的为什么要打击?

13. 你说你不知道虚拟货币(或换汇等)是违法的,大街小巷的标语你都没看到过吗?

14. 你的银行卡已经不是第一次被冻结了,上次冻结你说你不知道是赃款,这次你还不知道吗?最起码应该知道先验资吧?

15. 你知不知道BN、HB这些交易所都是违法的,你在上面买卖的行为一样是违法的,知不知道?

16. 你说你在交易平台上交易的虚拟币,你不知道交易平台是违法的吗?你是怎么登录上去的?肯定是以不合法的方式登录的吧?

17. 你们用的聊天软件会定时清除记录,这不就是担心被查到吗?如果不违法为什么担心被查呢?

18. 你买币的资金是怎么来的?请提供相关证明。

---

① 《中国人民银行、中央网信办、工业和信息化部、工商总局、银监会、证监会、保监会关于防范代币发行融资风险的公告》(2017年9月4日)。

② 《中国人民银行、中央网信办、最高人民法院、最高人民检察院、工业和信息化部、公安部、市场监管总局、银保监会、证监会、外汇局关于进一步防范和处置虚拟货币交易炒作风险的通知》(2021年9月15日)。

19. 线下交易虚拟币不就说明你是可能知道钱或者币有问题才线下交易的吗？你以为这样就可以逃过追查吗？

20. 你的银行卡之前被冻结过，就足以说明你知道会收到赃款了。

21. 国外的客户支付的货款应该是离岸的人民币或其他外币，为什么转给你的是国内的人民币？你有没有按照进出口的规定经营？

22. 你不知道外币换人民币要去银行吗？私下换汇是违法的，你不知道吗？我们不但可以冻卡，我们还可以给外汇管理局写一份司法建议，反映你私下换汇的问题，轻则罚没资金，重则构成刑事犯罪。

23. 你做这笔货物买卖交税了吗？报关了吗？没交税、没报关也是违法的，你不知道吗？我们不但可以冻卡，还可以给相关部门写一份司法建议，反映你逃税的问题。

24. 这个平台是非法的你不知道吗？你认识平台运营的人吗？你与平台是如何交易的？

25. 你在线上赌博，有没有拉人头？是怎么分钱的？

26. 用于赌博的资金是哪里来的？所有的赌资公安机关都有权予以没收。

27. 你愿不愿意把涉案的这笔赃款退还受害人？

第四节　解冻银行卡百问百答

一、冻结常识篇

（一）冻结情形

1. 银行卡冻结的种类有哪些？

答：（1）司法冻结。司法冻结可以分为两大类：一类是公安机关冻结，以刑事案件为主；另一类是法院冻结，以民事案件为主。此外，检察院冻结的概率微乎其微。

（2）银行风控。不是法律意义上的冻结，更多是一种银行的风控措施，近年来规模很大。

(3)行政冻结。主要是有权的行政机关因行政事务而冻结,与各类型的行政案件绑定在一起,这类冻结数量非常少,主要包括税务机关、海关、外汇管理机关、市场监督管理机关冻结等。

2. 导致银行卡被司法冻结的高危行为有哪些?

答:(1)外贸交易。出于避税的需要,没有通过正规的结汇途径结算资金,导致收到了地下钱庄或其他不良渠道的赃款。

(2)私下换汇。无论是做对敲还是找地下钱庄换汇,都有可能收到涉案资金。

(3)网络赌博。网赌是违法行为,参赌人员在赌博过程中收到对方打来的、赌场打来的赌资,或者收到网赌平台的一些不良渠道的资金。

(4)虚拟币交易。无论是通过虚拟货币交易平台还是私下交易,交易方的身份及资金来源都无法确定,很容易收到涉案资金。

(5)黄金、珠宝、文玩、玉石交易。私下进行的奢侈品交易,很难核实交易方的身份,在流通过程中存在洗钱的可能性。

(6)接收返还的借款、代收款。不是本人收到的,帮别人代收的资金,都存在被冻结的风险。

(7)刷银行流水。由于贷款需要或者生意需要而去刷银行流水,在刷银行流水的人中掺杂了一些洗钱或者跑分的,导致银行卡收到涉案资金而被冻结。

(8)刷单。与刷银行流水类似,只是方式不一样,也很容易收到涉案资金。

(9)投资平台提现。投资各种非正规的平台,诸如炒外汇、基金等,在非正规的结算通道下资金的来源大概率也是有问题的。

(10)国内正常经营交易。从全国范围来讲,每时每刻都在发生大量的交易,收到的货款也有可能是赃款。

(11)跑分。是指利用银行卡或者微信、支付宝的收款码,为别人进行代收款,并从中赚取佣金的行为。

(12)出售、出租、出借银行卡。这是“断卡”行动惩治的主要对象之一,只要本人的卡不是本人在使用,都可以认为是出租、出借行为。

3. 为什么银行要积极开展风控？

答：2020 年 10 月 10 日，国务院启动“断卡”行动，主要体现在公安部及所属的各地公安和商行所属的各个银行之间的紧密配合。“断卡”行动以来，根据中国人民银行的政策，四大行以及地方性的商业银行都设立了一套自己的考评标准。如果出现涉诈卡较多，银行会因此被降权，如新网点、新开户受到限制，网点绩效奖金受到影响等。

4. 银行卡冻结的案由有哪些？

答：(1)涉嫌电信诈骗。

(2)涉嫌开设赌场。

(3)涉嫌聚众赌博。

(4)涉嫌帮助信息网络犯罪活动。

(5)涉嫌洗钱。

(6)其他违法犯罪活动。

5. 银行卡在什么情况下会被风控或冻结？

答：银行卡的交易流水若触发银行风险控制模型，就会自动被银行限制银行卡功能。

银行卡有涉刑事案件的资金(“涉案款”)流入，公安机关会根据资金流向冻结涉案银行卡(例如在电信网络诈骗案中，公安机关从受害人直接汇款账户的源头开始查询，只要是从该账户分流出去的关联账户都面临冻结风险)，冻结层级通常达到流通的 5 ~ 6 级账户，冻结十几级的也时有发生。

持卡人存在出租、出售个人银行卡行为的，会被冻结银行卡，并实施 5 年惩戒措施，情节严重的，还会涉嫌帮信罪、诈骗罪等。

涉嫌洗钱、跑分等违法犯罪行为的银行卡会被公安机关冻结，而且这类银行卡是不能解冻的。

6. 触发银行风险控制模型的行为有哪些？

答：若银行卡存在以下交易，可能被银行识别并进行风控：夜间高频率交易或消费、超过 6 个月未使用、短时间内有大笔资金进账并快速流出、多次整数线上扫码支付、银行卡与各平台频繁转账(如微信、支付宝)、单笔往来金额超出银行规定数额(如单位之间转账100万元以上、20万元以上单笔现金收付、个人之间转账20万元以上),以及有涉案资金往来等。

7. 哪些行为可能会收到涉案款?

答:持卡人进行虚拟货币交易、外贸收货款、网络赌博、刷单、刷流水等高风险行为,都有可能收到来源不明的资金。犯罪分子通常会利用这些平台或者交易进行洗钱或者转移犯罪所得,持卡人则可能在不完全知情的情况下收到犯罪分子转移的涉案款。这些情况在与公安机关充分沟通并提交相关证据材料后大多是可以解决的。

8. 哪些机构可以冻结银行卡?

答:通常情况下有权力冻结银行卡的部门有税务机关、司法机关或者银行。

若是税务机关冻结银行卡,持卡人或开卡单位需要自查是否存在税款欠缴问题。

若是司法机关冻结银行卡,冻结机关可能是公、检、法中的任一机构。检察院和公安机关对于由本机关侦查的案件可以根据案件侦查情况采取冻结措施;法院对于由本院管辖的诉讼案件或执行案件可以采取保全等措施冻结银行卡。

若是银行冻结(指银行风控)银行卡,则是因为银行等金融机构承担着监督电信网络犯罪活动的责任,对于监测到的账户异常情形可以先行启动风险防控措施,所以银行也有权力临时限制持卡人的银行卡业务功能。

9. 虚拟货币交易是否受法律保护?

答:虚拟货币属于虚拟财产,受到法律保护。《中国人民银行、工业和信息化部、中国银行业监督管理委员会、中国证券监督管理委员会、中国保险监督管理委员会关于防范比特币风险的通知》中明确比特币等虚拟货币不具有货币属性,不能作为货币在市场上流通,但承认了其属于特定的虚拟商品,没有否定它作为虚拟商品在市场上的流通和交易。在法律没有禁止的情况下,交易虚拟货币的民事行为是不被法律禁止的,这一结论也已经被多个法院的判例所印证。

10. 委托他人购买虚拟货币交易是否合法？

答：中国人民银行等七部门《关于防范代币发行融资风险的公告》中明确了虚拟货币发行融资与交易的风险承担，并没有明确指出交易虚拟货币属于非法金融活动。总之，仅根据现有的相关规定不能说明委托他人购买虚拟货币交易属于违法行为。

11. 出租、出借银行卡属于违法行为吗？

答：出租、出借银行卡属于违法行为。《银行卡业务管理办法》规定，银行卡及其账户只限发卡银行批准的持卡人本人使用，不得出租和转借。出租、出借银行卡属于违法行为，可能会面临银行的惩戒措施并影响个人征信。此外，出租、出借银行卡在某些情况下会涉嫌帮助信息网络犯罪活动罪等刑事犯罪。

12. 哪些行为属于出租、出借银行卡？

答：卡内资金与本人无关的即属于出租、出借行为，具体包括：搭建出租、出借银行卡、支付宝、微信收款码平台，收购银行卡、支付宝、微信收款码，出借个人持有的银行卡、支付宝、微信收款码，通过出租、出售个人持有的银行卡、支付宝、微信收款码获利等。

13. 什么是“跑分”？

答：“跑分”，是指利用银行卡或者微信、支付宝的收款码，为别人进行代收款，并从中赚取佣金的行为。

14. 哪些行为属于“跑分”？

答：“跑分”行为各种各样，比如组织人员利用银行卡、支付宝、微信账户等帮助网络赌博公司转账；在“跑分”平台注册账号，并在该平台充值、跑单、返利；别人转钱到持卡人的银行卡上，持卡人再将钱转到对方指定的银行账号中，并从中获得一定酬劳。这些行为实质上就是利用银行卡等支付结算终端为别人转账并从中获利的行为。

15. 私下换汇违法吗？

答：我国一直以来对外汇都是强监管的。通过钱庄、找换店、朋友互换等私下方式换汇都是违法的。

16. 私下换汇被行政处罚的时效是多久？

答:《行政处罚法》第三十六条规定,违法行为在2年内未被发现的,不再给予行政处罚;涉及公民生命健康安全、金融安全且有危害后果的,上述期限延长至5年。法律另有规定的除外。

前款规定的期限,从违法行为发生之日起计算;违法行为有连续或者继续状态的,从行为终了之日起计算。

从上述条款可以得知,一般情况下,私下换汇被行政处罚的时效在违法行为发生之日起2年内。

17. 私自买卖外汇("换汇")如何处罚？

答:私自买卖外汇、变相买卖外汇、倒买倒卖外汇或者非法介绍买卖外汇数额较大的,由外汇管理机关给予警告、没收违法所得,处违法金额30%以下的罚款;情节严重的,处违法金额30%以上等值以下的罚款;构成犯罪的,依法追究刑事责任。

18. 只是在网上赌博,会涉嫌刑事犯罪吗？

答:只是在网上赌博,可能会涉嫌刑事犯罪。持卡人在线上赌博平台赌球、玩棋牌等,若以此为业,可能会构成赌博罪。持卡人除充值提现外,还参与了平台内的"合营"等项目,可能会涉嫌开设赌场罪,被依法追究刑事责任。如今,网络犯罪形式多样,操作便捷,持卡人可能会在无意识的情况下便参与了刑事犯罪。

19. 赌博行为被治安处罚的时效是多久？

答:《治安管理处罚法》第二十二条规定:违反治安管理行为在6个月内没有被公安机关发现的,不再处罚。

前款规定的期限,从违反治安管理行为发生之日起计算;违反治安管理行为有连续或者继续状态的,从行为终了之日起计算。

从上述条款可知,赌博行为在行为终了之日起6个月后未被公安机关发现的,不再处罚。但冻卡即可视为发现,请勿再等6个月,错过解冻黄金期。

20. 网络赌博后卡被冻结,不去处理会怎样？

答:有的持卡人因为参与了网络赌博被冻卡,不愿意去公安机关说明情况。

不去说明情况，法院在扣划资金时不会区分赌资和其他合法资金，卡内资金会被全部扣划，同时账户存在被移到"涉赌涉诈黑名单"的风险。

21. 为了贷款，找人刷流水违法吗？

答：违法。伪造银行流水骗取贷款的行为可能构成骗取贷款罪、贷款诈骗罪。除此之外，找人刷流水被冻卡的风险极高，容易牵连进刑事犯罪。不少洗钱团伙以帮助持卡人获取贷款为诱饵，欺骗持卡人通过刷流水的方式提高信用额度，促使其主动要求洗钱团伙帮助伪造交易流水。事实上，洗钱团伙表面上是为持卡人伪造交易流水，实质上是实施赃款转移、洗钱等违法犯罪活动。此番操作，持卡人本以为可以获取贷款，没想到会成为犯罪分子的帮凶，将自己变成犯罪嫌疑人。

22. 用自己的信用卡套现违法吗？会有什么影响？

答：违法。对于持卡人来说，套现流水可能被银行反洗钱系统监测，触发银行风控，并纳入银行征信系统，记入个人信用报告。若以非法占有为目的的恶意透支，则涉嫌信用卡诈骗罪。对于商户来说，为持卡人套现，情节严重的，可能构成非法经营罪。

23. 只有转出记录的银行卡会被冻结吗？

答：有可能被冻结。如果银行卡与涉案账户之间有转账记录，就存在与涉案人员实施非法行为的可能，公安机关基于查清全案事实的需要，会将相关银行卡进行反向冻结。

24. 哪些机关可以采取行政强制冻结措施？

答：冻结作为一种行政强制措施，可以确保行政机关依法履行行政职能。常见的采取行政强制冻结措施的机关有税务机关、公安机关、海关。若未缴税款、偷逃税款，税务机关可以直接向银行发出指令，要求冻结相关账户。公安机关在行使行政职能时，若存在未缴的罚款时，也会冻结相应的账户。海关在征收关税时也会冻结相关账户。

（二）冻结程序

25. 冻结期限一般为多久？

答：公安机关的刑事冻结措施一般为 6 个月，可以无限期续冻。冻结前会有

48 小时或 72 小时的临时止付期，大部分账户会在到期后自动解冻。所以，被冻卡后不要慌，先等 3 天再看。

26. 什么是限制非柜台交易？

答：限制非柜台交易，是指持卡人只能在银行柜台让柜员办理业务，不能使用银行提供的网上银行、ATM、绑定支付宝微信等业务。被限制非柜台交易后，持卡人需要前往银行查清限制原因才能解除限制。

27. 到银行柜台询问冻结情况，银行为什么拒绝告知？

答：银行拒绝告知的原因可能是银行工作人员不熟悉业务流程，不知道是否应当告知，遇到这种情况时，可以和银行工作人员耐心解释或进行投诉后就可以解决。

这时也可能是银行工作人员已经私下联系了公安机关，也许等一会儿公安机关的民警就到了。

此外，部分案件的《冻结通知书》是直接发给总行，银行工作人员因为受权限限制，无法获知相关信息，持卡人需要通过银行工作人员逐级上报，才能获知相关信息。

28. 银行卡被冻结，银行网点的工作人员以各种理由推脱，不给办理解冻怎么办？对于解冻来说第一步就是要去开户行了解信息，但是有些银行不但对解冻不予配合还不予提供相关信息，怎么办？银行有没有义务配合解冻？

答：首先，银行卡持有人与银行基于合同关系享有平等权利，银行作为服务提供者有责任向储户通报银行卡冻结情况并协助办理解冻事宜。但若银行未能履行此义务，我们可以向金融监管部门进行投诉，要求监管部门对该支行的行为进行处理。此外，除向银行询问冻结详情外，如果冻结操作是由公安机关执行的司法冻结，银行卡持有人亦可通过联络公安机关（如派出所、反诈中心等）获取更具体的冻结缘由和相关信息。

29. 为什么持卡人的银行卡会被多个公安机关轮流冻结 3 天？

答：出现这种情况是因为持卡人银行流水中相关的交易账号曾收到过来源复杂的涉案资金，且多地公安机关均已立案（或在冻结期满前新立案）。在已经有公安机关冻结的情况下后面的公安机关就只能轮候冻结,也就会出现多个公安机关轮流冻结的情况。

30. 公安机关冻结银行卡,可以去告公安机关,这种说法对吗?

答:不对,公安机关冻结银行卡的行为属于公安机关依据《刑事诉讼法》的授权采取的刑事强制措施,该种行为不属于行政诉讼的受案范围。即使持卡人向人民法院提起诉讼,人民法院也会不予受理或受理后驳回起诉。

31. 银行卡被止付 3 天后自己解冻,需不需要把里面的钱转出去?

答:没有必要。银行卡被止付过之后,还是存在再次被冻结的可能性。但无论里面有没有钱,如果被冻结了,还是要进行解冻处理。如果没有被再次冻结,更没必要转出来了。

32. 不去解冻,资金被扣划后会自动解冻吗?

答:不会自动解冻。根据相关规定公安机关直接作出资金返还决定将涉案资金扣划后,在冻结期内银行卡是不会解冻的,在冻结期满前,公安机关仍然可以作出续冻决定。如果查清新的涉案资金,公安机关可以重新启动返还程序。

33. 银行卡已经被冻结,在冻结期间还会被其他公安机关冻结吗?

答:很有可能。很多当事人觉得被冻卡后不用处理,过不久银行卡就会自动解冻。有不少当事人等来的却是其他公安机关的再次冻结。

34. 本地反诈中心是否能够帮助申请解除总对总管控?

答:当地反诈中心可以协助处理总对总管控的解除事宜,但不具备直接解除此类管控的权限。当地反诈中心收到解除管控申请及材料后,将逐级上报至公安部进行最终审核,公安部审核通过后,才会通知银行解除账户的管控措施。

此外,若名下仍然存在未解除的冻结,是无法解除总对总管控的。逻辑也很简单,异地的嫌疑都没有排除,反诈中心也无法排除对管控对象的怀疑。

35. 银行卡被冻结,被通知去异地解冻做笔录怎么做?需要注意什么?

答:在这种情况下,可以先与办案警官协商邮寄申请解冻的材料。如需做笔录,可以协商在持卡人所在地的公安机关做笔录,还可协商以视频的方式做笔录。

若冻结地公安机关要求持卡人本人前往冻结地公安机关做笔录,则在前往异地公安机关申请解冻前,需要明确银行卡被冻结的原因是否涉及刑事犯罪。若不涉及刑事犯罪,那么去当地做笔录一般为询问式调查,在做笔录的过程中应注意笔录记录的信息是否反映真实事实,不要乱签字、乱应答,在确认清楚笔录内容之后再按手印,并在笔录结束后请办案警官开具证据清单。若可能涉及刑事犯罪,建议委托专业的律师陪同前往。

36. 被反诈中心冻卡,多久可以解冻?

答:反诈中心是公安机关的内部机构。银行卡被反诈中心冻结,其实就是被公安机关冻结了,若是没有涉及案件,一般是3天内解冻,若是涉及案件,一般是6个月之后解冻,若是涉及重大案件,并且一直没有破案,可能会被无限期续冻。

37. 先冻结银行卡,再调查原因违法吗?

答:不违法。法律赋予了公安机关根据侦查犯罪的需要可以冻结涉案的存款的权力,同时规定了银行在公安机关要求冻结账户时立即配合的义务。具体来说,针对不同主体的冻结权力的相关规定如下。

第一,针对公安机关的冻结权力规定在《公安机关办理刑事案件适用查封、冻结措施有关规定》第二十三条,根据侦查犯罪的需要,公安机关可以依法冻结涉案的存款、汇款、证券交易结算资金、期货保证金等资金,债券、股票、基金份额和国务院依法认定的其他证券,以及股权、保单权益和其他投资权益等财产。

第二,针对银行配合冻结的义务规定在《公安机关办理刑事案件适用查封、冻结措施有关规定》第二十五条,有关单位接到公安机关协助冻结财产通知书后,应当立即对涉案财物予以冻结,办理相关手续,不得推诿拖延,不得泄露有关信息。有关单位办理完毕冻结手续后,在当事人查询时可以予以告知。除此之外,《金融机构洗钱和恐怖融资风险评估及客户分类管理指引》还赋予了银行对高风险账户的限制性管控的权力,金融机构应对高风险客户采取强化的客户尽职调查及其他风险控制措施,有效预防风险。可酌情采取的措施包括但不限于以下几个。

(1)进一步调查客户及其实际控制人、实际受益人的情况。

(2)进一步深入了解客户经营活动状况和财产来源。

(3)适度提高客户及其实际控制人、实际受益人信息的收集或更新频率。

(4)对交易及其背景情况做更为深入的调查,询问客户交易目的,核实客户交易动机。

(5)适度提高交易监测的频率及强度。

(6)经高级管理层批准或授权后,再为客户办理业务或建立新的业务关系。

(7)按照法律规定或与客户的事先约定,对客户的交易方式、交易规模、交易频率等实施合理限制。

38. 银行卡被冻结,但卡里没有钱需要处理吗?

答:有人认为反正自己的卡里也没有多少钱冻了就冻了吧,去解冻特别麻烦,殊不知自己的一时疏忽可能会导致棘手数倍的后果。笔者建议无论卡内冻结的金额有多少,都要第一时间与冻结地的公安机关沟通解冻事宜。拖得时间久了随时都可能会上惩戒名单。一旦上了惩戒名单影响的就是本人名下的所有银行卡,如房贷卡、工资卡都不会幸免。

39. 解冻银行卡需要收费吗?解冻银行卡的费用是不是很高?

答:首先,公安机关或银行不会收取额外的费用,若涉及退赔涉案资金,则需将该部分资金退还给报案人或公安机关暂时保管,退赔资金不属于额外收费。

持卡人自行申请解冻银行卡,会存在隐性成本,如果冻结机关在异地,需承担前往异地申请解冻的时间成本以及交通、住宿等费用。若上述隐性成本较高,可以考虑委托律师,减少时间成本和试错成本。

40. 银行卡被冻结,最严重的情况下,要经历三个阶段才能恢复正常,具体是哪三个阶段?

答:(1)办案单位解除冻结,即银行卡被非本地的公安机关冻结时的解冻处理。首先,需与异地公安机关确认解冻途径,了解是否必须本人亲自前往冻结地办理,尽管有时直接前往当地可能是必需的,但应事先明确此行目的及潜在风险。特别是,如果自己可能涉及刑事犯罪,亲自前往可能会有被异地拘留的风险。

(2)反诈中心解除惩戒,反诈中心可以帮助申请解冻,也可以帮助申报解除以及开解除风控证明。

(3)银行解除风控,银行可以解除自行冻结银行账户的风控,具体流程需要根据不同银行风控的要求提供相应的资料。

二、冻结影响篇

(一)冻结影响

41. 银行卡被冻结会有什么影响?

答:银行卡被冻结则涉案账户的银行业务受到限制。主要体现在涉案账户只进不出或不进不出,非柜台业务和存取款业务受到限制,部分银行也会限制持卡人的理财业务、信贷业务等。

涉案账户可能会被移入"涉案账户名单"。移入"涉案账户名单"后,银行会中止涉案账户开户人名下的所有账户的业务,其他银行的业务也会受到一定的影响。

涉案账户可能会被移入"可疑账户名单"。若纳入"可疑账户名单",银行则会配合公安机关取消非柜台业务,部分银行也会限制涉案账户的存取款等业务。

持卡人可能会被移入"涉赌涉诈灰名单"。若纳入"涉赌涉诈灰名单",涉案账户即使解冻成功,也无法正常使用。除涉案账户所在银行外,其他银行也会对持卡人开户有所限制,非柜台业务也会审慎开通。

持卡人可能被列入"断卡人员名单"。若纳入"断卡人员名单",5 年之内持卡人所有银行业务都无法正常开展。除影响银行业务外,甚至可能影响手机卡的办理。

另外,公安机关会根据持卡人的涉案情况决定是否作为刑事案件立案。

42. 网络赌博专案冻卡,卡里没钱躺平即可,不要神经兮兮,不要自己吓自己,这种说法对吗?

答:这种想法大错特错!近年来,由于国家对网络诈骗和网络赌博的打击力度不断加大,对于疑似涉及非法活动的银行卡,执法机关往往采取"宁可误冻,不可遗漏"的严格措施。一方面,如果不去澄清卡里的流水情况,公安机关会觉得你嫌疑更大,冻结到期后大抵会续冻导致银行卡长期冻结;另一方面,在长期冻结之后，可能会将冻结人列入银行涉案、惩戒名单，导致其他银行卡、微信、支付宝等也无法正常使用。

43. 所有银行卡都不能正常使用是什么原因？

答：若持卡人名下的所有银行卡都不能正常使用，很大可能是被移入了“涉赌涉诈灰名单”或者“断卡人员名单”中。持卡人需要被移除名单后，其银行卡才能恢复正常使用。

44. 公安机关是否有权扣划账户资金？

答：公安机关可以依法扣划冻结账户内的资金。根据《关于查询、冻结、扣划企业事业单位、机关、团体银行存款的通知》（已废止）的规定，公安机关作出免予起诉、不予起诉、撤销案件或者结案处理决定时，均可要求银行协助扣划企事业单位、机关、团体的银行存款。

根据《关于印发电信网络新型违法犯罪案件冻结资金返还若干规定的通知》的规定，针对电信网络新型犯罪，公安机关要查清被害人的资金流向，银行应当协助公安机关将涉案资金返还至公安机关指定的被害人账户。

45. 什么情况下会扣划资金？

答：公安机关对涉及的刑事案件作出免予起诉、不予起诉、撤销案件、结案处理决定时，与案件相关的涉案资金会依法作出扣划的决定。

公安机关在办理电信网络新型违法犯罪案件时，可以依法将查清的被害人资金扣划至被害人账户中。

人民法院依据已生效的刑事裁判文书可以对涉案财物进行处置。

46. 资金被扣划后，银行卡会解冻吗？

答：资金被扣划结束，不代表银行卡可以解冻。司法机关在排除了冻结账户涉案的可能性后才会依法解冻。因此，银行卡被冻结后，无论案件处于什么阶段，还是建议持卡人联系公安机关说明情况，而且沟通的时间越早越有利于解冻。如果不确认自己的情况是否存在风险，可以向专业的律师咨询。

47. 银行卡内资金被公安机关扣划后还能要回来吗？

答：扣划错误的款项是可以要回来的。只是难度会比较大，程序会比较复杂，处理成本也会比较高。

48. 公安机关将卡内资金扣划或者返还是违法的，这种说法对吗？

答：不完全对。根据《关于印发电信网络新型违法犯罪案件冻结资金返还若干规定的通知》的相关规定，公安机关查明事实后，可依法对受害人的资金进行返还。

虽然公安机关可以对卡内资金进行扣划，但持卡人或者被冻资金的权利人仍应在冻卡后第一时间联系公安机关，说明资金情况，提交证据资料。若查明被冻资金确实与案件无关，公安机关也不应将卡内资金强制扣划。

49. 公安机关让持卡人私下退钱给被害人，合法吗？

答：目前所有法律规定中，均没有私下退钱的规定。

公安机关更多是从"化解社会矛盾"的"调解"的角度提出这个要求，持卡人完全可以自己决定是否退钱给被害人。但要提醒持卡人，部分地区的公安机关可能会以"没事为什么要退"为由，在退还后继续侦查案件，对此有真实案例。

50. 银行卡中因善意取得的涉案财物要退还吗？刑法中有善意取得制度吗？

答：刑法中存在善意取得制度。例如，除《最高人民法院关于刑事裁判涉财产部分执行的若干规定》第十一条规定的 4 种情形外，理论上都可以善意取得。第三人善意取得涉案财物的，在执行程序中不予追缴。作为原所有人的被害人对该涉案财物主张权利的，人民法院应当告知其通过诉讼程序处理。

51. 为什么银行卡刚被冻结不久就被扣划了？

答：银行卡被冻结大多是因为收到了电信诈骗的赃款，导致持卡人有涉嫌帮助洗钱的嫌疑，所以才会被公安机关冻结银行卡，而涉及电信诈骗的案件公安机关是有权随时扣划给被害人的。

52. 为什么公安机关解冻后，银行还是不允许取钱？

答：如果公安机关解除冻结措施后，银行还是不允许取钱，可能有以下原因：(1)银行账户被移入了可疑名单或者涉案名单；(2)持卡人被移入了'涉赌涉诈黑名单"或者"断卡人员名单"；(3)银行卡被风险控制；(4)银行卡还有其他公安机关在轮候冻结。

53. 有过止付记录、冻结记录的银行卡对持卡人有什么影响?

答:公安机关在办理案件时,会认为有过止付记录或者冻结记录的持卡人对于收到涉案资金是明知的。对于持卡人来说,洗脱犯罪嫌疑的难度和解冻的难度都会大幅增加,甚至有可能以涉嫌帮信罪等犯罪为由被公安机关立案调查。

54. 一张银行卡被冻,会影响持卡人名下其他银行卡的功能吗?

答:可能会影响。持卡人某张银行卡被冻后,其他银行卡可能会受到不同程度的限制。比如开户业务、非柜台业务、存取款业务、海外业务、信贷业务、理财业务等,根据不同的情况会有不同程度的限制。不仅涉及开户行,还有可能牵连其他银行的银行卡。

55. 名下所有银行卡、支付宝、微信全被冻结了是什么原因?

答:若名下所有银行卡都不能正常使用,很大可能是被移入了“涉赌涉诈灰名单”或者断卡人员名单、两卡人员等名单中,这种名单的具体叫法很多,我们可以统称为惩戒名单。此时需要解除司法冻结后,再去反诈中心移除名单,银行卡才能恢复正常。

56. 销卡后公安机关还会冻结或者要求配合调查吗?

答:不会冻结但会要求配合调查。笔者团队的当事人曾经遇到过这样的情况,银行卡被注销后,公安机关无法采取冻结措施,但还是会要求持卡人配合调查。

57. 房贷卡被冻结后会影响还房贷吗?

答:房贷卡被公安机关冻结后是会影响还房贷的。持卡人碰到这种情况时,要积极与公安机关协商,尽快解除银行卡的冻结。除此之外,还可以主动联系贷款银行,尝试更换房贷卡,或者通过现金的方式还房贷。

(二)拘留措施和“黑名单”

58. 在取保候审期间,作为犯罪嫌疑人的持卡人会受到什么限制?

答:在实际的解卡案件中,有持卡人被采取取保候审措施的情况。在取保候审期间,持卡人的活动会受到限制,主要包括不能离开居住地、传讯时及时到案,更不能出国、移民等。

59. 被采取刑事拘留措施后仅仅是关几天这么简单吗？

答：在大量的咨询中，有些持卡人更关心的是卡里的钱能不能取出来，至于会不会被抓并不在意。拘留或者取保候审不同于行政处罚。持卡人被采取拘留或者取保候审之后即意味着已被作为刑事案件的犯罪嫌疑人立案调查了。如果没有进行及时且妥当处理，是极有可能被判刑的。

60. 两卡人员名单中的“两卡”是什么？

答：“两卡”指的是银行卡、手机卡，但也涵盖了物联网卡、微信、支付宝账户等。两卡人员名单，是指公安机关认定的出租、出售、出借、购买银行账户或者支付账户的单位和个人，假冒他人身份或者虚构代理关系开立银行账户或者支付账户的单位和个人；公安机关认定的出租、出售、出借、购买手机卡的用户。

61. 被列入两卡人员名单会有什么后果？

答：根据《中国人民银行关于进一步加强支付结算管理防范电信网络新型违法犯罪有关事项的通知》的规定，被列入两卡人员名单的，银行和支付机构5年内暂停其银行账户非柜面业务、支付账户所有业务，并不得为其新开立账户。

62. 公安机关会去抓移入两卡人员名单中的人吗？

答：虽然两卡人员名单针对的是出租、出售、收购银行卡的人员，但很多被冻卡的持卡人都会被误移入两卡人员名单中。如果没有及时接受公安机关的调查，公安机关有可能去找持卡人。

63. 惩戒5年期满后办理银行卡业务可以恢复正常吗？

答：《中国人民银行关于进一步加强支付结算管理防范电信网络新型违法犯罪有关事项的通知》第二条第九款规定，惩戒期满后，受惩戒的单位和个人办理新开立账户业务的，银行和支付机构应加大审核力度。人民银行将上述单位和个人信息移送金融信用信息基础数据库并向社会公布。

从上述条款可知，5年惩戒期满后银行卡业务基本上可以恢复正常使用。只是银行会加大审核力度，各大银行都可以查询到惩戒记录。

64. 谁把被冻账户移进了“涉案账户名单”中？

答：根据《关于建立电信网络新型违法犯罪涉案账户紧急止付和快速冻结机

制的通知》的规定，公安机关可以将涉案账户信息通过“涉案账户信息统计报文”发送到管理平台。

实践中有以下几种操作方式：冻结机关根据案件情况决定将被冻账户移入“涉案账户名单”中；银行将冻结信息主动上报至辖区的公安机关反诈中心，辖区所在地反诈中心经审查确认存在涉案嫌疑时，将被冻账户信息移入“涉案账户名单”中。

65. 被移入“涉案账户名单”后有什么影响？

答：影响一：被移入“涉案账户名单”后，即便银行卡被解冻，也不能恢复使用，只有从名单中移除，银行卡才可以正常使用。

影响二：开户银行会封停“涉案账户”在境内和境外的转账、取现等功能；不得办理转账汇款、存现业务。简单来说，就是银行卡的所有功能都无法使用。

影响三：部分银行可能会单独采取限制开户、限制办理及发放贷款、限制理财业务等措施。

66. 被列入可疑名单有什么后果？

答：涉案账户被列入可疑名单后，即使解除司法冻结，银行账户仍然无法正常使用。

除此之外，开户行会限制可疑账户的非柜台交易，汇款人向可疑账户汇款时还会提示“收款账户可疑，谨防诈骗”。

67. 在网赌、电诈横行的当下，要如何尽量避免银行卡冻结给我们带来的经济损失？

答：首先，为了资金的稳定性，持卡人可以考虑在不同银行开设账户，用于不同的用途，避免所有资金集中在单一账户中。

其次，合理合法合规地使用银行卡，尽量避免账户的异常交易，如短期大额、频繁转账。同时，提高对网络诈骗的识别能力，不点击来路不明的链接，不下载未知来源的 App，不在非安全环境下输入银行卡信息。

最后，重要账户应当维护其正常的活跃度，定期查看账户流水，使用银行卡进行合法交易。

三、解冻技巧篇

（一）可不可以解冻

68. 银行卡被冻结打什么电话最有效？

答：第一，拨打开户行的客服电话，银行不处理的可以打“12378”向监管部门投诉；第二，如果银行卡受到反诈中心风控影响，或者因为转账到欺诈账户而被保护性支付，可以拨打反诈中心电话“96110”查询和解决；第三，如果负责解冻的办案警官消极处理或不予处理，可以拨打警务投诉电话“12389”；第四，拨打“12345”市长热线投诉反馈情况。

69. 银行卡被冻结6个月以上的不用处理，会自动解冻，这种说法对吗？

答：不完全对。银行卡被冻结半年以上期限的，确实有可能到期就自动解冻了，但这种概率并不是特别大，除非已经结案，资金已经追回且嫌疑已被排除。因此，银行卡被冻结后还是需要持卡人积极处理的。

70. 银行卡被多地公安机关冻结6个月以上，可以解冻吗？

答：持卡人未参与诈骗、洗钱、掩饰隐瞒犯罪所得等犯罪的，即使是被多地公安机关冻结，也是可以解冻的。

71. “涉案账户名单”可以移除吗？

答：在银行账户存在冻结措施的情况下，需要先解除银行卡的冻结措施，再向公安机关申请移除“涉案账户名单”。

在银行账户曾经被止付或者冻结过，但到期后自动解除的情况下，申请移除“涉案账户名单”时，有的公安机关可能需要曾经止付或者冻结的公安机关进行说明，才会允许申请移除。

72. 交易虚拟货币被冻结，可以解冻吗？

答：单纯的虚拟货币交易被冻结后是可以解冻的。但是，各地公安机关对虚拟货币交易的合法性认知不同，容易产生误判，认为卖币的人属于涉案人员，甚至是犯罪嫌疑人。如果多次沟通仍然无法解冻的，建议委托熟悉虚拟货币的专业律师处理，省心省力。

73. 银行账户内的资产或其他实体资产、虚拟货币资产，因存放所在的第三方平台被以非法集资或传销等罪名查处后，可以解冻或解封资产吗？（如 PxxsToken、星某联盟等案件）

答：未参与第三方平台的刑事案件，仅是资产存放，被一并查封是可以解冻的。从以往经验来看，解冻需要尽快申请。如果资产已经被公安机关处置，是很难再解冻的。

74. 因出租、出借银行卡被冻结后，可以解冻吗？

答：出租、出借银行卡虽然属于违法行为，但如果卡内资金为自己的合法所得，仍然可以进行解冻。但解冻后仍有可能被限制非柜台交易。

75. 因参与网络赌博银行卡被冻结，可以解冻吗？

答：参与网络赌博导致银行卡被冻结是可以解冻的。但解冻后仍可能被限制非柜台交易。

76. 因网络赌博银行卡被冻结，解冻时银行卡内资金可以保留吗？

答：根据案件情况部分可以保留。持卡人需要证明被冻结的部分不是赌资、不是其他违法所得，但赌资部分或涉案部分则可能会被没收。

77. 做外贸生意的过程中收到了赃款，可以解冻吗？

答：可以解冻。外贸商可准备相关材料后与公安机关说明情况解冻。但因涉及违反结汇的管理规定，处理起来较为复杂且可能会被公安机关将案件移送到外汇管理局，最高可面临 30% ~100% 的处罚，如果情况复杂或解冻有困难的，建议委托律师代为处理。

78. 私下换汇收到赃款，可以解冻吗？

答：可以解冻。但私下换汇属于违法行为，可能会被公安机关移送到外汇管理局后处以流水金额 30% ~100% 的罚款（注意是流水金额），而且有构成刑事犯罪的风险。持卡人如果有这种高风险行为，建议委托律师进行处理。

79. 刷流水导致银行卡被冻结，可以解冻吗？

答：为了贷款，找人刷流水被冻卡是可以解冻的。但解卡的前提是洗脱犯罪嫌疑，不然公安机关是可以以涉嫌洗钱、“跑分”等刑事犯罪对持卡人采取刑事强制措施的。

80. 银行卡被冻结后什么证据都无法提供的,可以解冻吗?

答:从实践来看,是可以解冻的。但如果是"跑分"行为,涉及掩饰隐瞒犯罪所得罪、洗钱罪等罪名,或者涉嫌开设赌场罪等其他刑事犯罪的,银行卡是不能解冻的。

81. "跑分"被冻结,可以解冻吗?

答:明知属于涉案资金,参与"跑分"的银行卡是无法解冻的(即使解冻也会有5年的惩戒)。在不知情的情况下,被不法分子以"刷单"等名义诱骗去"跑分"的,可以解冻。"跑分"行为涉嫌帮助信息网络活动罪或掩饰隐瞒犯罪所得罪等罪名,再次提醒各位持卡人,请遵纪守法,远离"跑分"。

82. 银行卡被查询、止付、冻结记录较多,会影响解冻吗?

答:影响很大。公安机关查询到的银行卡止付、冻结记录较多时,会认为该银行卡属于高风险账户,是否解冻也会非常谨慎。即使解除了冻结措施,银行的风控措施解除难度也会升级。

83. 持卡人同时被不同公安机关分别采取取保候审措施和冻卡的,可以解冻吗?

答:具体情况具体分析,有的案件是可以解冻的,有的案件则需要先将刑事案件处理完才可以解冻。遇到这种复杂的情况,建议持卡人最好联系专业律师沟通解决方案,维护自己的合法权益。

84. 被公安机关取保候审期间,银行卡可以解冻吗?

答:取保候审虽然不同于拘留,持卡人没有被完全限制人身自由,但仍是一种只针对刑事案件犯罪嫌疑人的强制措施。被公安机关取保候审后,意味着持卡人已经是犯罪嫌疑人,也意味着持卡人已经涉嫌刑事案件被立案调查。此时,只有先进行无罪辩护后,才能申请解冻银行卡。

85. 持卡人涉嫌帮信、掩隐等刑事犯罪,其银行卡可以解冻吗?

答:涉嫌刑事案件的当事人的银行卡一般是不能直接申请解冻的,但如果公安机关冻结的银行卡内余额超出了涉案金额,仍然是可以解冻的。

（二）解冻如何操作

86.银行卡被冻结后，一定要知道的必备知识点有哪些？

答：第一，如果办案人员非要做笔录，你有权指定时间和地点进行。因为真正成为犯罪嫌疑人之前，持卡人是以证人身份接受询问的，对证人询问法律规定，证人可以在现场进行，也可以到证人所在单位、住处或者证人指定的地点进行。

第二，银行卡被冻结6个月之后大多数不会自动解冻（不要被部分幸运儿误导产生幸存者偏差），公安机关在查清楚之前有权无限续冻。

第三，涉诈卡片被冻结之后，司法机关对银行卡余额的扣划并不需要经过持卡人同意，特别是电信诈骗类的案件，不需要到法院就可以扣划。

第四，是否会影响其他银行卡使用。如果是一级涉案卡，被冻结之后不予处理会有极大可能被办案人员认为存在重大嫌疑，从而被纳入两卡惩戒名单导致所有银行卡被冻结。

第五，被要求退的资金是可以协商的，不同地区的不同办案人员根据办案风格等会有不同的退还比例，具体操作可以交给专业的人来做。

87.大部分冻卡都能自己处理，详细步骤有哪些？

答：第一步，获取冻结的详细信息，持卡人应带上材料及个人证件到银行柜台查询冻结主体、冻结起止时间、冻结缘由、冻结金额。如果银行拒绝提供相应信息，可以向上级银行咨询或投诉。

第二步，持卡人要主动和冻结地公安机关取得联系，并向办案警官了解解冻的材料和程序，在这个过程中一定要有耐心，态度诚恳，如果确实存在违法行为也不要试图隐瞒。

第三步，准备一套清晰的证据材料并附证据目录后提交，一般来说会要求提供相应的交易记录、聊天记录、发货记录、转账记录等材料，材料要前后对应，从而完整准确地体现合法交易过程，一套完善的解冻材料是能否解卡成功的关键因素。

第四步，等待公安机关审核材料，并告知解冻结果，如果在尽力之后依旧不予解冻，一定要用合法的方式据理力争，维护自己的合法权益。

需要提醒的是，所谓的大部分可以自行解冻的情形大多为不涉及违法行为的冻结，若是情节明显违法，则很大可能会涉及刑事犯罪，建议还是请专业的人做专业的事，有时的犹豫可能会丧失最佳时机。

88. 发现冻卡后的第一件事做什么？

答：发现冻卡后的第一件事是联系银行，确认冻结期限。

如果是3日止付期间，持卡人可以等待3日。在这3日内，公安机关会将一批排除嫌疑的银行卡解冻。在此期间若变更为另一公安机关再冻结3日的，持卡人可再等待3日，以此类推。

若公安机关冻结6个月以上后，再根据自身情况考虑是否去公安机关沟通解冻或委托律师代为沟通解冻。

89. 如何快速有效地向银行了解冻卡信息？

答：持卡人发现冻卡后，首先需要向银行了解一个信息，即银行卡无法使用是司法冻结还是银行风控。若是银行风控，持卡人按照银行的要求申请解除风控措施即可。若是司法冻结，持卡人至少需要向银行了解以下信息：冻结机关（具体到哪个局的哪个部门）、冻结期限、承办警官、联系方式。获取这些信息后，银行卡解冻之前，持卡人就不需要再联系银行了。

90. 银行卡冻结后怎么向银行查询冻结原因？

答：首先，拨打银行客服电话，提供个人身份信息及卡号，请求客服帮助查询冻结的具体原因。其次，可以携带身份证件及银行卡，前往银行营业网点（最好是开户行），银行的工作人员会在验证信息后告知冻结原因。另外，还可以尝试登录银行的官方网站，输入银行卡号、密码及验证码，查看账户状态及冻结详情。

91. 申请解冻需要准备哪些材料？

答：以虚拟币交易为例，持卡人可以准备以下材料：半年到一年的银行流水、交易记录的证明、与交易对手的聊天记录、交易对手的实名信息、个人收入证明和工作证明、卡内其他资金合法来源证明、《解冻申请书》等。

其中，《解冻申请书》需要详细记录交易过程及其他涉案经过，并结合相关法律规定，向公安机关释明应当依法解冻的理由。《解冻申请书》等相关材料的准备建议委托专业的律师辅助完成，一份专业的解冻材料可以极大地降低解冻卡的处理难度。

92. 银行卡被临时止付怎么办？

答：公安机关的大部分临时止付措施，都会在止付之后 3 日内解除，如果公安机关在止付期间查实被止付的银行卡与侦查的案件有密切的联系，公安机关在此期间会直接冻结银行卡。如果银行卡由止付变为解冻，则需要按照解冻四步法积极联系公安机关申请解冻银行卡。

93. 找不到冻结地公安机关的电话怎么办？

答：持卡人可以通过以下几种方式获取冻结地公安机关的电话：向银行询问冻结公安机关的联系方式、拨打“114”电话查询、拨打“110”总机查询或关注相关微信公众号和官网查询、拨打当地反诈中心电话查询。

94. 公安机关打电话让过去配合调查怎么办？

答：一般情况下持卡人接到公安机关要求配合调查的电话后，建议先向专业律师进行咨询，说明自身的交易情况和冻卡情况。如果风险不大，可以自行前往公安机关配合调查。如果确有风险，建议委托专业律师，在律师的陪同下前往公安机关。

95. 前往公安机关接受调查会不会被直接“扣人”（拘留）？

答：根据《刑事诉讼法》第六十六条的规定，法院、检察院和公安机关根据案件情况，对犯罪嫌疑人、被告人可以拘传、取保候审或者监视居住。公安机关向持卡人完成调查后，会根据调查情况决定是否适用强制措施。如果确实没有违法犯罪行为，一般不会“扣人”。

不过，因各地公安机关对虚拟货币、换汇、刷单等特殊案件的认识不尽相同，抓错人的情况也时有发生。持卡人权利受到侵害后维权的经济成本和时间成本都很高。所以，持卡人可以在经济能力允许的范围内尽量委托专业律师陪同前往公安机关配合调查。

96. 持卡人被公安机关告知，不过去就抓人，合法吗？

答：如果公安机关已经确认存在犯罪事实，过来抓人的可能性还是很大的。

如果没有证据可以认定持卡人涉嫌犯罪,公安机关一般情况下是不会随便抓人的。

但是,不抓人并不代表不会调查,办案人员可以向持卡人所在地的公安机关发出协查通知,当地派出所会通知持卡人配合调查。

97.“我不管你卡内是不是合法收入,我们只看你在赌博平台累计提现的金额。”遇到办案人员这样说怎么办?

答:别慌,面对这样的情况,应该先了解以下三个知识点:

第一,关于赌资的认定,目前相关法律和司法解释仅规定了哪些财物属于赌资,但对于赌资的计算方式,则无明确具体的规定,因此累计提现的款项并不一定全部都被视为赌资。

第二,即便部分提现金额确为赌资,但若能证明银行卡内的其他资金具有合法来源,则该部分资金不能被认定为赌资,不应被冻结罚没。

第三,具有合法来源的财产应当受到保护,若公安机关仍将其认定为赌资,持卡人可以利用合法合理的法律手段维护自身的合法权益。

98.银行卡冻结,可以到自己所在地的派出所报案吗?

答:不建议到自己所在地的派出所报案。因为冻卡后持卡人所在地的公安机关是无权干预相关刑事案件的,只有到冻结地的公安机关配合调查才能解冻。

99.银行卡冻结后到所在地派出所报案会被拘留吗?

答:有被拘留的风险。各地派出所也出现过这种情况。被冻卡的持卡人本想去所在地派出所咨询如何解冻银行卡,派出所在初步了解情况后,认为持卡人可能涉嫌刑事犯罪,就会对持卡人采取拘留措施。

100.解冻银行卡是否必须到冻结地的公安机关?

答:持卡人自己申请解冻的,需要亲自到冻结地公安机关配合调查,排除嫌疑后才可以沟通解冻事宜。持卡人委托律师解冻的,绝大多数案件是无需持卡人再过去的,但少部分案件会因案件情况需要持卡人亲自过去。

极少数地区可以律师和持卡人都不到现场,直接邮寄材料申请解冻。

101. 办案机关拒绝解冻如何有效投诉?

答:投诉是一把“双刃剑”,正常情况下一般不投诉办案机关,以下是投诉的几个核心技巧:

(1)投诉的对象是什么?

投诉尽量只投诉个人,而不是投诉整个办案单位或办案部门。

(2)投诉什么内容?

要投诉具体的事情,而不是整个案件。例如,投诉内容是“投诉×警官不解冻我的银行卡”,这样的投诉大概率是无效的。那么有效的投诉是怎样的呢?例如,办案警官在接收解冻材料之后,要问办案警官是否收到材料,如果办案警官收到材料两个星期了,还没有看材料,这时候就可以投诉办案警官,希望办案警官尽快处理材料并查明事实。

102. 不想去冻结地的公安机关处理解冻,有办法吗?

答:有,但仍然建议持卡人去现场一次处理好,因为一旦处理不好,很容易弄巧成拙。如果被冻银行卡内的金额较少,公安机关要求本人过去配合调查。从成本来看,虽然持卡人去冻结机关的路费可能比冻结的金额高,持卡人接受调查的成本较高,但如果持卡人不按照公安机关的要求配合调查,会存在公安机关主动抓人的可能。这种情况下持卡人可以申请异地协助调查或者线上办理。

103. 为什么解冻银行卡,最好去现场沟通?

答:首先,大部分公安机关不会接受电话沟通解冻事宜。公安机关办理刑事案件时,为了查清楚事实,一般会要求当面对当事人进行调查。即使当事人可以不用过去,仍然需要委托律师去当面沟通。

其次,电话沟通会存在一些弊端,比如冻结机关电话打不通、接电话的人不同造成重复处理、事实陈述不充分、无法获得信任增加沟通难度、无法及时获得反馈、电话沟通失败增加解冻难度等。

104. 触发银行风控,银行卡被限制使用,怎么办?

答:银行风控是银行为了监督银行卡可能存在的违法犯罪行为,若银行卡误被系统风控,需要持卡人前往柜台说明情况,并提供说明资料,向银行申请解除风控。某些情况下银行会要求持卡人持《涉诈风险账户审查表》前往反诈中心盖章。

105. 银行卡被暂停非柜台交易怎么处理?

答:因违反银行相关规定导致被暂停非柜台交易,需要和银行申报解除,申报解除的方式不完全相同,申报之后也并不能确保完全恢复正常。不过即使申报后仍然无法办理非柜台业务,持卡人也可以与银行沟通从柜台将卡内资金取出。

如果是因被公安机关冻结,暂停非柜台交易的,持卡人需要解除冻结措施之后才可以取款。

106. 为什么公安机关接收材料后,还是不解冻?

答:公安机关不解冻的原因可能是:存在犯罪的可能,无罪的证据不足,无法解冻;证据不足,不足以排除涉案嫌疑;银行卡涉案层级高(如一级卡),无法解冻;公安机关案件多,正在等候处理。

107. 公安机关接收材料后不解冻,怎么办?

答:持卡人可以与公安机关沟通是否需要补充材料;若与公安机关沟通无果,持卡人可以向公安机关内部或上级部门进行投诉处理;持卡人也可以委托专业律师代为处理。

108. 公安机关解冻后,银行还是不允许取钱,怎么办?

答:持卡人在解除冻结措施后,银行还是不允许取钱,持卡人要具体问题具体对待,有针对性地寻求解决措施。如果是被移入各类名单,需要针对名单进行申诉,申诉成功即可取钱。如果是被银行风险控制,需要与银行、公安机关沟通,确保银行卡无风险后,即可取钱。如果有其他公安机关轮候冻结,则会比较复杂,需要谨慎处理,建议咨询专业律师寻求解决途径。

109. 被冻银行卡内金额不多要不要进行解冻?

答:无论卡内冻结的金额有多少,都建议第一时间与冻结地的公安机关沟通解冻事宜。拖的时间久了随时都可能会上惩戒名单。一旦上了惩戒名单影响的就是本人名下的所有银行卡了,如房贷卡、工资卡都无法幸免。

110. 有些持卡人的银行卡被公安机关冻结后,里面的钱也不想要了,可以选择注销吗?

答:不能。有司法冻结存在的情况下,银行卡是无法注销的。只有解除冻结措施后,才能和银行沟通将卡注销。

111. 因为500元的莫名资金,冻结了卡内50万元的合法资金,怎么办?

答:首先,根据这500元的转账时间、转账人搞清楚该笔资金的来源,若这500元具有合法来源,可向公安机关提供具有合法来源的证明材料,排除自身涉案嫌疑,申请解冻银行卡。

其次,若不能提供材料证明这500元具有合法来源,则应把关注核心转移至银行卡内50万元的合法性上。

最后,若银行卡内的50万元具有合法来源,则向公安机关提交资金来源合法的证明材料,以证实该部分资金来源的合法性和真实性。

112. 办案警官告知冻卡只有满足资金合法和善意第三人这两点,才会解冻,如何证明资金合法和善意第三人呢?

答:(1)提供合理的资金来源解释,如该笔资金来源于工资收入、贸易收入、出售虚拟货币收入。

(2)提供合理的资金来源的证明,若该笔资金来源于贸易收入则可以提供合同、单据、交易往来记录凭证等资料,以证明确实存在贸易往来。

(3)在前两步的基础上证明持卡人为善意第三人,即提供证据证明持卡人不明知该笔资金为涉案资金,且该笔交易属于正常的市场价格,不明显低于市场价格。

113. 个人如何预防银行卡被冻结?

答:(1)不出租银行卡给他人使用。

(2)不出借银行卡给他人使用。

(3)不代他人收取资金。

(4)不从事违法犯罪活动。

(5)不私下换汇。

(6)不收取非法资金。

114. 公司如何预防银行卡被冻结?

答:坚持"三流合一"原则,即转账人、买货人及收货人,最好是同一个人或同一家公司。规范交易流程,尽量避免使用个人账户收款,避免交易相对方委托第三方支付。如果在交易过程中,转账人是A,买货人是B,收货人是C,这种交易建议谨慎处理,或者留存足够的证据,因为被冻卡的概率很大。

115. 什么时间委托律师最合适?

答:刑事案件分为三个阶段:公安侦查阶段、检察院审查起诉阶段、法院审判阶段。委托律师的最佳时机是公安侦查阶段,越往后,需要沟通的办案机关就越多,处理起来也越麻烦。

116. 什么情况下应当委托律师?

答:持卡人可自行向银行了解冻卡信息,也可自行向公安机关沟通解冻事宜。若自行沟通不顺利,或不确定自身行为的刑事风险程度,或认为解冻流程过于烦琐,均可以委托律师代为办理解冻事宜。

117. 律师能否保证100%解冻?

答:不能。首先,《律师执业管理办法》第三十三条第一款规定:"律师承办业务,应当告知委托人该委托事项办理可能出现的法律风险,不得用明示或者暗示方式对办理结果向委托人作出不当承诺。"其次,每张银行卡被冻的理由不尽相同,是否违法、违法程度不一。再次,各冻结地不同的公安机关,甚至不同的承办警官,对相同情况的认识也不尽相同,沟通难度不一。最后,许多法律问题并没有准确和标准的答案,在办理过程中也会出现很多突发状况,进而影响办理结果,只能在办理案件的过程中具体情况具体分析。

118. 怎样又快又好地向律师咨询银行卡解冻类问题?

答:在咨询律师前准备好以下相关信息:自己的银行卡或微信、支付宝账户的冻结时间;冻结案由;冻结原因;冻结的总金额;疑似的涉案金额;冻结公安机关所在地。律师在获知上述信息后可以快速地为持卡人提供专业的咨询意见。

119. 委托律师后，持卡人还需要前往公安机关配合调查吗？

答：大部分解卡案件委托律师后不再需要持卡人本人去公安机关了。但是，有部分案件受案件情况和证据情况影响，还是需要持卡人本人前往公安机关接受调查。

不过，如果律师经过授权并沟通后仍然需要持卡人本人接受调查的案件，解冻难度和法律风险往往都较高。这种案件持卡人单独前往，被拘留的风险也会相应较高。因此，建议持卡人在解冻前提前了解相关的法律风险后再去解冻。

四、“总对总”管控篇

120. 银行卡解除司法冻结后，为什么还是不能在柜台取出银行卡里的钱？

答：这种情况大概率是因为该银行卡被公安部“总对总”管控了，银行卡解除司法冻结后，还需要解除公安部的“总对总”管控才可以将银行卡内的余额正常取现。

121. 怎样才能知道自己的银行卡有没有被公安部“总对总”管控？

答：若银行卡的司法冻结解除后，仍然无法取出银行卡内的余额，也不能开新卡，那么这种情况就需要注意了，很大可能是因为该银行卡被公安部“总对总”管控了，此时可以前往银行卡开户行让银行工作人员查询银行卡是否被公安部“总对总”管控，也可以联系冻卡地公安机关以及开户行所在地的反诈中心帮忙查询银行卡是否被公安部“总对总”管控。

122. 银行卡既被司法冻结又被公安部“总对总”管控，怎么办？

答：这种情况需要一步一步处理，第一步需先向冻结地公安机关申请解冻银行卡，当银行卡的司法冻结解除后，第二步再申请解除公安部“总对总”管控。若银行卡的司法冻结未解除，往往意味着该银行卡还未排除涉案嫌疑，若银行卡尚未排除涉案嫌疑，公安部是不会同意解除“总对总”管控的。

123. 银行卡的司法冻结解除后，可以继续找冻卡地的公安机关解除“总对总”管控吗？

答：可以的，在银行卡解除司法冻结后，可以向冻卡地的反诈中心提交解除

"总对总"管控的申请,虽然实践中有很多冻卡地的公安机关不愿意协助持卡人申请解除"总对总"管控,但是按照相关规定,冻卡地的反诈中心有职责协助持卡人向公安部申请解除"总对总"管控。

124. 银行卡被"总对总"管控,必须向冻卡地公安机关申请解除吗?

答:当然不是,除冻卡地的公安机关可以协助持卡人逐级向公安部提交解除"总对总"管控的申请外,持卡人的开户行所在地的反诈中心也可以协助持卡人逐级向公安部提交解除"总对总"管控的申请。

125. 银行可以帮忙申请解除"总对总"管控吗?

答:可以,虽然在实践中很少有开户行愿意帮忙申请解除"总对总"管控,但是在实际办案的过程中,的确有开户行协助申请解除"总对总"管控并解除成功的案例,所以持卡人的银行卡开户行也是可以协助持卡人向相关部门申请解除"总对总"管控的。

126. 想解除公安部"总对总"管控,可以向哪些部门或机关申请解除?

答:申请解除公安部"总对总"管控,主要可以向冻结地的反诈中心、开户行所在地的反诈中心,其他愿意协助申请解除"总对总"管控的反诈中心,以及被冻银行卡开户行提交申请以及申请解除的材料。

127. 申请解除公安部"总对总"管控需要哪些材料?

答:申请解除公安部"总对总"管控时,需要准备好能够排除涉案嫌疑的证据材料、冻结地公安机关制作的笔录、冻结地公安机关出具的情况说明、开户行开具的《涉诈风险账户审查表》,上述材料准备好后,可通过公安机关等部门逐级上报至公安部、中国人民银行审核,审核通过后可解除"总对总"管控。

128. 解除公安部"总对总"管控需要多长时间?

答:解除"总对总"管控的时间主要看各级公安机关审核时间的长短,根据笔者团队律师办案经验的总结,解除"总对总"管控的时间主要集中在1~6个月,审核顺利的话,1个月左右就可以解除管控了,如果审核进程比较慢或者在审核过程中需要补充材料的,则审核时间可能会长达6个月甚至6个月以上。

129. 解除公安部“总对总”管控之后，银行卡里的钱可以取出来吗？

答：当公安部解除银行卡的“总对总”管控之后，正常情况下是可以到银行柜台将银行卡里的钱取出来。如果“总对总”管控解除后仍不能取出银行卡里的钱，那就需要持卡人联系开户行或者开户行所在地反诈中心或者冻结地反诈中心咨询或查询无法取钱的原因，很有可能该银行卡还存在其他的风控或惩戒措施。

130. 银行卡被公安部“总对总”管控了，冻卡地和开卡地的公安机关可以直接审核材料，解除“总对总”管控吗？

答：不可以，冻卡地和开卡地的公安机关可以协助持卡人向上级公安机关提交解除的申请及材料，但没有权限直接审核解除材料并作出解除决定。冻卡地和开卡地的公安机关有权逐级上报申请解除管控的材料，经市公安局、省公安厅、公安部逐级审核通过后，同步至中国人民银行，中国人民银行审核通过后同步至各商业银行，至此才能解除“总对总”管控。

131. 一张银行卡被公安机关冻结后，为什么其他银行卡也不能正常使用了呢？

答：这种情况大概率是因为银行卡不仅被公安机关司法冻结了，而且还被公安部“总对总”管控了，因此其他银行卡也会受到牵连而不能正常使用。这种情况下需要尽快解除司法冻结，然后申请解除“总对总”管控，才能让名下的银行卡恢复正常使用。

132. 银行卡为什么会被公安部“总对总”管控？

答：当银行卡收到涉诈、涉堵资金后，且该银行卡属于一级涉案卡（也就是受害人的钱直接打到持卡人的银行卡），将大概率会被公安部“总对总”管控。

133. 银行卡被公安部“总对总”管控后，只要提交解除申请，都可以解除吗？

答：不是所有的银行卡被公安部“总对总”管控后都可以解除管控，对于尚未排除涉案嫌疑的，或者存在出租、出借、出售银行卡以及“跑分”等行为的银行卡，公安机关一般不会协助持卡人申请解除“总对总”管控。

第五节　与银行卡冻结相关的法律法规政策汇总

一、公安机关冻结银行卡的法律依据

(一)权力机关冻结依据

《刑事诉讼法》第一百四十四条　人民检察院、公安机关根据侦查犯罪的需要,可以依照规定查询、冻结犯罪嫌疑人的存款、汇款、债券、股票、基金份额等财产。有关单位和个人应当配合。

犯罪嫌疑人的存款、汇款、债券、股票、基金份额等财产已被冻结的,不得重复冻结。

(二)权力机关冻结财产后的处理依据

《刑事诉讼法》第二百四十五条　公安机关、人民检察院和人民法院对查封、扣押、冻结的犯罪嫌疑人、被告人的财物及其孳息,应当妥善保管,以供核查,并制作清单,随案移送。任何单位和个人不得挪用或者自行处理。对被害人的合法财产,应当及时返还。对违禁品或者不宜长期保存的物品,应当依照国家有关规定处理。

对作为证据使用的实物应当随案移送,对不宜移送的,应当将其清单、照片或者其他证明文件随案移送。

人民法院作出的判决,应当对查封、扣押、冻结的财物及其孳息作出处理。

人民法院作出的判决生效以后,有关机关应当根据判决对查封、扣押、冻结的财物及其孳息进行处理。对查封、扣押、冻结的赃款赃物及其孳息,除依法返还被害人的以外,一律上缴国库。

司法工作人员贪污、挪用或者私自处理查封、扣押、冻结的财物及其孳息的,依法追究刑事责任;不构成犯罪的,给予处分。

(三)公安机关冻结依据

《公安机关办理刑事案件程序规定》第二百三十七条　公安机关根据侦查犯

罪的需要,可以依照规定查询、冻结犯罪嫌疑人的存款、汇款、证券交易结算资金、期货保证金等资金,债券、股票、基金份额和其他证券,以及股权、保单权益和其他投资权益等财产,并可以要求有关单位和个人配合。

对于前款规定的财产,不得划转、转账或者以其他方式变相扣押。

《公安机关办理刑事案件适用查封、冻结措施有关规定》第二十三条　根据侦查犯罪的需要,公安机关可以依法冻结涉案的存款、汇款、证券交易结算资金、期货保证金等资金,债券、股票、基金份额和国务院依法认定的其他证券,以及股权、保单权益和其他投资权益等财产。

《关于建立电信网络新型违法犯罪涉案账户紧急止付和快速冻结机制的通知》　一、开通管理平台紧急止付、快速冻结功能　自2016年6月1日起,各银行业金融机构(以下简称银行)、公安机关通过接口方式与电信网络新型违法犯罪交易风险事件管理平台(以下简称管理平台)连接,实现对涉案账户的紧急止付、快速冻结、信息共享和快速查询功能。获得网络支付业务许可的非银行支付机构(以下简称支付机构)应于2016年12月31日前,通过接口方式与管理平台连接,实现上述功能。

(四)银行查询冻结依据

《公安机关办理刑事案件适用查封、冻结措施有关规定》第二十五条　有关单位接到公安机关协助冻结财产通知书后,应当立即对涉案财物予以冻结,办理相关手续,不得推诿拖延,不得泄露有关信息。有关单位办理完毕冻结手续后,在当事人查询时可以予以告知。

(五)冻结期限依据

《公安机关办理刑事案件适用查封、冻结措施有关规定》第二十六条　冻结存款、汇款、证券交易结算资金、期货保证金等资金,或者投资权益等其他财产的期限为六个月。需要延长期限的,应当经作出原冻结决定的县级以上公安机关负责人批准,在冻结期限届满前五日以内办理续冻手续。每次续冻期限最长不得超过六个月。

对重大、复杂案件,经设区的市一级以上公安机关负责人批准,冻结存款、汇款、证券交易结算资金、期货保证金等资金的期限可以为一年。需要延长期限的，应当按照原批准权限和程序，在冻结期限届满前五日以内办理续冻手续。每次续冻期限最长不得超过一年。

冻结债券、股票、基金份额等证券的期限为二年。需要延长冻结期限的，应当经作出原冻结决定的县级以上公安机关负责人批准，在冻结期限届满前五日以内办理续冻手续。每次续冻期限最长不得超过二年。

冻结期限届满，未办理续冻手续的，冻结自动解除。

（六）冻结金额的依据

《公安机关办理刑事案件适用查封、冻结措施有关规定》第二十七条　冻结涉案账户的款项数额，应当与涉案金额相当。不得超出涉案金额范围冻结款项。

二、解冻银行卡的法律依据

（一）查清事实后解冻法律依据

《刑事诉讼法》第一百四十五条　对查封、扣押的财物、文件、邮件、电报或者冻结的存款、汇款、债券、股票、基金份额等财产，经查明确实与案件无关的，应当在三日以内解除查封、扣押、冻结，予以退还。

《公安机关办理刑事案件程序规定》第二百四十七条　对冻结的财产，经查明确实与案件无关的，应当在三日以内通知金融机构等单位解除冻结，并通知被冻结财产的所有人。

（二）与案件无关解冻法律依据

《公安机关办理刑事案件适用查封、冻结措施有关规定》第三条第一款、第三款　查封、冻结以及保管、处置涉案财物，必须严格依照法定的适用条件和程序进行。与案件无关的财物不得查封、冻结。查封、冻结涉案财物，应当为犯罪嫌疑人及其所扶养的家属保留必要的生活费用和物品。

……

查封、冻结的涉案财物，除依法应当返还被害人或者经查明确实与案件无关的以外，不得在诉讼程序终结之前作出处理。法律和有关规定另有规定的除外。

（三）终止侦查解冻法律依据

《公安机关办理刑事案件程序规定》第一百八十七条　需要撤销案件或者对犯罪嫌疑人终止侦查的，办案部门应当制作撤销案件或者终止侦查报告书，报县级以上公安机关负责人批准。

公安机关决定撤销案件或者对犯罪嫌疑人终止侦查时，原犯罪嫌疑人在押的，应当立即释放，发给释放证明书。原犯罪嫌疑人被逮捕的，应当通知原批准逮捕的人民检察院。对犯罪嫌疑人采取其他强制措施的，应当立即解除强制措施；需要行政处理的，依法予以处理或者移交有关部门。

对查封、扣押的财物及其孳息、文件，或者冻结的财产，除按照法律和有关规定另行处理的以外，应当解除查封、扣押、冻结，并及时返还或者通知当事人。

（四）决定不起诉解冻法律依据

《公安机关办理刑事案件适用查封、冻结措施有关规定》第三十七条　人民检察院决定不起诉并对涉案财物解除查封、冻结的案件，公安机关应当在接到人民检察院的不起诉决定和解除查封、冻结财物的通知之日起三日以内对不宜移送而未随案移送的财物解除查封、冻结。对于人民检察院提出的对被不起诉人给予行政处罚、行政处分等检察意见中涉及查封、冻结涉案财物的，公安机关应当及时予以处理或者移送有关行政主管机关处理，并将处理结果通知人民检察院。

（五）撤销案件/终止侦查解冻法律依据

《公安机关办理刑事案件适用查封、冻结措施有关规定》第三十八条　公安机关决定撤销案件或者对犯罪嫌疑人终止侦查的，除依照法律和有关规定另行处理的以外，应当在作出决定之日起三日以内对侦查中查封、冻结的涉案财物解除查封、冻结。需要给予行政处理的，应当及时予以处理或者移交有关行政主管机关处理。

三、冻结错误后维权的法律依据

（一）维权法律依据

《刑事诉讼法》第一百一十七条　当事人和辩护人、诉讼代理人、利害关系人

对于司法机关及其工作人员有下列行为之一的,有权向该机关申诉或者控告:

(一)采取强制措施法定期限届满,不予以释放、解除或者变更的;

(二)应当退还取保候审保证金不退还的;

(三)对与案件无关的财物采取查封、扣押、冻结措施的;

(四)应当解除查封、扣押、冻结不解除的;

(五)贪污、挪用、私分、调换、违反规定使用查封、扣押、冻结的财物的。

受理申诉或者控告的机关应当及时处理。对处理不服的,可以向同级人民检察院申诉;人民检察院直接受理的案件,可以向上一级人民检察院申诉。人民检察院对申诉应当及时进行审查,情况属实的,通知有关机关予以纠正。

《刑事诉讼法》第三百条　人民法院经审理,对经查证属于违法所得及其他涉案财产,除依法返还被害人的以外,应当裁定予以没收;对不属于应当追缴的财产的,应当裁定驳回申请,解除查封、扣押、冻结措施。

对于人民法院依照前款规定作出的裁定,犯罪嫌疑人、被告人的近亲属和其他利害关系人或者人民检察院可以提出上诉、抗诉。

《公安机关办理刑事案件程序规定》第一百九十六条　当事人和辩护人、诉讼代理人、利害关系人对于公安机关及其侦查人员有下列行为之一的,有权向该机关申诉或者控告:

(一)采取强制措施法定期限届满,不予以释放、解除或者变更的;

(二)应当退还取保候审保证金不退还的;

(三)对与案件无关的财物采取查封、扣押、冻结措施的;

(四)应当解除查封、扣押、冻结不解除的;

(五)贪污、挪用、私分、调换、违反规定使用查封、扣押、冻结的财物的。

受理申诉或者控告的公安机关应当及时进行调查核实,并在收到申诉、控告之日起三十日以内作出处理决定,书面回复申诉人、控告人。发现公安机关及其侦查人员有上述行为之一的,应当立即纠正。

《公安机关办理刑事案件适用查封、冻结措施有关规定》第三条　查封、冻结以及保管、处置涉案财物,必须严格依照法定的适用条件和程序进行。与案件无关的财物不得查封、冻结。查封、冻结涉案财物,应当为犯罪嫌疑人及其所扶养的家属保留必要的生活费用和物品。

严禁在立案之前查封、冻结财物。对于境外司法、警察机关依据国际条约、协议或者互惠原则提出的查封、冻结请求,可以根据公安部的执行通知办理有关法律手续。

查封、冻结的涉案财物,除依法应当返还被害人或者经查明确实与案件无关的以外,不得在诉讼程序终结之前作出处理。法律和有关规定另有规定的除外。

《公安机关办理刑事案件适用查封、冻结措施有关规定》第二十五条　有关单位接到公安机关协助冻结财产通知书后,应当立即对涉案财物予以冻结,办理相关手续,不得推诿拖延,不得泄露有关信息。有关单位办理完毕冻结手续后,在当事人查询时可以予以告知。

《公安机关办理刑事案件适用查封、冻结措施有关规定》第二十七条　冻结涉案账户的款项数额,应当与涉案金额相当。不得超出涉案金额范围冻结款项。

《公安机关办理刑事案件适用查封、冻结措施有关规定》第五十一条　当事人和辩护人、诉讼代理人、利害关系人对于公安机关及其侦查人员有下列行为之一的,有权向该机关申诉或者控告:

(一)对与案件无关的财物采取查封、冻结措施的;

(二)明显超出涉案范围查封、冻结财物的;

(三)应当解除查封、冻结不解除的;

(四)贪污、侵占、挪用、私分、调换、抵押、质押以及违反规定使用、处置查封、冻结财物的。

受理申诉或者控告的公安机关应当及时进行调查核实,并在收到申诉、控告之日起三十日以内作出处理决定,书面回复申诉人、控告人。发现公安机关及其侦查人员有上述行为之一的,应当立即纠正。

当事人及其辩护律师、诉讼代理人、利害关系人对处理决定不服的,可以向上级公安机关或者同级人民检察院申诉。上级公安机关发现下级公安机关存在前款规定的违法行为或者对申诉、控告事项不按照规定处理的,应当责令下级公安机关限期纠正，下级公安机关应当立即执行。必要时，上级公安机关可以就申诉、控告事项直接作出处理决定。人民检察院对申诉查证属实的，应当通知公安机关予以纠正。

《公安机关办理刑事案件适用查封、冻结措施有关规定》第五十二条　公安机关办理刑事案件适用查封、冻结措施，因违反有关规定导致国家赔偿的，应当承担相应的赔偿责任，并依照《国家赔偿法》的规定向有关责任人员追偿部分或者全部赔偿费用，协助执行的部门和单位不承担赔偿责任。

（二）国家赔偿法律依据

《国家赔偿法》第十八条　行使侦查、检察、审判职权的机关以及看守所、监狱管理机关及其工作人员在行使职权时有下列侵犯财产权情形之一的，受害人有取得赔偿的权利：

（一）违法对财产采取查封、扣押、冻结、追缴等措施的；

（二）依照审判监督程序再审改判无罪，原判罚金、没收财产已经执行的。

《国家赔偿法》第三十六条　侵犯公民、法人和其他组织的财产权造成损害的，按照下列规定处理：

（一）处罚款、罚金、追缴、没收财产或者违法征收、征用财产的，返还财产；

（二）查封、扣押、冻结财产的，解除对财产的查封、扣押、冻结，造成财产损坏或者灭失的，依照本条第三项、第四项的规定赔偿；

（三）应当返还的财产损坏的，能够恢复原状的恢复原状，不能恢复原状的，按照损害程度给付相应的赔偿金；

（四）应当返还的财产灭失的，给付相应的赔偿金；

……

（三）涉案财物执行法律依据

《最高人民法院关于刑事裁判涉财产部分执行的若干规定》第十一条　被执行人将刑事裁判认定为赃款赃物的涉案财物用于清偿债务、转让或者设置其他权利负担，具有下列情形之一的，人民法院应予追缴：

（一）第三人明知是涉案财物而接受的；

（二）第三人无偿或者以明显低于市场的价格取得涉案财物的；

（三）第三人通过非法债务清偿或者违法犯罪活动取得涉案财物的；

（四）第三人通过其他恶意方式取得涉案财物的。

第三人善意取得涉案财物的，执行程序中不予追缴。作为原所有人的被害人对该涉案财物主张权利的，人民法院应当告知其通过诉讼程序处理。

四、法院处置财产的法律依据

《刑事诉讼法》第三百条第一款　人民法院经审理，对经查证属于违法所得及其他涉案财产，除依法返还被害人的以外，应当裁定予以没收；对不属于应当追缴的财产的，应当裁定驳回申请，解除查封、扣押、冻结措施。

五、公安机关冻结的程序规定

（一）公安机关冻结程序

《公安机关办理刑事案件程序规定》第二百三十八条　向金融机构等单位查询犯罪嫌疑人的存款、汇款、证券交易结算资金、期货保证金等资金，债券、股票、基金份额和其他证券，以及股权、保单权益和其他投资权益等财产，应当经县级以上公安机关负责人批准，制作协助查询财产通知书，通知金融机构等单位执行。

（二）公安机关冻结程序

《公安机关办理刑事案件程序规定》第二百三十九条第一款　需要冻结犯罪嫌疑人财产的，应当经县级以上公安机关负责人批准，制作协助冻结财产通知书，明确冻结财产的账户名称、账户号码、冻结数额、冻结期限、冻结范围以及是否及于孳息等事项，通知金融机构等单位协助办理。

（三）延长冻结程序

《公安机关办理刑事案件程序规定》第二百四十条　需要延长冻结期限的，应当按照原批准权限和程序，在冻结期限届满前办理继续冻结手续。逾期不办理继续冻结手续的，视为自动解除冻结。

（四）轮候冻结

《公安机关办理刑事案件程序规定》第二百四十二条　犯罪嫌疑人的财产已

被冻结的,不得重复冻结,但可以轮候冻结。

(五)冻结期限

《公安机关办理刑事案件程序规定》第二百四十三条 冻结存款、汇款、证券交易结算资金、期货保证金等财产的期限为六个月。每次续冻期限最长不得超过六个月。

对于重大、复杂案件,经设区的市一级以上公安机关负责人批准,冻结存款、汇款、证券交易结算资金、期货保证金等财产的期限可以为一年。每次续冻期限最长不得超过一年。

六、公安机关解冻的程序规定

《公安机关办理刑事案件程序规定》第二百四十一条 不需要继续冻结犯罪嫌疑人财产时,应当经原批准冻结的公安机关负责人批准,制作协助解除冻结财产通知书,通知金融机构等单位协助办理。

《公安机关办理刑事案件程序规定》第二百九十三条 人民检察院作出不起诉决定的,如果被不起诉人在押,公安机关应当立即办理释放手续。除依法转为行政案件办理外,应当根据人民检察院解除查封、扣押、冻结财物的书面通知,及时解除查封、扣押、冻结。

人民检察院提出对被不起诉人给予行政处罚、处分或者没收其违法所得的检察意见,移送公安机关处理的,公安机关应当将处理结果及时通知人民检察院。

七、内部监督程序的法律依据

《最高人民法院关于对冻结、扣划企业事业单位、机关团体在银行、非银行金融机构存款的执法活动加强监督的通知》 一、最高人民法院、最高人民检察院、公安部发现地方各级人民法院、人民检察院、公安机关冻结、解冻、扣划有关单位在银行、非银行金融机构存款有错误时,上级人民法院、人民检察院、公安机关发现下级人民法院、人民检察院、公安机关冻结、解冻、扣划有关单位在银行、非银行金融机构存款有错误时,可以依照法定程序作出决定或者裁定,送达本系统地方各级或下级有关法院、检察院、公安机关限期纠正。有关法院、检察院、公安机关应当立即执行。

八、银行采取风控措施、惩戒措施的依据

(一)黑名单制度

《中国人民银行关于进一步加强银行卡风险管理的通知》第三条第四款 加强违规特约商户黑名单管理。一是各商业银行、支付机构应建立健全违规实体和网络特约商户黑名单管理制度,明确黑名单纳入与移出条件、惩罚措施等。加强对特约商户的监测、巡检,对于存在支付敏感信息泄露、非法改装终端,参与伪卡欺诈等违规行为的,应纳入黑名单管理,视严重程度从严采取延迟结算、暂停交易、终止合作等惩戒措施,并及时通知中国支付清算协会、银行卡清算机构。二是中国支付清算协会、银行卡清算机构应会同商业银行、支付机构建立健全黑名单信息共享和查询机制,加大联合惩戒力度,禁止拓展已纳入黑名单的特约商户。

(二)涉赌涉诈灰名单制度

《中国人民银行关于做好流动就业群体等个人银行账户服务工作的指导意见》 (九)对涉诈涉赌账户采取管控措施。银行探索建立可疑开户人员"灰名单",加强开户合理性审核,审慎约定非柜面业务。应当结合涉诈涉赌特征完善风险监测模型,依法依规、区分情形对监测发现的存在可疑特征的账户,及时采取适当后续控制措施,阻断涉诈涉赌非法资金转移,并移送当地公安机关。鼓励对高风险客户和高风险交易,在非柜面渠道应用人脸识别等技术,加强风险防控。

(三)两卡人员惩戒制度

《关于进一步加强支付结算管理防范电信网络新型违法犯罪有关事项的通知》 (九)加大买卖银行账户和支付账户、冒名开户惩戒力度。自2019年4月1日起,银行和支付机构对经设区的市级及以上公安机关认定的出租、出借、出售、购买银行账户(含银行卡)或者支付账户的单位和个人及相关组织者,假冒他人身份或者虚构代理关系开立银行账户或者支付账户的单位和个人,5年内暂停其银行账户非柜面业务、支付账户所有业务,并不得为其新开立账户。惩戒期满后,受

惩戒的单位和个人办理新开立账户业务的,银行和支付机构应加大审核力度。人民银行将上述单位和个人信息移送金融信用信息基础数据库并向社会公布。

第六节　五大行银行卡冻结代码汇总

银行卡被冻结时,不同的银行和账户可能会出现各种不同的代码,这些代码代表了账户的状态或冻结情况。了解这些代码的含义非常重要,可以帮助理解为何账户被冻结以及如何解冻账户。以下将介绍几个常见五大行冻结代码以及它们的含义。

一、中国工商银行

(一)代码:0193012587/0193012578

含义:这些代码通常表示账户被紧急止付48~72小时,也有少数情况是被司法冻结半年。紧急止付到期后解冻的概率比较大,但并不代表不会再次冻结。这种情况通常是由于触发了银行和公安联合的止付系统,旨在防止欺诈或涉案资金流入。原因可能包括:(1)银行配合公安等有权机关要求对涉案账户采取止付控制;(2)资金被盗,银行根据客户提供的报案回执对不法分子使用的收款账户进行控制。

(二)代码:0293012588

含义:如果账户可用余额存在,大多数情况下可以前往柜台处理,但可能会被强制注销,少数情况是司法冻结。如果可用余额不足,那么99%的概率是被司法冻结的。(最初在"断卡"行动开始时,公安部要求银行锁定一批涉赌涉诈账号,这批账号大多数显示的是这个代码)

(三)代码:0343/4343/4318开头代码

含义:出现这类代码时,通常意味着账户被司法冻结,主要冻结期限为半年,而在某些极端情况下可能会冻结一年(在北京这种情况比较常见)。有时可能只会冻结几周或几个月，目前这种情况很少发生。如果到期后以上代码变为93012588，并且账户可用余额存在，这可能意味着账户已经自动解冻。可以尝试前往开户行的柜台处理，但并不能100%保证解冻，只能说解冻的概率较大。

（四）代码：049920

含义：（可能存在以下三种情况）

1. 长期未使用银行卡超过6个月，账户被暂停非柜面业务。可以携带银行卡和身份证到附近的网点进行解除控制。

2. 账户受到管控，可能涉及赌博或诈骗，这种管控通常是开户网点根据上级下发的协查客户名单查询客户流水后判断账户是否异常，然后授权柜员进行止收止付控制。由于银行员工并非执法人员，所以他们的判断是主观的。涉赌涉诈并不等同于犯罪既遂，因此进行账户管控是为了迫使客户亲自前来银行核实身份。针对第二种情况，通常客户需要填写账户核实表，并在接受银行方面的口头询问和警告后才能解除管控。其他网点可能因为担心轻易解除涉案账户的管控责任，会将客户引导至开户网点，由开户网点负责管控和解控，并且解除管控后常常会建议客户销户。

3. 个人金融智能风控系统。如果柜台7688交易查询结果显示为“Reaf应用同步智能风控”，说明该账户受到个人金融智能风控系统的管控。对于这种情况，柜台无法解除控制，目前只支持通过“个金智能风控系统—名单管理—名单解控”予以解除控制。解除控制的理由需要柜台工作人员对客户进行尽职调查。

二、中国建设银行

（一）代码：YCEA018231131

含义：（可能存在以下三种情况）

1. 如果是因为输错银行卡密码导致银行卡被冻结，通常在24小时内银行卡会自动解冻。

2. 如果银行监测到账户存在风险，持卡人需要联系银行工作人员申请解冻银行卡，并在解决账户安全问题后才能完成解冻。

3. 如果持卡人涉案导致银行卡被冻结，解冻时间通常最长为6个月，若延长冻结时间，可能需要9个月才能解冻。

（二）代码：YBLA01828754

含义：账户受到银行反诈模型管控，根据建设银行的要求，需要提供相关材料才能解冻账户。

（三）代码：YBLA01827054

含义：该账号暂停客户渠道交易，请前往柜面办理。

（四）代码：YBLA01826213

含义：账户被单项冻结，如果3天后无法自动解冻，将转变为司法冻结半年。

三、中国银行

（一）代码：RCPS. M798

含义：（可能存在以下三种情况）

1. 该银行卡已被挂失，需要办理新的银行卡进行转账。

2. 账户被冻结，被判定为长期不动户等，暂停非柜面交易业务，需要携带身份证前往银行柜台解除冻结。

3. 转出账户的可用余额不足以支付转出金额和转账手续费，需要确保账户里有足够的金额。

（二）代码：IPDP. E385

含义：账户被公安机关冻结，需要向银行查询并确认冻结的公安机关信息，并联系冻结地公安机关解除冻结措施。

（三）代码：RCPS. RJ0A

含义：（可能存在以下四种情况）

1. 收款人账户信息错误。如果输入的收款人账户信息有误，如账号、户名、开户行等，会导致转账失败并显示 RCPS. RJ0A 错误码。请仔细核对收款人账户信息，确保账号、户名、开户行等准确无误。

2. 收款人账户状态异常。如果收款人账户状态异常，如账户被冻结、挂失等，会导致转账失败并显示 RCPS. RJ0A 错误码。如果收款人账户状态异常,需要联系收款人确认账户是否正常。

3. 转账金额超限。如果输入的转账金额超过自己的账户余额或银行规定的单笔转账限额,会导致转账失败并显示 RCPS. RJ0A 错误码。请检查账户余额和银行规定的单笔转账限额,确保转账金额不超过限额。

4. 网络异常。如果遇到网络延迟、中断等网络异常,会导致转账失败并显示 RCPS. RJ0A 错误码。如果由于网络异常造成转账失败,可以等待网络恢复正常后再次尝试转账。

四、中国农业银行

(一)代码:ESAB2286

含义:账户受到银行封控冻结,根据农业银行的要求,需要提供相关材料以便解冻账户。

(二)代码:ESAB1410

含义:账户被公安机关冻结。需要向银行查询并确认冻结的公安机关信息,并联系冻结地公安机关解除冻结措施。

五、交通银行

(一)代码:NTR1A018c3t8TNGN00_66/NTR1A018c3s031Gc00_66_i

含义:账户被公安机关封控模型的命中。需要联系账户被冻结的公安局,提供相关流水证明以便解冻。

(二)代码:NTR1A018c

含义:账户受到银行封控冻结,根据交通银行的要求,需要提供相关材料以便解冻账户。

总之,在遇到账户冻结或异常情况时,一定准确理解冻结代码含义,要及时与银行联系并提供所需的材料。每个银行的情况可能略有不同,因此在解冻账户之前最好与银行的相关工作人员进行沟通和确认。

第二章

银行卡解冻类案例解析

本章所列举的全部案例，均为解冻小分队[①]亲自办理的真实案例，相关办案经验，仅供参考。为保护当事人隐私，均已作化名处理。

第一节　虚拟货币交易类解冻案例

案例一　币圈萌新被冻，不到18小时成功解冻

一、案情介绍

小叶是一名币圈的萌新，2021年的时候，听说币圈收益高，就把准备用于买房的近200万元积蓄交给了朋友老张。老张也不负众望，在币圈经过一年多的追涨杀跌，成功帮小叶赚了十余万元，没有赔。

小叶看到老张水平有限，就想把钱拿回来。结果老张就给了小叶价值约200万的泰达币。小叶在老张的指导下，在Z币平台出售了所有的泰达币。然后，不出意外，小叶的银行卡被冻结了。

在小叶的银行卡被冻结之后，先是等了3天，紧接着3天之后银行卡由冻结3天变成了冻结6个月。在币圈百事通老张的指导下，小叶和公安机关进行了多次

① 解冻小分队是笔者成立的专门从事办理银行卡解冻案例的律师团队。

沟通，但均被明确告知“虚拟货币交易是违法的，绝对不可能给你解冻！”

二、办案经过

笔者接受案件后，第一时间整理了所有的证据材料。笔者发现，小叶在 Z 币交易的时候，很多币商都用的是非认证实名的银行卡。这无疑给解冻带来了困难。

于是，笔者让小叶和所有非本人银行卡支付的币商都进行了一次聊天，以确认账户中对应的转账流水系与该币商的交易所得。

在一一对应确认了所有流水并准备了全套能够证明所有卡内流水均系交易往来的材料后，排除了小叶参与洗钱或帮信的嫌疑。之后，笔者与小叶一同来到了公安机关。

不出意外，公安见到我们的第一句话，仍然是“绝对不可能解冻！”理由是根据《924 通知》，交易虚拟货币的账户一律不能解冻。

在沟通的过程中，笔者得知，虽然冻卡机关所在地是个万亿 GDP 的城市，因为交易虚拟货币被冻结的，却是其所在地的第一例案件。于是，笔者详细地和办案警官解释了《924 通知》中法律规定的真实含义，并提交了事先准备好的书面法律分析、案件事实关系图等，同时将以往在其他地方的公安机关解冻银行卡的经历和办案警官进行了分享，以便警官提交给领导查阅、参考。

功夫不负有心人，在经过和办案警官两个多小时的深入沟通后，第二天上午，小叶就发现银行卡已经解冻。这也成了笔者办理的解冻卡案件中解冻速度最快的一个。前后加起来不到 18 小时。

三、律师提示

如何顺利且快速地解冻银行卡，这里简单提一下：

第一，要提前充分地准备证明资金合法的所有材料，材料准备得越充分，沟通起来就越容易。

第二，要提前充分地掌握解冻卡相关的法律法规。

第三,要有和警官正面对抗的勇气,不要认为办案警官的话就一定是对的,可能他也是一知半解,如果他执意不改变认知,可以按照规定进行投诉或举报,不过也要掌握好分寸。

案例二 卖泰达币被冻,委托律师后顺利解冻

一、案情介绍

2022年8月8日,当事人李某找到解冻小分队,希望委托解冻小分队的律师解冻银行卡。李某通过网络赌博取得了一部分USDT存于易币付交易平台中,并于2022年7月将所持有的所有USDT出卖。收到资金没几天,银行卡内的所有资金就被浙江某地公安机关冻结。李某多次尝试联系办案机关都以失败告终,于是希望律师帮助其联系公安机关。

二、办案经过

解冻小分队的律师接受委托后,当日便与冻结公安机关的办案警官取得了联系。然而,办案警官态度强硬,言明银行卡涉嫌犯罪,必须李某本人前往公安机关。李某因担心被拘留,不愿意前往,案件遇到了阻碍。于是,解冻小分队的律师详细分析了前往的法律风险和应对方案,最后李某同意在律师的陪同下前往公安机关。

解冻小分队的律师准备好相关解冻法律文书后先李某一步到达冻结地,在李某到达之前,与办案警官交流了案件情况,并将相关文书交予办案警官。李某到达之后,在律师的陪同下做了笔录,但是由于当地防疫政策原因,笔录并未完成。虽然笔录未做,但办案警官已明确表示,李某的银行卡在满足一定条件下可以解冻。同时,因为李某情节轻微,可以免予处罚。笔录未做,即表示可以解冻,这充分说明律师的前期文书准备和沟通的有效性,既隔离了风险,又实现了高效解冻。

三、律师提示

网络赌博属于违法行为，根据情节会被处以罚款或拘留的行政处罚，违法所得予以没收；构成犯罪的，则会被判处有期徒刑等刑罚，犯罪记录也会保留终身。同时，赌博的行为也是造成婚姻破裂的重要因素。因此，请各位珍惜自己，珍爱家庭，远离赌博。

《治安管理处罚法》第七十条规定："以营利为目的，为赌博提供条件的，或者参与赌博赌资较大的，处五日以下拘留或者五百元以下罚款；情节严重的，处十日以上十五日以下拘留，并处五百元以上三千元以下罚款。"

《刑法》第三百零三条规定："以营利为目的，聚众赌博或者以赌博为业的，处三年以下有期徒刑、拘役或者管制，并处罚金。

开设赌场的，处五年以下有期徒刑、拘役或者管制，并处罚金；情节严重的，处五年以上十年以下有期徒刑，并处罚金。

组织中华人民共和国公民参与国（境）外赌博，数额巨大或者有其他严重情节的，依照前款的规定处罚。"

案例三　虚拟币交易被冻卡，几番波折终解冻

一、案情介绍

当事人曾某持有 USDT。2022 年 10 月 26 日，曾某因急需资金便将持有的 USDT 通过欧易交易平台出售，资金到账后 2～5 天，相继被深圳和广州两地公安机关冻结。曾某也曾尝试与两地公安机关联系，递交了证据资料，但都没有解冻成功。2023 年 3 月，曾某找到解冻小分队，在详细咨询了相关解冻事项后，决定交给解冻小分队处理。

二、办案经过

这是一次解冻难度相对比较高的案例。解冻小分队的律师接受委托后分别

联系了两个冻结机关，也携带解冻资料当面和两地的承办警官就虚拟币的法律问题、与冻结相关的法律规定和其他解冻案例进行了交流。但因曾某的银行卡涉案金额较大、层级高，两地的承办警官都没有同意解除冻结。

当解冻小分队的律师再次联系两地的承办警官时，困难明显提高，承办警官拒绝和小分队的律师沟通，但这并没有让小分队律师放弃。经过几番协调后，承办警官主动联系解冻小分队律师，在解冻小分队律师的沟通协调下，两地的冻结措施相继解除。

三、律师提示

许多虚拟货币玩家通过各种渠道持有各类虚拟币，有的渠道合法，有的渠道违法，无论取得虚拟币的渠道是合法还是违法，在出售时都会有极大的可能收到涉案赃款。渠道合法的当事人在遇到冻卡时会认为公安机关冻结资金不合理，与公安机关死杠，当事人遇到渠道违法时只能自认倒霉，内心希望别被公安机关抓到。客观来讲，在国内除单纯持有虚拟货币公认是合法的行为外，其他与虚拟货币相关的行为都是有一定的刑事风险的。无论当事人抱有怎样的心态，遇到虚拟货币交易后被冻卡的，还是建议找律师沟通处理，律师可以最大限度地保护当事人的利益。

案例四 出售虚拟币被冻卡，委托律师迅速解冻

一、案情介绍

小亮开设了一家公司，公司客户主要是国外的客户，其中一个国外客户的所在国家对虚拟币持开放态度，虚拟币在其国家可以直接用来购买商品或支付货款。于是，这个国外客户也自然地向小亮支付虚拟币，小亮再三要求客户支付合法的货币，但该客户表示目前只有虚拟币可以支付货款，没有其他货币。小亮担心该客户最终不向其支付货款，于是接受了这笔虚拟币。

小亮拿到这笔虚拟币后不知如何是好，小亮的朋友向他推荐了一个虚拟币买

家，这个买家愿意购买小亮的虚拟币。小亮觉得虚拟币在国内不能购买商品，只有把虚拟币出售给这个买家才能获得真实的货币。于是，小亮向该买家出售了这笔虚拟币，获得了一笔人民币。

但是，小亮在收到买家支付的人民币后，小亮的银行卡竟然不能正常使用了，小亮急忙联系银行才知道自己的这张银行卡被公安机关冻结了。

二、办案经过

小亮起初并不知道他的银行卡为什么会被公安机关冻结，在他联系公安机关后，才知道自己的银行卡是因为收了涉案资金才被冻结，而这笔涉案资金就是小亮出售虚拟币获得的那笔款项。

因公安机关认为小亮涉嫌掩饰隐瞒犯罪所得罪，要求小亮本人主动前往公安机关做笔录，接受调查，甚至有可能会对其采取强制措施。在这种情况下，小亮决定委托律师为其处理银行卡解冻事宜，避免自己被公安机关采取强制措施。

小亮找到解冻小分队并向解冻小分队的律师咨询了冻结银行卡相关的问题，最终小亮决定委托解冻小分队的律师处理他的银行卡解冻事宜。解冻小分队的律师根据小亮陈述的内容摸清了事情的来龙去脉，并给小亮准备了申请解冻的法律文书和证据材料，陪同小亮一起前往公安机关申请解冻银行卡。

和小亮一起到达公安机关后，解冻小分队的律师向公安机关提交了准备好的申请解冻的法律文书和证据材料，小亮也积极配合公安机关做了笔录，最后公安机关排除了小亮的涉案嫌疑，决定给小亮解冻银行卡。

三、律师提示

虽然虚拟货币在国外的一些国家可以购买商品或者交易，但是国内对虚拟货币仍然没有完全认可。一些不法分子利用虚拟货币洗钱，导致很多虚拟货币出售者成为洗钱的工具，这些虚拟货币出售者不仅因出售虚拟货币收到涉案资金而被冻结银行卡，甚至还可能被牵连涉及刑事犯罪。所以，投资虚拟货币需要谨慎对待，不可拿自己的财物和人身自由轻易尝试。

案例五　卖币不仅被冻卡，还被限制人身自由

一、案情介绍

年轻的小林对虚拟货币产生了浓厚的兴趣，在自己浅浅地尝试了一番后，认为虚拟货币可以带来可观的增值收益，于是便带着他的小兄弟一起开始在虚拟币交易平台上买卖虚拟货币。小林和他的小兄弟共用同一个虚拟货币交易账号，有时用小林的银行卡接收卖币的货款，有时用小林小兄弟的银行卡接收卖币的货款。小林和他的小兄弟在交易虚拟币的过程中，一贯本着诚实守信的原则，一手交钱一手交币，从未欺骗过任何一位客户。但是，在某一天，小林的小兄弟被警察找上门并带往公安机关拘留了。

小林急忙前往公安机关询问情况，得知某报案人被诈骗而向公安机关报案，公安机关根据报案人的陈述，认为小林的小兄弟的银行卡接收了报案人的资金，小林的小兄弟有很大的作案嫌疑，被公安机关认定为犯罪嫌疑人而予以拘留。

二、办案经过

小林从公安机关获得了报案人的姓名，回家翻看虚拟货币交易平台的交易记录时发现报案人曾给小林的小兄弟的银行卡转过货款，但是小林发现该交易记录显示虚拟币的买家并非报案人本人。而且，小林个人的银行卡也因该买家委托另外的一个第三人给小林转货款而被其他公安机关冻结了银行卡。

小林本人的这张被冻结的银行卡已经委托解冻小分队的律师为其申请解冻，解冻小分队的律师为小林准备了整套的解冻文书和证据材料，并前往公安机关进行现场沟通。在公安机关的承办警官查阅了解冻小分队的律师为小林准备的申请解冻材料后，经过核查，认为小林委托解冻小分队的律师提交的证据材料真实，最终排除了小林的涉案嫌疑，并决定为小林解冻银行卡。

小林意识到，小林及其小兄弟均被虚拟币买家当作洗钱的工具被利用，因为在交易时买家与付款方并非同一个人，一个买家委托多名付款人给小林和小林的

小兄弟付款,而给小林和小兄弟付款的人也就是被诈骗的报案人。小林与其小兄弟之所以会遭遇这种情况也与其自身的疏忽有关,未核实虚拟币买家与付款人是否为同一个人,未尽到合理的审查义务。

三、律师提示

解冻小分队提醒大家,对于虚拟货币交易一事,目前国家现有法律尚未明确对其进行保护,因此在交易的过程中应保留交易痕迹,比如保留买卖合同、交易订单,保留转币记录、聊天记录、通话记录等证据材料。此外,还要尽到合理的审查义务,比如核对买方与付款方是否为同一个人,买方购买虚拟货币的用途等。只有在交易的过程中尽到合理的审查义务并保留了交易相关的记录才能更有利于保护自己的交易安全。

第二节　私下换汇类解冻案例

案例一　海外工资被冻,委托律师后成功解冻

一、案情介绍

当事人申某常年在新加坡工作。2022 年 9 月,申某通过新加坡当地合法设立的汇款公司,将加元换为人民币存入国内账户中。存入两天即被国内某公安机关冻结。因为申某人在国外,无法与公安机关进行有效沟通。在联系公安机关无果后,最终选择委托解冻小分队的律师代为沟通解冻。

二、办案经过

解冻小分队的律师接受委托时,正是冻结机关所在地的防疫政策摇摆不定之时。虽然冻结地承办警官不建议律师前往冻结地,但解冻小分队的律师为了解冻

的时效性，还是冒着被感染的风险前往冻结地与承办警官当面沟通。

解冻小分队的律师准备好解冻文书后，几经辗转，来到冻结机关所在地，见到了承办警官。起初，承办警官质疑申某卡里为什么会有涉案资金，并表示不会解除银行卡的冻结措施。在解冻小分队的律师的说服下，承办警官同意先审查材料。同时，承办警官与解冻小分队的律师共同梳理了案件的资金流向，解冻小分队的律师亦提出了专业的法律意见。在离开冻结地时，承办警官表示会同上级领导研究相关材料和意见后决定是否解除冻结措施。

离开冻结机关所在地两天后，解冻小分队的律师接到了承办警官解冻的通知。不久，申某的银行卡成功解冻。

三、律师提示

在众多的咨询中，因为许多被冻卡的当事人在国外，无法及时配合公安机关调查，导致资金被国内司法机关依法划扣，损失惨重。在此，解冻小分队温馨提示身处境外的当事人，如果国内的银行卡被冻结，请及时联系公安机关解冻，如果无法与公安机关进行有效沟通，可以委托专业的解冻卡律师代为沟通处理。

案例二 香港务工，私下换汇被冻结

一、案情介绍

小张的丈夫小赵在香港工作，由于疫情原因不能回家探望小张，于是小赵每月将自己的工资通过港元兑换铺兑换成人民币，然后委托港元兑换铺将兑换的人民币转账至小张的银行卡中。疫情三年，小赵通过这种方式向小张转账已变得习以为常，但是小张在最近一次收到丈夫小赵的转账后，小张的银行卡被公安机关冻结了。

起初小张试图自己与公安机关沟通解冻银行卡事宜，但小张与案件承办警官沟通后仍不知道如何申请解冻，于是小张便委托解冻小分队为其处理解冻银行卡事宜。

二、办案经过

解冻小分队接受小张的委托后，向小张了解了案件的经过和事实，并仔细核对小张提供的每一笔银行流水以及流水产生的原因，最终解冻小分队锁定了导致公安机关冻结银行卡的可疑流水。随后，解冻小分队有针对性地准备了整套的解冻文书及证据材料，与小张一同前往公安机关申请解冻。

解冻小分队的律师和小张一起去公安机关前，考虑到小张需要配合公安机关做笔录，解冻小分队的律师为小张梳理了案件的证据材料，对小张进行了疏导。果真，承办警官仔细地翻阅了解冻小分队为小张准备的整套解冻材料，并详细地询问了小张相关问题。好在承办警官认为解冻小分队为小张准备的证据材料齐全可以证明小张的银行卡资金来源的合法性，当天决定为小张的银行卡走解冻程序。

三、律师提示

从解冻小分队处理的大量银行卡解冻案例来看，部分当事人因为没有通过正规途径换汇导致银行卡被冻结，所以解冻小分队在此提醒大家换汇需谨慎，一定要到具有合法资质、牌照的正规银行进行换汇，避免银行卡被冻结。

案例三　上市公司高管违法换汇被冻结银行卡

一、案情介绍

当事人张某是一家上市公司的高管，有部分海外收入存在张某的海外账户中。2022 年，因张某急需人民币，不得已找到换汇人，将该部分海外收入换成人民币转入张某的人民币账户中。张某收到款项不久，该笔资金即被河南某地公安机关冻结。起初，张某认为冻结期限届满，银行卡就会解冻，故并未积极处理。不久后，张某收到公安机关办案人员的电话，被告知被冻资金涉嫌犯罪，会按规定返还给受害人。张某知道有人因为冻卡被拘留，担心自己涉案被采取刑事强制措施，便委托解冻小分队处理银行卡涉嫌犯罪事宜。

二、办案经过

接受委托后,解冻小分队的律师立即与冻结机关办案人员取得了联系,办案人员明确告知,张某的银行卡涉嫌诈骗案件,要求张某返还资金。解冻小分队的律师梳理了张某的被冻银行卡的资金流水,除换汇流入的资金外,其他流水均属于张某的正常消费和投资。解冻小分队的律师向张某详细了解了换汇的经过,在律师的帮助下,张某收集了与交易相关的证据。在了解事实的基础上,解冻小分队的律师准备了整套解冻法律文书。

解冻小分队的律师和办案人员约好时间后,携带准备好的材料,辗转多趟高铁和汽车,来到了冻结地公安机关。在办案人员的办公室内,解冻小分队的律师和办案人员沟通了案件情况和证据情况,办案人员也表示,换汇属于违法行为,涉及的资金不受法律保护。解冻小分队的律师又针对换汇中的法律问题和办案人员进行了沟通。最后,办案人员原则上同意在案件事实查清后会解冻银行卡。

解冻小分队的律师从冻结地返回之后,持续跟进案件调查情况,并补充了两次证据材料,最终,张某的银行卡顺利解冻。

三、律师提示

在众多解冻案例中,提交的资料是与公安机关有效沟通、帮助解冻的重要环节,因此建议各位保存好换汇时的相关记录。在证据充分、事实清楚的情况下,更有助于银行卡的解冻。

同时,再次提醒各位,违法换汇不仅属于违法行为,还游走在犯罪的边缘,建议需要换汇的朋友通过银行等正规渠道换汇,以避免资金受损。

案例四 在海外持证钱庄换汇被冻卡

一、案情介绍

小陈在海外经商多年,从事服装生意,每天过着卖货收款的生活,一切都那么习以为常。直到有一天,小陈发现自己的银行卡不能对外转款消费了,联系银行才知道自己的银行卡流入了涉案资金,被公安机关冻结了。

小陈一头雾水,不知如何是好,找到解冻小分队,想委托解冻小分队的律师为其解冻,缓解资金周转所需。

二、办案经过

解冻小分队接受小陈的委托后,一方面了解小陈海外经营的情况,另一方面联系公安机关询问冻卡原因,确定了涉案流水。解冻小分队结合公安机关的沟通情况以及小陈日常的经营情况,指导小陈收集相关单据和凭证作为证据材料,为小陈准备了申请解冻银行卡的文书。

经过解冻小分队多次的电话沟通以及现场的努力沟通,打消了公安机关对小陈为涉案人员的怀疑,认定小陈确实在海外从事合法的经营,同意为小陈的银行卡走解冻流程。

三、律师提示

在解冻小分队确定导致小陈银行卡冻结的银行流水后,小陈回忆该笔银行流水为境外客户支付的货款,而且该笔货款并非客户本人支付的当地货币,而是境外客户委托他人向小陈支付的人民币。由此可见,小陈的银行卡是因为私下换汇收到了涉案款项而被冻结,小陈本人也险些被公安机关认定为涉案人员。

海外经商不容易,私下换汇有风险,解冻小分队提醒大家按照合法的程序依法换汇,避免银行卡被冻结。如果银行卡被冻结,可以联系专业的解冻小分队律师为您解冻。

案例五　香港换汇合法为什么还被内地公安机关冻结

一、案情介绍

当事人李某是一家制造业公司的法定代表人,公司主要从事机器零部件的进出口业务。2023 年年初,李某经客户手将美元货款换成人民币打入了内地的个人账户,打入后不久银行卡即被某地公安机关冻结。被冻的银行卡是李某妹妹的工资卡,工资卡被冻严重影响了李某妹妹的正常工作。于是,李某经人介绍找到了解冻小分队。经过解冻小分队的律师与李某详细沟通冻卡的原因、可能的后果和解决措施后,李某决定委托解冻小分队的律师代为沟通解冻事宜。

二、办案经过

解冻小分队的律师接受委托后第一时间联系了冻结机关办案警官。经过与办案警官的沟通,解冻小分队的律师了解到,李某也曾自己与公安机关沟通,只是在沟通过程中遇到阻碍,无法继续。解冻小分队的律师和办案警官进行了初步的线上联系后,指导李某收集了解冻证据材料,并准备好了相应的解冻文书。

因为冻结机关所在地位置偏僻,解冻小分队的律师经过两天的路程才到达目的地。经过几轮协调,办案警官最终同意了解冻小分队律师提出的解冻方案。办案律师离开后 10 日内,终于收到银行卡已解冻的通知,李某妹妹的银行卡也恢复了正常使用。

三、律师提示

在我国香港特区虽然找有资质的找换店换汇是合法的,但因涉及境内的法币兑换,因此仍然会因属地管辖而被内地查处,加之如果有涉案资金流入,公安机关仍然有权进行调查。此外,非法买卖外汇人员除面临冻卡风险外,还会面临行政处罚风险和刑事犯罪风险。如因换汇被公安机关冻卡,建议及时咨询专业律师,妥善处理。

《外汇管理条例》第四十五条规定,私自买卖外汇、变相买卖外汇、倒买倒卖外汇或者非法介绍买卖外汇数额较大的,由外汇管理机关给予警告,没收违法所得,处违法金额 30% 以下的罚款情节严重的,处违法金额 30% 以上等值以下的罚款。构成犯罪的,依法追究刑事责任。此外,非法经营外汇涉嫌非法经营罪,以非法经营罪论处。

案例六　境外亲属汇款被冻，委托律师后顺利解冻

一、案情介绍

2021 年 9 月，当事人杜某收到在柬埔寨务工亲戚的几笔转账，不久后，银行卡即被某地公安机关冻结。时隔两年，杜某的银行卡依然处于冻结状态未有变化，杜某找到了解冻小分队，再三考虑后决定委托解冻小分队的律师代为沟通解冻事宜。

二、办案经过

解冻小分队的律师接到委托后，第一时间指导杜某收集了解冻证据，同步准备好配套的解冻文书。与此同时，解冻小分队的律师也在试图和冻结机关的办案警官取得联系。与办案警官联系的过程并不顺利。接线警官在了解了杜某的情况后直接告知解冻小分队的律师，被冻的银行卡目前是不能解冻的。解冻小分队的律师根据以往的办案经验，试图和接线警官沟通解冻的可能性，但都被接线警官拒绝。在反复多次电话沟通后，解冻小分队的律师最终和接线警官协商好到冻结机关详细沟通。

解冻小分队的律师来到冻结机关所在地后，经过多次沟通协调，办案警官最终同意将解冻手续提交至上级机关，但办案警官并不能承诺最终是否予以解冻。离开冻结机关所在地后，解冻小分队的律师又多次与上级机关进行了沟通协调，最终接到了上级机关通知解冻的好消息。

三、律师提示

或许是解冻小分队的办案速度和解冻率让人产生错觉，总是有人认为解冻卡无非就是打打电话，是一件很简单的事情。这次解冻经历能够清楚地告诉大家，解冻卡并不是简单打打电话就行，解冻小分队的律师费也不是那么容易赚到的。

此外，换汇也存在法律风险。境外不同国家和地区的外汇管制情况各不相

同，不少在境外务工的人员在往境内汇款时，即使万般小心，也会被莫名冻卡，无辜躺枪。被冻卡后，若不及时处理，轻者银行卡无法使用，重者资金被扣划，被列为"两卡"犯罪嫌疑人后会影响所有卡的使用。若遇到这种情况，建议尽快解冻银行卡，避免资金受损或者带来其他不必要的麻烦。

案例七 境外工作，私下换汇导致家人银行卡被冻结

一、案情介绍

小强和小娜是一对夫妻，小强为了给妻儿更好的生活，只身一人来到异国他乡经营生意，小强每月给小娜转一定数额的资金，供小娜和孩子生活、学习使用。

小强辛勤地经营着生意，随着生意越来越好，小强给小娜转账的金额和频率也越来越多，但是有一天，小娜发现自己的银行卡只进不出，不能正常使用。小娜联系银行询问银行卡不能对外转账的原因，银行告知小娜其银行卡被公安机关冻结，并告诉小娜要向公安机关申请解冻才能使银行卡恢复正常使用。

二、办案经过

小娜并不知道银行卡为什么会冻结，也不知道如何向公安机关申请解冻，于是找到解冻小分队，委托解冻小分队的律师为其向公安机关申请解冻银行卡。

解冻小分队的律师接受小娜的委托后，积极联系公安机关，向公安机关询问了冻结小娜银行卡的原因，确认了小娜银行卡中的涉案流水。在解冻小分队的律师与小娜核实涉案流水时，小娜回忆说这几笔银行流水是小强两年前在境外给她转来的生活费。解冻小分队的律师联系了小娜的丈夫小强，向小强了解其向小娜转账资金的来源和经过。经过解冻小分队的律师和小强的沟通，解冻小分队的律师了解了小娜银行卡被冻结的原因，即小强在境外私下换汇，导致转给小娜的钱是犯罪分子通过非法途径获得的涉案资金。

解冻小分队的律师根据小娜和小强的情况，为小娜准备了整套的申请解冻的文书和证据材料，提交给公安机关，经公安机关审查和核实，公安机关认为小娜不

属于正在侦办案件中的犯罪嫌疑人，最终决定给小娜解冻银行卡。

三、律师提示

解冻小分队提醒大家，在外务工本就辛苦，辛苦赚来的收入要通过正规的途径换汇，不要私下找人换汇，这些不正规的换汇资金多数来源于地下钱庄，也就是涉案资金。同时，不要抱有侥幸心理，认为私下找人换汇多次，应该没有问题，但很有可能像本案的小强和小娜一样，两年前的换汇资金却在现在被公安机关冻结银行卡。所以，私下换汇有风险，既然有风险就要尽可能地规避风险，避免造成不良影响。

案例八　国外辛苦务工，私下换汇被冻卡

一、案情介绍

小强的父母常年在国外务工，小强的父母听说小强准备购买新车，于是急切地将他们从国外务工赚取的收入转给小强。小强的父亲为了尽快将钱转给小强，便来到楼下（国外）附近的换钱店将韩元兑换成人民币，让换钱店的老板将兑换好的人民币直接转账给小强。小强很快收到了换钱店老板委托其他人转账给小强的人民币十几万元，小强用该部分钱支付了购买汽车的首付款，剩下的钱转给了自己的妻子，用作家庭开支。但是，在小强购买汽车后不久，小强及其妻子均发现各自的银行卡不能正常向外转账了。小强及其妻子询问银行后得知他们两人的银行卡被同一个公安机关冻结了。小强为了尽快解冻他和妻子的银行卡，主动联系公安机关沟通情况，公安机关告知小强及其妻子的银行卡里流入了涉案资金，那笔涉案资金正是小强父亲到换钱店换汇的资金。小强向公安机关说明了该笔资金的来源，但是公安机关并没有同意给小强及其妻子解冻银行卡。

二、办案经过

因小强向公安机关说明了情况，但仍然没有解冻银行卡，小强决定委托律师

再次向公安机关申请解冻银行卡。小强找到解冻小分队，向解冻小分队的律师说明了他和妻子银行卡被冻结的来龙去脉。解冻小分队的律师根据小强及其妻子的情况为小强及其妻子准备了整套的申请解冻的文书和材料。解冻小分队的律师带着申请解冻的文书和材料来到公安机关，经过解冻小分队律师与承办警官的多次沟通，承办警官认同解冻小分队律师的法理分析，最终同意给小强及其妻子解冻银行卡。

三、律师提示

解冻小分队提醒大家，国外务工本来就不容易，如果需要换汇，一定要到正规、有资质的银行换汇，避免因私下换汇收到涉案资金而被冻结银行卡，这样得不偿失。另外，银行卡被冻结后可以咨询专业的律师，或者委托律师处理，这样可以减少时间成本和试错成本，尽快解冻银行卡。

第三节 外贸交易类解冻案例

案例一 外贸货款私下换汇被冻结银行卡

一、案情介绍

当事人刘某一直从事货物出口的贸易。2021 年 12 月，刘某的国外客户向刘某支付了全部货款后的 3 天，江苏某地公安机关即冻结了刘某账户中的全部款项。银行卡被冻结后，刘某通过询问银行得知了冻结地公安机关，她尝试与冻结地公安机关取得联系，并亲自前往冻结地公安机关沟通，但并未与公安机关办案人员见面。刘某在无法与公安机关进行有效沟通后，最终找到解冻小分队，委托解冻小分队处理银行卡解冻事宜。

二、办案经过

接受委托后,解冻小分队的律师第一时间与江苏冻结地公安机关取得联系,第一次联系即被告知,客户转账给刘某的货款属于诈骗案件中受害人的资金,公安机关怀疑刘某涉嫌参与诈骗犯罪或者洗钱犯罪,同时按照办案流程会在3个月后将涉案资金返还给受害人。获知这一信息后,解冻小分队的律师及时向公安机关解释了资金情况,并表明会提交相应的证据给公安机关。

刘某除无法与公安机关有效沟通外,还面临证据材料丢失,无法自证清白的难题。解冻小分队的律师接受委托后,指导刘某重新收集了证据,补充了部分事实。

律师准备好解冻材料后,几经辗转,历经一天时间终于到达了冻结机关所在地。在烈日下等候1个多小时后,终于将材料交到了办案人员手中。

经过多次沟通协调后,公安机关答应当晚加班查阅所有材料,并约好第二天上午沟通案件情况。次日,公安机关的办案人员表示事实已经了解充分,双方交换了意见,但对于要不要解冻仍然存在争议。结束之后,主办警官仍然没有表示会解冻。上午会面结束后,解冻小分队的律师重新整理了上午沟通的情况,再次给主办警官打电话,最终,主办警官同意了解冻。

三、律师提示

外贸商从事外贸经营行为,应当依法办理对外贸易经营权登记备案,贸易外汇资金的收支按照机构的外汇收支管理。也可以委托具有对外贸易经营权的企业代理进出口项下及旅游购物、边境小额贸易等项下外汇资金收付、划转及结汇。

本案中,菲律宾客户通过国内机构向刘某支付人民币的行为,极易收到赃款导致账户冻结,为了资金安全,建议外贸商收到外汇后通过国内正规渠道换成人民币,规避冻卡风险。

案例二 外贸商解卡碰壁，委托律师后成功解冻

一、案情介绍

2022年7月，当事人贾某找到解冻小分队，向解冻小分队讲述了他曲折的解卡历程。贾某找到小分队时，银行卡冻结6个月后被再次续冻。为了解冻，贾某不仅数次联系了冻结机关，而且数次与开户行、当地反诈中心沟通，都以失败告终。

在与解冻小分队的律师面对面交流时，贾某介绍了他的冻卡经过。贾某是一家货物进出口公司的销售经理，偶尔代公司收取货款。在一次与越南客户的交易中，贾某代公司收到货款后，银行卡即被某地公安机关冻结，冻结6个月后再次续冻。贾某多次尝试解卡均失败，一筹莫展，最终委托解冻小分队的律师代为解卡。

二、办案经过

解冻小分队的律师接受委托后，立即分析了贾某提供的资料。贾某在律师的指导下，补充了部分证据材料。办案律师根据贾某交易的具体情况，起草了一系列解冻文书。在资料准备妥当后，办案律师携带解冻材料来到了冻结机关所在地。在与冻结机关负责人充分沟通后，负责人同意向上级部门提交材料，最终是否能解冻，由上级部门决定。

办案律师和负责人始终保持联系，持续跟进审批进展。在经历负责人出差、补充资料、与不同公安机关沟通、配合做笔录等一系列事项后，贾某的银行卡终于解冻。

案例三 外贸交易被冻结，委托律师后顺利解冻

一、案情介绍

小明从事工业钻石生意，客户主要为国外客户，因从事该行业不久，小明认为

外贸生意与国内交易相同，一手交钱一手交货，诚信经营就可以顺利达成交易，但是小明在与国外客户完成交易并收到货款后，小明的银行卡却被两家公安机关接连冻结。

小明虽然不知道为什么会被公安机关冻结银行卡，但小明隐约认为是国外客户支付的款项有问题，但当小明找到该国外客户时，该国外客户进行了简单的回复，却不能协助小明向公安机关解冻银行卡。

二、办案经过

小明找到该国外客户理论无果后，通过互联网找到了解冻小分队，解冻小分队的律师向小明了解了本次交易的基本情况，同时与两地的公安机关进行了电话沟通，在解冻小分队的律师与公安机关沟通后，得知小明的银行卡里收到了涉案资金，涉案资金是通过该国外客户委托的第三人转账至小明的银行卡账户的。

解冻小分队的律师根据向小明和公安机关了解的情况，为小明准备了整套的申请解冻银行卡的文书和证据材料。同时，解冻小分队迅速前往两地公安机关，为小明现场申请解冻银行卡。经过解冻小分队与两地公安机关的沟通，公安机关认为小明是合法地经营生意，两地公安机关决定给小明解冻银行卡。

三、律师提示

小明从事外贸交易之所以被冻卡是因为小明在从事外贸交易时，未按照法律规定的规范程序收取外汇，为犯罪分子提供了洗钱的机会，因此收到了涉案资金。

解冻小分队提醒大家，从事外贸交易的读者应严格按照国家法律规定，依法进行外汇结汇，避免在不知情的情况下成为犯罪分子洗钱的工具，减少被冻卡的概率。

第四节 网赌冻卡类解冻案例

案例一 网赌被冻结银行卡,可以解冻吗?

一、案情介绍

某天,小明像往常一样浏览着网页,却在不经意间被一则网赌广告激起了以小博大的好奇心和好胜心。小明开始在网赌平台投入资金,期待更大的回报,结果输多赢少,银行卡也因为网赌提现,流入了涉案资金,被公安机关冻结。

小明在准备通过网赌平台大赚一笔的时候,怎么也没想到会出现输钱冻卡的情况。不仅如此,在银行卡被冻结1个多月后,小明收到了来自冻结公安机关的通知,要求小明到现场配合调查。同时由于流水金额巨大,且持续时间长、次数多,因此不排除对其进行“赌博罪”的立案侦查。

二、办案经过

解冻小分队的律师接受小明的委托后,向小明了解了参与网赌的情况,并积极联系冻结公安机关,同步了解冻结情况。解冻小分队的律师在摸清情况后,为小明准备了申请解冻的整套材料,前往冻结公安机关现场沟通,为小明申请解冻银行卡。

经过解冻小分队的律师与冻结公安机关的沟通,公安机关认为小明尚属初犯、偶犯,且情节显著轻微,于是同意为小明解冻银行卡。

三、律师提示

解冻小分队提醒大家,网赌属于违法行为,我国《治安管理处罚法》《刑法》对此均有明确的规定。大家切莫抱有利用网赌实现一夜暴富的想法,网赌不仅会导致银行卡被冻结,甚至会构成违法犯罪。一旦构成违法犯罪,需要为网赌行为承担严重的后果。

案例二　网赌流水数百万元当事人未到场顺利解冻银行卡

一、案情介绍

当事人吴某受他人诱惑于2021年在一个名叫“KUxx”的平台玩了一段时间赌球，不久即被某地公安机关以涉嫌某赌博案件采取了冻结措施，涉案的赌博流水有几百万元。吴某的银行卡被冻结有一年多，始终没有解冻。吴某多次向解冻小分队咨询，决定委托小分队的律师代为沟通解冻。

二、办案经过

小分队律师和吴某初步沟通后，向吴某收集了解冻需要的资料。仅是吴某的银行流水就多达几百页，为了提高解冻效率，不增加吴某的负担，小分队律师决定先行和冻结机关面谈。

在没有银行流水的情况下，小分队律师来到了冻结机关所在地。经过2小时的沟通，小分队律师和办案警官基本达成了处理意见。返程后，小分队律师用一下午时间和吴某开了案件会议，梳理了所有银行流水，并准备了相应的解冻材料。在小分队律师的协助下，办案警官通过线上方式与吴某核实了部分事实。解冻材料准备好后，小分队律师又和办案警官协调了解冻进度，在冻结机关收到材料后10日内，吴某的银行卡顺利解冻。

三、律师提示

网络赌博属于违法行为，根据情节会予以罚款或拘留的行政处罚，违法所得予以没收；构成犯罪的，则会被判处有期徒刑等刑罚，犯罪记录也会保留终身。同时，赌博的行为也是造成婚姻破裂的重要因素。因此，请各位珍惜自己，珍爱家庭，远离赌博。

案例三 网赌被冻卡，解卡需谨慎

一、案情介绍

小丽喜欢在工作的闲暇之余玩玩网络游戏，某天小丽的网络好友向小丽推荐了一款“网络游戏”，小丽下载了该网络游戏的App并好奇地玩了起来。随着游戏的升级，小丽开始了一系列向游戏平台充值、提现的行为。虽然小丽开始时对这款网络游戏不以为然，但当其认识到这款网络游戏不仅仅是游戏而是网络赌博时，她已经深陷其中，不能自拔，直到她的银行卡被公安机关全额冻结，小丽才如梦中惊醒，不知所措。

二、办案经过

迷茫的小丽通过网络找到了解冻小分队，解冻小分队向小丽了解了银行卡被冻结以及其网络赌博的情况，决定接受小丽的委托。解冻小分队接受小丽的委托后，开始与公安机关沟通案件情况，公安机关以小丽参与网络赌博为由，要求小丽到公安机关配合调查并说明情况，不排除对其进行立案侦查的可能。

解冻小分队结合小丽陈述的情况以及与公安机关沟通的情况，为小丽准备了整套的银行卡解冻文书和证据材料。随即，解冻小分队的律师带着解冻材料前往公安机关现场沟通，申请解冻小丽的银行卡。经过解冻小分队的律师与公安机关沟通，公安机关认为小丽情节显著轻微，同意为小丽解冻银行卡。

三、律师提示

网络赌博本身属于国家严厉打击的违法犯罪行为，若因为网络赌博导致银行卡被冻结，不仅会面临财产损失，还可能面临我国《治安管理处罚法》和《刑法》的处罚。

案例四 网赌提现，导致银行卡内几十万元被冻结

一、案情介绍

小亮平日工作繁忙，为了缓解工作压力，小亮在某赌博平台玩起了赌博游戏，起初小亮觉得自己在网上玩游戏并没有什么，无非花点儿钱买开心，娱乐一下而已。但是，该赌博平台的游戏却让小亮逐渐上瘾，小亮多次在网赌平台充值、提现，导致小亮的银行卡出现了异常，无法正常转账。

小亮发现自己的银行卡不能正常转账后，找到银行询问原因，得知银行卡被异地公安机关冻结，如果想要银行卡恢复正常，只能到异地公安机关申请解冻。

二、办案经过

小亮通过网络找到解冻小分队，小亮起初仅是咨询了解冻小分队相关的解冻问题，解冻小分队建议小亮尽快向公安机关申请解冻银行卡，但是小亮选择了等一等，相信银行卡可以在公安机关侦查的过程中自动解冻。

但是，几个月后，小亮的银行卡仍然未解冻，于是小亮又联系了解冻小分队，决定委托解冻小分队的律师向公安机关申请解冻银行卡。

解冻小分队的律师向小亮询问了银行卡内的资金来源，初步判定小亮银行卡被冻结的原因是在网赌平台收到了涉案资金。在解冻小分队联系公安机关后，公安机关告知小亮银行卡的涉案流水，涉案流水的确是从网赌平台提现的资金。

随即，解冻小分队的律师根据向小亮了解的情况，为小亮准备了整套的申请解冻银行卡的文书和相关证据材料。解冻小分队的律师携带准备好的申请解冻的材料前往公安机关为小亮申请解冻，起初公安机关拒绝给小亮解冻银行卡，在解冻小分队律师的沟通下，公安机关决定为小亮解冻银行卡。

三、律师提示

网络赌博是国家明确禁止的违法行为，网赌人员轻则受到行政处罚，重则受

到刑事处罚，而且行政处罚的认定标准并不高，很容易被公安机关处以行政处罚。而且，自古以来十赌九输，即使赌赢了，赌博平台的资金大多是犯罪分子用来洗钱的涉案资金，因此不要因为贪图一时娱乐，被公安机关冻结银行卡。

案例五 银行卡被张家界专案组冻结，原来是网赌

一、案情介绍

小红是一名医生，平时热爱工作，关爱家庭，闲暇之余喜欢玩网络游戏放松身心，小红在这一张一弛中很好地兼顾了工作和生活，可谓之美好。可是，小红近期被一条短信打乱了工作和生活的节奏，慌乱不已。原来那条短信是张家界市公安局发送给小红，并告知小红的银行卡已被公安机关冻结，要求小红本人前往公安机关说明情况，配合调查。

二、办案经过

小红百思不得其解，自己平日从未做过违法犯罪的事情，唯一的爱好仅是玩玩网络游戏，怎么会被公安机关冻结银行卡呢？小红拨打了张家界市公安局的电话，准备一探究竟，但是电话另一头的公安机关直接要求小红本人前往公安机关说明情况，小红内心更加忐忑不安。

基于此，小红找到了解冻小分队，解冻小分队向小红了解基本情况，当解冻小分队的律师问到小红银行卡中的流水来源时，基本确定了小红被冻结银行卡的原因，即小红曾从游戏平台提现至银行卡，这也就是网赌被冻卡。

解冻小分队的律师接受小红的委托后，很快为小红准备了整套的解冻文书和材料，并前往张家界市公安局为小红申请解冻银行卡。在解冻小分队的律师到达张家界市公安局后，向承办警官了解了案件情况，得知张家界市公安局近期查获了一个网赌平台，并冻结了与该网赌平台有关联的上千张银行卡，小红的银行卡也是其中之一，小红从该网赌平台提现了 7 万多元赌资至银行卡，导致银行卡被冻结。

起初承办警官要求小红本人前往公安机关配合调查并制作笔录,在公安机关查明情况后才能解冻小红的银行卡,但解冻小分队的律师把申请解冻的文书和材料提供给承办警官,并经过沟通后,承办警官决定给小红解冻银行卡,且不需要小红本人再次前往公安机关说明情况。

三、律师提示

虽然解冻小分队为小红妥善处理了其银行卡被冻结一事,但是解冻小分队还是要提醒大家,网络赌博不可玩,不仅十赌九输,即使偶尔赢一次,从网赌平台提现的资金也大多是涉案资金,有极大可能被公安机关解冻银行卡。因网赌行为被冻结银行卡不仅会造成资金周转困难,严重的还会被公安机关追究行政或刑事责任,导致人身自由被限制。

第五节　多地冻结类解冻案例

案例一　炒黄金期货出金致 40 多地公安机关冻结,1 个月内迅速解冻

一、案情介绍

众所周知,期货是一种投资风险极高的产品,期货交易风险高的原因不仅是来自货物本身的价值波动,更来源于交易平台对期货交易的杠杆配资。本案的主角,虽然跑赢了 99% 的期货交易员,但最终还是败给了“断卡”行动。

2020～2023 年,小明长期通过香港期货投资平台金荣中国金融业有限公司(以下简称金荣公司)从事黄金期货的高倍杠杆交易。

2023 年年初,小明在浮浮沉沉了 3 年后,账户金额达到了 1700 余万元。于是,小明决定见好就收,准备将平台账户内的 1700 余万元人民币等值的外币提现。通过咨询金荣公司,客服告知小明可以直接提现至其境内的银行卡内,于是小明向平台提交了其名下的中国银行和工商银行的境内账户。然而在小明提现

的过程中,金荣公司并未将1700余万元一次性支付至小明提供的银行卡内,也未使用同一账户支付给小明,而是分多个账户(含个人账户和公司账户)多笔(金额大多为几万元到几十万元)转至小明的银行账户,导致小明的两个银行账户被40多地的公安机关轮流冻结。小明经过6个月的等待后,续冻6个月的公安机关仍有13个。

二、办案经过

2023年年中,小明因急需使用卡内资金,决定委托解冻小分队代为处理13地公安机关冻结的相关事宜,并希望解冻小分队在1个月内处理完毕,至少也要让大部分资金恢复正常。因时间紧、任务重,解冻小分队在接受委托后迅速组建了专案小组。

专案小组组建后,在一周的时间内,制定了解冻方案,通过分工协作完成了以下几个基础工作:(1)准备并完成13个涉案地对应解冻材料(含证据材料、情况说明、法律意见等);(2)联络到了13个冻结地中的绝大部分承办警官,约定了当面沟通处理的具体时间,以防止过去之后承办警官无暇接待;(3)通过与办案人员的线上沟通,了解到小明在各地的涉案流水、涉案流水层级以及对应的金额,涉案金额总计700余万元,其中最多的一笔涉案金额为500余万元。

基础材料准备充分后,解冻小分队分两路逐一到达了13个冻结地,分别与当地的承办警官进行了详细沟通,并提交了相关材料。在解冻小分队1个月的不懈努力下,最终小明的银行卡状态从原来的全额冻结,分成了4种状态:(1)A地两个区的公安分局由全额冻结变为限额冻结,限制金额为30余万元,此后又在半年内陆续全额解冻,大多数都未扣划卡内资金;(2)B地、C地因涉案资金为一级资金(报案人直接转账),加之小明着急解冻用钱,于是在退还了全部涉案款项后,全部解冻;(3)D地、E地因涉案流水均为二级、三级资金,同样因为小明着急解冻用钱,于是在退还了部分涉案款项后,全部解冻;(4)F地、G地未进行退赔便全额解冻。以上各种情况加起来,小明一共仅退赔了70万元左右。

其中,最难处理的便是涉案流水金额高达500余万元的某地公安局,该地也是笔者亲自沟通办理的。一开始笔者在了解到小明的卡为二级卡后,试图利用涉案资金稀释法降低退赔金额,但在获悉该案的报案人被骗了数百万元,且其中100余万元混杂着其他来源的资金转入了小明的中国银行卡后,便放弃了,因为即使按照稀释后的涉案金额退赔,也是小明不愿承受的。于是笔者先是据理力争,后又让承办警官帮忙与报案人多次协商。最终从“人道主义”的角度,象征性地补偿报案人2万余元后,报案人同意放弃对流入小明卡内的涉案资金的追缴。从笔者到当地沟通,到该办案单位解冻,前后用时仅不到一周。也正是因为该地的解冻,才得以让小明中国银行卡中的1050万元成功取出。

综合以上各种解冻结果,解冻小分队分别使用了辩论法、一级赃款退赔法、限额冻结法、涉案金额稀释法等处理方式,成功地在1个月内,使得小明卡内的1700余万元中的1600余万元成功取出(剩余40余万元仍处于限额冻结状态)。此后,又在半年内,将剩余限额冻结的状态全部解除,至此小明的两张银行卡全部恢复正常。

案例二　卖黄金被多地公安机关冻结,一周快速解冻

一、案情介绍

小海从事黄金珠宝生意,生意兴隆,客户稳定。一天,小海的微信照常响起,却是一位陌生人主动申请添加小海为好友,并以小海的朋友介绍为由,想购买小海公司的黄金。

这位陌生好友积极主动与小海沟通购买黄金的相关事宜,并称自己只是公司的业务员,其公司愿意按照小海公司的程序签订黄金购销合同及系列相关单据。小海开心地达成了这笔交易,并向对方交付了黄金,但对方公司向小海支付货款后,小海的银行账户被不同地方的3个公安机关迅速冻结。当小海联系这位陌生好友和其所在公司时,皆杳无音信。

二、办案经过

小海不知如何是好,找到了解冻小分队,解冻小分队向小海了解本次交易的基本情况后,便与公安机关进行沟通,在沟通的过程中得知,小海的银行卡在近期收到了一起诈骗案的涉案资金,因此银行卡被不同地方的3个公安机关冻结。

解冻小分队迅速为小海准备了申请解冻的文书,梳理了证据材料,与小海一同前往3个公安机关,一一申请解冻银行卡,3个公安机关要求小海说明情况,并给小海做了笔录。

3个公安机关结合小海说明的情况,审核了解冻小分队给小海准备的解冻文书和证据材料,认为小海是合法经营,3个公安机关决定给小海解冻银行卡。

三、律师提示

解冻小分队在给小海解冻银行卡的过程中,通过与3个公安机关的承办警官沟通,得知小海本次交易的对象是犯罪分子用来洗钱的空壳公司,在小海向他们交付黄金后便是他们得逞之时。

所以,提醒大家在日常交易时,注意核实陌生交易对象的经营信息和经营风险,避免成为犯罪分子的洗钱工具,导致银行卡被冻结。同时,您也可以关注解冻小分队的微信公众号,解冻小分队将持续分享解冻银行卡的那些事,为您降低被冻卡的风险。

案例三　银行卡被多地公安机关冻结,委托律师后全部解冻

一、案情介绍

当事人黄某经营着一家服装贸易公司,主要做服装箱包的出口和零售业务。一位华裔澳大利亚籍客户在2021~2022年与黄某有过多次合作,资金往来达到数百万元。2022年6月,黄某的收款银行卡陆续被多地公安机关冻结,黄某怀疑应该是这位客户的资金出现了问题。在多次尝试联系冻结机关说明情况后,一些冻

结机关便解除了冻结措施,但仍然有 4 个公安机关无法解除,要么无法取得联系,要么不予解冻。

2023 年 3 月,一筹莫展的黄某通过社交网络平台了解到解冻小分队。经过几次电话沟通,黄某决定委托解冻小分队的律师处理解卡事宜。

二、办案经过

为了提高解冻的速度,解冻小分队律师同时尝试与四地的公安机关电话联系,遇到了和黄某同样的问题。于是决定前往冻结机关了解情况。

辛苦的奔波换来了丰硕的成果。黄某的涉案情况在解冻小分队律师的沟通协调下全部搞清楚了,涉及的案件有开设赌场案和网络传销案,情况比较复杂。在与 A 地、B 地公安民警多次协调后,两地的冻结措施在一周之内顺利解冻。C 地和 D 地在解冻的过程中虽然有些波折,最终也在解冻小分队律师的多次协调下顺利解冻,黄某银行卡内被冻结的资金也顺利取出。

案例四 帮兄弟收款,银行卡被两地公安机关冻结

一、案情介绍

阿木和他的哥哥在自己生活多年的城市里经营着自己的事业,兄弟二人把各自的公司经营得风生水起,阿木和他哥哥之间也存在大量的业务和资金往来。

近几年,虚拟货币的热度逐渐增长,阿木的哥哥在经营公司之余,开始对虚拟货币产生了兴趣,尝试购买虚拟货币以便获得增值收益。在阿木的哥哥出售一笔虚拟货币时,买家提出了一个特别的要求,要求提供指定银行的银行账号才能给阿木的哥哥支付货款。因阿木的哥哥并没有买家指定银行的银行账号,于是阿木的哥哥便把阿木在该银行的银行账号提供给了买家。虽然买家足额支付了货款,但是阿木的银行卡随即被公安机关冻结。

二、办案经过

因阿木的哥哥把阿木的银行账号提供给买家后才跟阿木打了一声招呼，阿木在不知情的情况下被冻结了银行卡，而且还是一级涉案卡。公安机关态度强硬，要求阿木到现场说明情况并配合做笔录，核实是否存在涉案嫌疑。阿木不知所措，也不知道如何向公安机关说明情况。阿木的哥哥为了尽快妥善地为其弟弟解冻银行卡，决定委托专业的律师为阿木解冻银行卡，避免公安机关将阿木列为犯罪嫌疑人被立案侦查。

阿木和哥哥一同找到了解冻小分队，兄弟俩一五一十地把案件经过讲述给解冻小分队的律师，经解冻小分队的律师分析，虽然阿木有可能被公安机关以帮助信息网络犯罪活动罪立案侦查，但是如果能妥善沟通和提供证据，阿木被立案侦查的概率会大幅降低。

阿木和解冻小分队的律师签订了委托代理合同后，解冻小分队的律师为阿木准备了解冻文书和证据材料。在解冻小分队的律师与公安机关积极的沟通下，阿木不仅没有到公安机关当地做笔录，而且解冻小分队的律师还把公安机关的警官请到了阿木的所在地做了笔录。当然了，阿木和阿木的哥哥也积极配合警官做了笔录，说明了情况，警官结合笔录的内容以及解冻小分队整理的证据材料，最终排除了阿木及其哥哥的涉案嫌疑，决定为阿木解冻银行卡。

在阿木积极处理第一个公安机关的解冻时，他的这张银行卡又被第二个公安机关冻结，仍然是一级涉案卡，同样被要求到公安现场说明情况并做笔录。这次解冻小分队的律师带着准备好的申请解冻材料前往第二个公安机关，经过解冻小分队的沟通，第二个公安机关最终同意阿木不必前往公安机关当地做笔录，并给阿木解冻了银行卡。

三、律师提示

解冻小分队提醒大家，个人的银行账号不可轻易地提供给他人，也不能主动帮助他人转账，否则很容易被公安机关以帮助信息网络犯罪活动罪立案侦查，最终还可能要承受刑事处罚。此外,发现银行卡被冻结时,要及时主动地联系公安机关申请解冻银行卡,避免因拖延解冻导致被多个公安机关同时冻结,从而花费更多的时间和精力处理解冻事宜。如果不知道如何向公安机关申请解冻,可以咨询或者委托专业的律师,从而减少银行卡被冻结造成的影响。

案例五　银行卡被多地公安机关冻结 1 个月后快速解冻

一、第一次委托

2022 年 2 月,当事人张某私下找人将一笔外币换成了人民币,涉及资金达 100 万元。收到人民币不久,张某的银行卡即被 3 家公安机关冻结。

2022 年 6 月,其中一家冻结机关联系了张某,要求张某过去配合调查。张某不了解其中的法律风险,找到了解冻小分队,委托解冻小分队沟通解冻。

解冻小分队接受委托后顺利将该冻结机关的冻结措施解除,并向张某提示了银行卡还可能被其他公安机关冻结的风险。或许因为委托解冻小分队后过程过于顺利,张某认为事情并不困难,并未委托我们解除剩下的两个冻结措施,也未将该法律风险放在心上。

二、第二次委托

2022 年 10 月,正如解冻小分队所预料的,张某的银行卡被第四家公安机关再次冻结。于是张某再次找到解冻小分队,并接受了我们的方案,将现有的 3 个冻结机关的冻结措施全部解除。

三、办案经过

(一)化难为易的解冻案例

办案律师接受委托后,立即与冻结机关取得了联系。冻结机关的办案警官态度强硬,在电话里不愿意和办案律师沟通太多,明确要求当事人亲自过去接受调查。办案律师根据以往的办案经验准备好一套解冻文书之后,来到了冻结机关所在地。

办案律师来到冻结机关所在地之后，案件承办警官外出并未见到。办案律师设法联系到部门负责人，负责人陆续向办案律师提出多个质疑，办案律师都一一做了应对。经过3小时的交涉，办案律师和负责人达成了解冻方案，当事人也无需到场接受调查。一周之后，冻结机关解除了对银行卡的冻结措施。

（二）耗时24小时的解冻案例

办案律师接受委托前，当事人已经和办案警官进行了沟通，但并未解冻。接受委托后办案律师携带解冻材料前往冻结机关，用时1小时即与办案警官达成解冻方案并立刻落实，第二天下午公安机关即解除了冻结。自与办案警官沟通到解冻，用时不到24小时。

（三）未到现场的解冻案例

在冻结机关收到办案律师准备的解冻文书之后，办案律师与冻结机关通了两个电话，双方即协商好了解冻方案，在1天时间内解除了冻结措施。

冻结机关3的顺利解冻，主要归因于办案律师熟悉当事人的整个银行卡冻结与解冻的前因后果，减少了与冻结机关的沟通难度，简化了解冻过程。这足以看出，即使是较为复杂的冻结案例，由一个专业的解冻团队全权负责，也可以将困难的事情简单化处理。

四、律师提示

银行卡冻结存在的刑事风险牵涉较广，不仅涉及冻结资金，如不妥善处理还会影响自身的社会评价，限制自身的社会权利。当事人遇到银行卡冻结的，可结合自身情况和案件情况适时咨询专业律师解决。

在这次解冻过程中，解冻资料起到了关键作用。事实上，在所有的解冻案例中，解冻资料的作用都很重要。解冻资料准备得是否专业，直接决定了解冻结果。同时也说明，解冻小分队有足够的经验和智慧轻松处理复杂的冻结案例。

第六节 其他类型的解冻案例

案例一 银行卡冻结3年,律师当天解冻

一、案情介绍

当事人小勇将自己的机器设备出售给小强,小强如约将前期货款支付给小勇,但是小强用其出售虚拟货币换取的钱支付后期货款时,小勇的银行卡却被银行冻结。

那时还是2019年,小勇发现银行卡被冻结后立即前往银行询问冻卡的原因,被告知该笔款项涉嫌刑事犯罪。小勇认为自己买卖机器设备是合法的,刑事犯罪与他无关,公安机关查清案件情况后,他的银行卡便会自动解冻。可是,这一等便遥遥无期,小勇上游的银行卡早已解冻,但小勇的银行卡依旧未解冻。

2022年10月,小勇找到了解冻小分队。

二、办案经过

解冻小分队接受小勇的委托后,便向小勇和小强了解了案件的经过和事实,指导小勇提供相关的证据材料。与此同时,解冻小分队迅速联系冻卡的公安机关,并与承办警官取得了联系,进一步沟通了冻卡原因。

解冻小分队仔细核对银行流水和材料,准备了整套的解冻文书及证据提交给公安机关,并与公安机关保持联系。经过沟通,公安机关告知提交补充材料并要求小勇本人到现场做笔录。随即,解冻小分队指导小勇准备了补充材料,并与公安机关确定了到现场做笔录的时间。

小勇做完笔录不到5分钟,解冻小分队便接到了承办警官的电话,告知已开始走解冻程序。小勇心里的石头终于落了地,解冻小分队与小勇决定中午开始返

程，在去机场的路上，解冻小分队再一次接到了承办警官的电话，告知公安机关已给冻卡银行下达解冻指令，正常情况下当日下午即可解冻。解冻小分队与小勇到达机场候机时，小勇发现冻结3年之久的银行卡可以看到余额了，这无疑是个好消息。下午3时左右，飞机平稳落地，小勇迫不及待地前往银行查看解冻情况。下午不到5时，解冻小分队收到了小勇发来的好消息，银行卡解冻了，本案完美收官。

三、律师提示

从解冻小分队处理的大量银行卡解冻案例来看，部分当事人在得知银行卡被冻结后，以为公安机关调查清楚案件情况后便会自动解冻银行卡，有的还在等上游解冻后，下游自动解冻。但是，现实往往没有想象的那样简单，反而越拖越久。与其在未知中等待，不如找专业的律师，让专业的律师针对银行卡冻结的原因对症下药，主动争取早日解冻。

案例二　银行卡被冻结要等6个月？差点等来牢狱之灾

一、被冻卡后选择等，等来的却是传唤

小王生活在某万亿GDP的城市，平时有炒币的爱好。但《924通知》发布后，小王意识到了炒币的风险，加之各大交易所发布了清退通知，小王就清仓了自己所持有的虚拟币，换成USDT之后分批次出售给了微信群认识的好友，并没有通过任何交易平台。但没想到收到款项后的第二天银行卡就被某地公安机关冻结。冻结期限一开始是3天，到期后变成了6个月。

由于卡内被冻结的金额不是很多，小王决定等6个月再说。但好景不长，还没等小王等够3个月，就传来了不好的消息。小王的其他银行卡陆续被各银行风控（非柜台交易）。到了12月中旬，小王突然收到了某万亿GDP大城市的派出所传唤，要求他到派出所配合调查。收到这份猝不及防的传唤，小王慌了，于是在好友的推荐下，小王找到了笔者。

二、突然被传唤，来不及做足准备

由于委托来得突然（第二天小王就要到派出所），笔者接手案件后，根本没有时间准备完整的材料，但材料的准备至关重要，甚至因为小王的多次线下交易、银行流水杂乱，可能直接关系到小王的“人身安全”，毕竟因此涉嫌的帮信罪、诈骗罪的持卡人已经不是个例（笔者之前分享过两例亲办案件，各种论坛的网友也分享过不幸遭遇）。在经过与公安机关的多次沟通后，将时间延长到了 3 天后。

3 天的时间依然十分紧张，先是与银行沟通，明确了冻结机构为另一个省份公安机关，从而确定了传唤小王过去的派出所属于协助办案。但小王打印出银行流水后，却发现由于大多是线下交易 USDT 的，完全不认识转款的交易对手，很难证明银行流水到底是合法所得，还是参与了洗钱、诈骗等违法犯罪活动所得，特别是帮信罪的主观要求是“明知”或“应知”就够了（补充一点：从案件最终解冻的结果也能看出单纯的交易虚拟货币是合法所得）。

经过一番加班加点，最终笔者和团队的小伙伴们还是尽量准备了 90% 的材料论证小王不涉案以及银行卡解冻的证据和理由，也给小王做了多次的“庭前辅导”，给小王进行普法工作，恶补虚拟货币相关的法律知识。不过，意外总是如期而至，正是差的那 10% 的证据，差点使小王有去无回。

三、做完笔录差点被拘留，有惊无险无罪解冻

事态紧急的时候，时间总是感觉过得很快，3 天很快过去了，来到与承办警官约定的日子。带着各种突发情况的 B 计划，笔者陪同小王一起到了派出所，承办警官把小王叫到了办案区做笔录。一听要到办案区做笔录，笔者就有了不好的预感，因为一般情况下办案区是用来审讯犯罪嫌疑人的。

果然，两个小时后，小王和承办警官做完笔录一起出来了。但并不是平安无事，而要去录相关信息，下一步很可能就是拘留。因为小王收到的是第一手的诈骗涉案款，受害人直接将款项转到了小王的银行卡里。

于是，趁着小王录信息的时间，笔者和派出所的承办警官以及冻卡公安机关

的承办警官进行了密集的沟通，竭尽全力说明小王只是单纯的交易虚拟货币，并且单纯的交易虚拟货币所得系合法所得。最终，小王当天有惊无险地回了家。

随后，笔者又第一时间到了远在他乡的冻卡机关所在地（没有让小王一起去，怕去了回不来），与多名办案警官就虚拟货币的相关规定及案例进行了深入的沟通。最终历时1个月，小王的银行卡终于在春节过后解冻，各个银行也逐渐解除了对小王的风控措施，小王的生活也回归了往常。

案例三 银行卡解冻后可能仍需移出惩戒名单

一、案情介绍

当事人顾某系某外贸公司的采购经理。2020年3月，顾某在代公司收取一笔境外货款之后，其中国工商银行的银行卡就被某地派出所冻结。顾某联系了冻卡的办案警官，向警官解释了资金来源并准备了相关的证据材料邮寄给派出所。办案警官虽然收到了材料，但是因为材料不充分，拒绝了顾某的解卡请求。顾某与办案警官沟通几次无果，便寄希望于冻结期限经过后自动解冻。两年过去了，顾某的银行卡仍然处于冻结状态。顾某在咨询律师后，决定委托解冻小分队代为处理。

二、办案经过

解冻小分队接受委托后，向顾某详细了解了与派出所的沟通情况。顾某亦提供了以前准备的资料。解冻小分队律师与办案警官取得联系，了解到冻结资金与银行卡无法提取的金额相距甚远，怀疑顾某已经被公安机关移入“黑名单”才导致银行卡无法使用。

解冻小分队律师重新整理并指导顾某提供了相应的证据材料，并准备好一套解冻法律文书，随后前往派出所。办案警官在查阅材料后排除了顾某的涉案嫌疑，但需要顾某本人补充一份询问笔录。于是解冻小分队律师提议在线上做笔录，办案警官考虑到顾某已经委托律师到派出所说明事实并排除了涉案嫌疑，就采纳了律师的提议。在解冻小分队律师的交涉下，银行卡顺利解冻。但卡内货款依然无法取出。于是，解冻小分队律师陪同顾某前往开户行。解冻小分队律师用了一下午的时间，先后与开户行和当地派出所进行了沟通。因为顾某尚在断卡人员名单中，银行实施了惩戒，银行卡也被暂停所有业务。经过解冻小分队律师的努力，派出所最终同意向上级部门提起移除名单的申请。一周后，顾某成功从断卡人员名单中移除。

三、律师提示

1. 什么人会被列入断卡人员名单？

（1）自 2019 年 4 月 1 日起，银行和支付机构对经设区的市级及以上公安机关认定的出租、出借、出售、购买银行账户（含银行卡）。

（2）支付账户的单位和个人及相关组织者，假冒他人身份或者虚构代理关系开立银行账户或者支付账户的单位和个人。

2. 被列入断卡人员名单会有什么影响？

（1）5 年内暂停其银行账户非柜面业务。

（2）5 年内暂停支付账户所有业务，并不得为其新开立账户。

（3）惩戒期满后，受惩戒的单位和个人办理新开立账户业务的，银行和支付机构应加大审核力度。

（4）人民银行将上述单位和个人信息移送金融信用信息基础数据库并向社会公布。

3. 哪里可以查到自己是否被列入断卡人员名单？

银行卡，需持卡本人在中国人民银行征信中心网站查询。电话卡，需本人持身份证到营业厅查询。

案例四　解冻失败进入黑名单，委托后顺利解冻

一、案情介绍

2022 年 10 月，当事人贾某联系到解冻小分队，向解冻小分队的律师描述了他

艰难的解冻经历，解冻小分队的律师了解他的情况后给他做了法律分析并提出了建议。贾某虽然担心再次解卡失败，但最终还是选择相信解冻小分队，委托解冻小分队再次尝试解卡。

二、办案经过

解冻小分队接受委托后第一时间前往冻结机关。承办警官在初次交谈中向解冻小分队的律师明确表示，之前已经和贾某的律师说过了，贾某的银行卡涉案流水是虚拟币交易，虚拟币交易不受法律保护，银行卡不能解冻。解冻小分队的律师在接下来的交谈中，耐心地向承办警官解释了虚拟币交易的法律问题，并列举了过往的解冻案例。在解冻小分队的律师的耐心沟通下，承办警官不再拒绝解冻小分队的律师的解卡建议，只是要求先审查证据资料。

在沟通有所进展后，解冻小分队的律师立即着手准备相关解冻文书。解冻小分队的律师提交了准备好的解冻文书并进行多次沟通后，贾某的银行卡在委托后两周内解除了银行卡的冻结措施。

虽然解除了冻结措施，贾某银行卡内的资金仍然无法提取。于是在解冻小分队的律师的指导下贾某查明了原因，即贾某的账户被移入可疑名单中。查明原因后，解冻小分队的律师再次与公安机关进行了多次沟通，公安机关同意提起移除名单的申请。最终，贾某的账户被成功移除可疑名单，资金被成功取出。

在这次的解卡过程中，出现了一个小插曲。在解冻小分队的律师的沟通下，公安机关已经同意提起移除名单的申请，但是因为公安机关的系统故障，审批迟迟没有结果。虽然解冻小分队的律师多次向贾某解释，希望贾某相信律师的判断，但贾某解卡心切，不断联系当地公安机关和银行寻找解决办法。虽然贾某找了多次，事情却没有推进。不久，公安机关审批结果出来，贾某卡内的资金被顺利取出。

案例五 接到公安机关的电话后，不去现场可以解冻银行卡吗

一、案情介绍

当事人那某因为频繁接到某地公安机关的电话通知，要求那某去公安机关做笔录配合调查。由于工作原因，那某不便前往，但又担心其中的法律风险，于是找到了解冻小分队。在解冻小分队律师与那某的沟通中了解到，那某因为曾经的几笔虚拟币交易，名下的一张中国工商银行卡被杭州和内蒙古的公安机关冻结。解冻小分队律师为那某分析了公安机关要求做笔录的原因，并提供了解决方案。那某在与解冻小分队律师沟通后决定委托解冻小分队律师处理。

二、办案经过

解冻小分队律师接受委托后，第一时间与要求那某做笔录的公安机关取得了联系，在沟通了解情况后，解冻小分队律师决定先行前往冻结机关具体沟通解卡事宜。

解冻小分队律师与两地的冻结机关取得联系，获取了相关冻结信息。根据获取的信息，解冻小分队律师指导那某收集了相关证据。解冻小分队律师对证据整理后准备了整套的解冻材料，并携带解冻材料来到内蒙古的冻结机关。

与公安机关的办案警官沟通的过程并不顺利，办案警官明确表示因为银行卡涉及刑事案件，公安机关属于依法冻结，那某需要到现场接受调查。经过解冻小分队律师的多次沟通，情况仍然没有变化。不得已，解冻小分队律师暂时离开了冻结机关所在地。虽然在冻结机关现场沟通未取得进展，但是解冻小分队律师并未气馁。离开内蒙古之后，解冻小分队律师始终和冻结机关的负责人保持联系，并补充提交了法律意见。在解冻小分队律师的不懈努力下，最终内蒙古冻结机关同意解冻，那某也没有到场接受调查。

解冻小分队律师从内蒙古离开之后，马不停蹄地前往杭州，见到了杭州的冻

结机关的办案警官。在初步了解案件情况并与办案警官进行沟通后,办案警官要求那某亲自前往冻结地接受调查。解冻小分队律师了解到那某被冻卡的复杂程度,知道1~2天内无法达成解冻方案,便先行返程。虽然未在现场与办案警官达成一致,但解冻小分队律师并未放弃,在多次与冻结机关协调后,冻结机关最终同意解冻银行卡,那某也无需到现场配合调查。最终,那某的银行卡在未到现场配合调查的情况下被全部解冻。

案例六 直播电商收款后被列入两卡惩戒名单

一、案情介绍

通过境外社交平台销售商品会被冻卡吗?答案是会的。叶某是一名玉石商,他在某境外社交平台销售国内的成品玉石。在一次直播中,一位马来西亚的客户订购了一块玉石,客户声称,他会通过国内的朋友用人民币进行付款。但叶某收到货款后即被某地公安机关冻结了银行卡。冻结不久,叶某被户籍地派出所公安民警告知,因为叶某目前属于涉"两卡"违法犯罪嫌疑人员,要求叶某尽快投案自首,否则会对其采取一切必要的侦查措施。因为涉及刑事案件,叶某担心会对自己有不利影响,于是便找到了解冻小分队。

二、办案经过

叶某在解冻小分队律师的指导下收集并提供了解冻相关资料。解冻小分队准备好解冻文书,携带相关文书陪同叶某来到了冻结机关所在地。

解冻小分队先行与冻结机关的办案警官就案件事实、法律问题进行了沟通和交流,基本达成了解冻方案。随后,叶某配合公安机关办理了相关解冻手续。返程后第三天,公安机关解除了叶某银行卡的司法冻结措施。

冻结措施虽然已经解除,但叶某仍然属于"两卡"违法犯罪嫌疑人。解冻小分队针对叶某的情况,提供了专业的法律意见,并陪同叶某前往派出所说明情况,成功帮助叶某洗脱犯罪嫌疑,银行卡也恢复了正常使用状态。

三、律师提示

商业交易形式日新月异，千变万化。犯罪分子的洗钱手段层出不穷。不少外贸商家为图便捷简化了必要的交易程序，被犯罪分子钻了空子，成为洗钱的帮凶。公安部和人民银行对于洗钱犯罪的打击力度不断加大，手段不断更新，外贸商家碰到的冻卡问题也在不断变化。如何在强化监管下保护好外贸商家的合法财产权益和人身权益，这不仅是外贸商家会考虑的问题，也是解冻小分队研究的问题。解冻小分队希望通过研究大量的实务和法律规定，向外贸商家提供切实有效的解决方案。

案例七　帮网友收款转账，涉嫌帮信惊险解冻

一、案情介绍

生活在大城市的阿彪一直过着安稳的生活，白天工作，晚上健身，抑或上网聊天，结交各地好友。正值年末休假期间，阿彪在交友软件上认识了一位“网友”。

此后，这位“网友”以自己的银行卡不能正常使用为由，寻求阿彪的帮助，请求阿彪暂时帮其接收“客户”货款，然后再让阿彪把这些“客户”的货款转账至多个第三方银行卡。

阿彪在一个月内多次收到这位“网友”的收款请求和转款请求，阿彪每次将代收的“客户”货款转出自己的银行卡时，这位“网友”都要求给阿彪留几百元让阿彪买些可口的美食，合计下来，阿彪帮这位“网友”支付结算的金额超过20万元(《最高人民法院、最高人民检察院关于办理非法利用信息网络、帮助信息网络犯罪活动等刑事案件适用法律若干问题的解释》第12条规定：明知他人利用信息网络实施犯罪，为其犯罪提供帮助，支付结算金额20万元以上的，应当认定为帮助信息网络犯罪活动罪的“情节严重”)。看起来如此“友善”的行为，却让阿彪一步一步地走近违法犯罪的边缘，直到阿彪的银行卡被公安机关冻结，阿彪才停止上述行为。

二、办案经过

阿彪的银行卡被冻结，给阿彪的生活带来许多的不便，阿彪通过网络找到解冻小分队，经过解冻小分队律师的初步分析，阿彪帮助“网友”收款、转款的行为涉嫌帮助信息网络犯罪活动罪，可能会被刑事拘留。阿彪意识到问题的严重性后，决定委托解冻小分队为其解冻银行卡。

解冻小分队接受阿彪的委托后，积极联系公安机关询问冻卡的相关情况，确定了涉案流水。解冻小分队根据从公安机关了解的情况，为阿彪准备了整套的解冻文书和证据材料，重点说明阿彪之前从未实施过帮助他人收款、转账的行为，阿彪本次为“网友”收款、转账具有偶发性，阿彪在主观上不存在“明知”的犯罪故意。与此同时，公安机关要求阿彪必须前往公安做笔录，并且不排除会被认定为帮助信息网络犯罪活动罪而被拘留的可能性。随后解冻小分队的律师与阿彪一同前往公安机关配合调查并申请银行卡解冻。

到达公安机关后，公安机关告知阿彪涉嫌帮助信息网络犯罪活动罪，要求阿彪说明情况并做了笔录。解冻小分队的律师为阿彪梳理了案件情况和准备了证据材料，告知关于帮助信息网络犯罪活动罪的法律规定以及不构成犯罪的理由。最终，阿彪在配合公安机关调查后，公安机关认为阿彪的涉案情节显著轻微，不作犯罪处理，并告知阿彪以后不能再“帮助”他人收款、转账。

最终，又历时两个月后，经过解冻小分队的不懈努力，公安机关终于决定给阿彪的银行卡解冻。

三、律师提示

解冻小分队提醒大家，不要轻易帮助他人收款、转账，更不能将自己的银行卡、手机卡出租、出借、出售给他人，避免银行卡被冻结，甚至被认定为构成帮助信息网络犯罪活动罪而判处刑罚。

案例八　大学生做兼职被冻卡，委托律师紧急解冻

一、案情介绍

小花是个乖巧懂事的姑娘，为了补贴家用，在上学期间寻找兼职工作。小花在某知名平台找到了一个看起来不错的兼职，她认为这项兼职工作只是帮助兼职公司在闲鱼平台卖卖货，回复一下客户信息，线上工作，赚取卖货提成，很是简单方便。

小花曾在正式开始兼职工作前，为了避免找到欺骗大学生的骗子公司，还要求兼职公司提供营业执照和兼职工作的合同，兼职公司也积极回应了小花的要求，不仅向小花提供了营业执照、兼职合同，还向小花发送了公司线下工作环境的照片以及工作注意事项等文件。小花认为兼职公司看起来很正规，于是签订了兼职合同并开始了兼职工作。

小花在工作期间，兼职公司让小花在闲鱼平台以自己的实名开设店铺，绑定银行卡，要求小花在店铺上出售货物，回复客户信息，一切看起来都很正常，而且兼职公司为了帮助小花这种新人提高业绩还主动给小花冲业绩，也就是兼职公司将公司线下客户支付的货款转账给小花，小花留存该笔订单的提成后，再把货款转账给兼职公司。

小花工作多日，店铺上的货物并没有卖出，仅收到兼职公司为小花冲业绩留下的少量提成，但是在小花收到兼职公司线下客户转账至其银行卡的货款后，小花的银行卡便被公安机关冻结了。

二、办案经过

小花通过网络找到解冻小分队，想要委托解冻小分队的律师帮忙解冻银行卡，解冻小分队的律师与小花办理好委托手续后，让小花把兼职的经过以及兼职的内容详细告知解冻小分队的律师。小花还在一头雾水时，解冻小分队的律师已经知道小花用自己名下的银行卡为公司代收货款的行为是兼职公司设计的洗钱

行为。在这种情况下,小花也容易被公安机关以帮助信息网络犯罪活动罪的罪名立案侦查。

解冻小分队的律师为小花准备了整套的申请解冻银行卡的文书和相关证据材料,并结合证据材料特别向公安机关阐述了小花不构成帮助信息网络犯罪活动罪的理由,为小花排除涉案嫌疑。

公安机关看到解冻小分队律师为小花准备的法律文书和证据材料后,公安机关的承办警官认同了解冻小分队律师的观点,认为小花仅是被兼职公司利用的工具人,不是涉案的犯罪嫌疑人,并决定为小花解冻银行卡。

三、律师提示

近年来,帮助信息网络犯罪活动罪逐渐成为我国的第三大刑事罪名,而且多为大学生涉案。犯罪分子为了将违法犯罪所得的涉案资金洗白,需要使用大量的银行卡,于是盯上了单纯的大学生,利用大学生兼职赚钱的想法使用他们的银行卡洗钱。

解冻小分队提醒大家,兼职也好,其他也罢,自己的银行卡和银行卡信息要保护好,不可将银行卡及银行卡相关信息出租、出借给他人使用,特别是没有任何关系的陌生人、兼职公司等,避免成为帮助犯罪分子洗钱的工具,给自己造成不良的影响。

案例九　在知名平台申请贷款,收到涉案资金被冻卡

一、案情介绍

小明因资金周转急需一笔资金,在情急之下决定在某知名平台申请贷款缓解一时之急。小明根据平台的要求提交材料,经贷款平台审核,小明符合放贷要求,贷款平台也及时地向小明发放了贷款。小明的资金周转缓解后,立刻向贷款平台足额归还了借款本金和利息,小明以为贷款一事就此了结,但是一年之后,小明的银行卡却因这笔贷款资金被公安机关冻结了。

二、办案经过

小明对银行卡被冻结一事感到莫名其妙，因为他的这张银行卡是工资卡且主要用于日常生活消费，为何会被公安机关冻结呢？小明找到解冻小分队，想要委托解冻小分队的律师一探究竟，同时为其申请解冻银行卡。

解冻小分队的律师向小明了解了这张被冻结银行卡的资金来源，小明也如实向解冻小分队的律师说明了情况，并提到了他在一年前曾申请过贷款，贷款资金被贷款平台发放到该张银行卡中。因为小明申请贷款的平台并不是来路不明的平台，这笔贷款资金也没有引起解冻小分队律师的怀疑。

解冻小分队的律师决定向公安机关核实银行卡中的涉案流水，经核实，小明银行卡中的涉案流水正是一年前向贷款平台申请的那笔贷款资金。解冻小分队律师根据核实的情况为小明准备了申请解冻的文书和证据材料，并提交给公安机关，经过公安机关的审核，公安机关认为解冻小分队律师提供的证据材料足以证明小明收到涉案资金并非因为参与犯罪行为，排除了小明的涉案嫌疑，公安机关决定给小明解冻银行卡。

三、律师提示

解冻小分队提醒大家，首先，若因资金周转需要申请贷款，一定要选择有合法资质的平台，不要向不正规的贷款公司申请贷款，犯罪分子通常会寻找不知名的贷款公司将违法所得洗白。其次，申请贷款时注意留存相关申请贷款的记录以及还款记录，以备不时之需，即使不小心收到了涉案资金，也可以用留存的证据材料证明自己的清白。

第三章

关于银行卡解冻的几个焦点问题

第一节　提前伪造一份材料解冻会涉及哪些犯罪？

一、准备假材料去解冻会涉嫌“伪证罪”

《刑法》第三百零五条规定：“在刑事诉讼中，证人、鉴定人、记录人、翻译人对与案件有重要关系的情节，故意作虚假证明、鉴定、记录、翻译，意图陷害他人或者隐匿罪证的，处三年以下有期徒刑或者拘役；情节严重的，处三年以上七年以下有期徒刑。”

通读法条，应把握几个构成要件：证人；与案件有重要关系的情节；故意作虚假证明；隐匿罪证。也就是说，相关人员一旦同时具备了这四点，就构成伪证罪。

第一，关于证人身份的认定。一般情况下，银行卡被公安机关冻结的，都是在刑事案件的办理过程中。在刑事诉讼的过程中，被冻结的人员无非就是两个身份：一个是犯罪嫌疑人，另一个是证人。如果是犯罪嫌疑人，因主体问题不会涉及伪证罪，不过相信绝大多数被冻结银行卡的持卡人都不会是犯罪嫌疑人，如果是犯罪嫌疑人，大概率也不会为了解冻卡而“自投罗网”。除此之外，如果公安机关要求持卡人做笔录的，大概率也是证人询问笔录。

第二，关于“与案件有重要关系的情节”的认定。针对这一点的认定，可能有人会说犯罪嫌疑人不论是以什么原因把钱转给持卡人的，流水都是客观存在的，涉案金额的认定都不会有什么影响。但如果换个角度来看,持卡人卡里大多收到的都是二级、三级甚至更多级的涉案资金(如果是一级卡,伪造材料也对不上号),而洗钱、“跑分”的犯罪嫌疑人,如果提供的是真实的证据,那么很有可能这个证据就是认定上游人员是否构成犯罪的关键证据,也必然会成为“与案件有重要关系的情节”的证据。

第三,关于主观方面故意作虚假证明的认定。只要确定了材料是假的,就必然是存在主观故意的。至于怎么判断材料的真假,也不难,办案警官只需要多问几个问题就可以了,比如,你把游戏账号打开我看看?你把聊天记录打开我看看?你这个游戏有什么玩法、有什么地图、有什么道具等,你都这么大额频繁地交易游戏道具了,肯定玩得很顺畅啊,说一说吧?有点紧张答不上来?不要紧,打开手机或电脑下载一个现场看看就好了。所以,只要办案警官多问几个问题,谎言就会不攻自破,这也是解冻小分队为什么一直和大家强调实话实说的重要性。

第四,关于隐匿罪证的认定。这一点可以参考第二点的内容。都已经“帮助”上游脱罪了,还不是隐匿罪证吗?除非提交的“假材料”被当场识破,不然客观上就已经做到帮助他人隐匿罪证了。一旦被当场识破,那么准备这些“假材料”的意义又何在呢?

二、帮助他人准备假材料去解冻会涉嫌“伪证罪”或“掩饰、隐瞒犯罪所得罪”

首先,伪证罪比较容易理解。使用假材料的持卡人都已经涉嫌伪证罪了,帮助准备假材料的当然也属于共同犯罪。

其次,再来看看掩饰、隐瞒犯罪所得罪。《刑法》第三百一十二条第一款规定:“明知是犯罪所得及其产生的收益而予以窝藏、转移、收购、代为销售或者以其他方法掩饰、隐瞒的,处三年以下有期徒刑、拘役或者管制,并处或者单处罚金;情节严重的,处三年以上七年以下有期徒刑,并处罚金。”

帮助掩饰、隐瞒赃款的过程很容易理解就不多谈了,这里有个核心就是对明知的认定问题。如果黑产从业者们明知涉案人员是在“跑分”、网赌,那么就可以直接认定明知了。

在司法实务中,这里的明知的认定是包含"应知"的。在解冻类的案件中,银行卡之所以被冻结,本就是因为相关资金或人员涉嫌刑事案件导致的,因此在帮助冻卡人员解冻的时候还伪造证据的,应当知道被冻资金有可能就是犯罪所得,至少是涉及上游的违法所得的。因此,无论是从明知的角度,还是从应知的角度,帮助他人准备虚假材料用于解冻,都极有可能被认为是掩饰、隐瞒犯罪所得罪。

第二节　涉诈案件中被骗到缅北做诈骗的人都无罪吗?

一、背景介绍

近年来,打击缅北涉我国电信网络诈骗犯罪取得显著战果,已有累计数万名电信网络诈骗犯罪嫌疑人移交我方。这些被移交回国的涉诈"遣返人员"最终会有什么样的下场呢?根据他们不同的涉案行为,大致可分为以下四种类型。

第一类为电诈组织头目、骨干、积极分子等这些主动组织、实施电信网络诈骗活动的人员,这类人员构成诈骗罪基本没有争议。

第二类为听闻海外有"高薪工作"、可以"赚大钱",到了缅北当地发现是电信网络诈骗,依然主动从事电信网络诈骗的人员,这类人员构成诈骗罪也基本没有争议。

第三类为虽被骗到电诈组织,但并未实质性实施电诈行为,或并未造成实际财产损失等危害后果的人员,这类人员一般不会被认定构成诈骗罪。

第四类为被骗到缅北的电诈组织,在遭受胁迫后,不得已从事电信网络诈骗,但也造成了实际危害后果的人员。这类人员是否构成诈骗罪,则具有较大的争议,本节后半部分将主要探讨的也是这类犯罪嫌疑人是否构成犯罪的问题。

二、罪与非罪的分析

根据《刑法》第二百六十六条[①]的规定，诈骗罪是指行为人以非法占有为目的，使用欺骗方法，使受害人产生或维持认识错误，受害人基于此种认识错误处分财物并遭受了财产损失。如果按照司法实务中普遍使用的犯罪构成四要件体系进行分析，则本节所探讨的这类人员均应成立诈骗罪。但刑事案件的分析方法并非只有犯罪构成四要件一种，若从犯罪构成二阶层的理论方法进行分析，则会发现第四种类型的"遣返人员"，确实存在无罪的可能。

根据二阶层理论，一个行为具备了客观违法要件后，只是暂时表明该行为具有违法性，如果存在客观违法阻却事由或主观责任阻却事由，那么该行为最终应认定为无罪。针对本节所探讨的这类人员，具体可从以下三个方面考虑是否构成诈骗罪。

（一）若构成"紧急避险"则无罪

根据《刑法》第二十一条第一款[②]的规定，为了使本人免受正在发生的危险，不得已采取的紧急避险行为，造成损害的，不负刑事责任。本节所探讨的这类电诈人员的前提之一就是受到电诈组织的胁迫，不得已而从事电信网络诈骗活动。因此，若能够证明实施诈骗行为，系为避免自己处于危险境地而实施，则可以认定存在紧急避险的情形。但是否能够达到法定的紧急避险，争议焦点则在于被胁迫的程度。

具体而言，例如，若不听从犯罪组织的安排实施诈骗，会遭受毒打、关狗笼、电击、剁手指等非人待遇。为了避免自己的生命法益受到侵害而去诈骗，显然成立紧急避险，不构成诈骗罪。

但若犯罪组织只是使用一些言语上的恐吓、吓唬，是否还成立紧急避险呢？

---

① 《刑法》（2023 修正）第二百六十六条规定："诈骗公私财物，数额较大的，处三年以下有期徒刑、拘役或者管制，并处或者单处罚金；数额巨大或者有其他严重情节的，处三年以上十年以下有期徒刑，并处罚金；数额特别巨大或者有其他特别严重情节的，处十年以上有期徒刑或者无期徒刑，并处罚金或者没收财产。本法另有规定的，依照规定。"

② 《刑法》（2023 修正）第二十一条第一款规定，为了使国家、公共利益、本人或者他人的人身、财产和其他权利免受正在发生的危险，不得已采取的紧急避险行为，造成损害的，不负刑事责任。

平心而论，若是自己被骗到异国他乡，被囚禁无法逃走，生活暗无天日，一些言语上的恐吓足以击溃一般人的心理防线。因此，笔者认为此种程度的胁迫依然成立紧急避险，不构成诈骗罪。

（二）若属于“被害人承诺”则无罪

仍然从二阶层的理论出发，若被害人同意他人对其加害，那么他人不构成犯罪，这种情形也被称为“被害人承诺”。例如，在缅北从事电信网络诈骗的小 k，其家人得知小 k 是受到胁迫而不得已从事违法犯罪活动，主动提出给小 k 打款，以此避免小 k 因无法完成“业绩”而遭受毒打。小 k 的家人明知是电信诈骗而依然同意给小 k 打款，其放弃财产的承诺有效，就该笔款项而言小 k 不构成诈骗罪。这种情形的结论也符合主流的四要件体系，小 k 的家人不是基于认识错误而处分财物，就不符合诈骗罪的客观要件，因此小 k 不构成诈骗罪。

（三）若“遣返人员”无“期待可能性”则无罪

“法律不强人所难”是所有法律人在学习法学理论基础时的必修内容。反映到司法实践中就是判断一个人是否具有期待可能性。期待可能性是指从行为时的具体情况看，可以期待行为人作出合法行为。如果从行为时的具体情况看，不能期待行为人作出合法行为，行为人即使作出了违法犯罪行为，也不值得谴责。

本节所探讨的这类人员在遭受“不听话就剁手指”“浸水笼”等胁迫的情况下，甚至看到有人被剁手指、浸水笼的情况下，才去实施诈骗。以一般社会人的标准出发，不能期待他们在此种情况下仍然坚守道德底线、宁死不屈。这种环境下，从一般社会人的标准出发，也不能单纯地以自身是否已经受到实质伤害为判断标准。故而在此情况下实施的违法犯罪行为，不具有期待可能性，不具有谴责性，也就不构成诈骗罪。

三、结论

综上所述，在遭受电诈组织胁迫的情况下，不得已从事电信网络诈骗且造成实际危害后果的这类人员，不能简单地从传统的、主流的、普遍适用的犯罪构成四要件角度予以认定，而是应该从是否存在客观违法阻却事由，即是否属于“紧急避险”“被害人承诺”，以及是否具有“期待可能性”等方面予以考虑。司法的目的不在于单纯地惩罚犯罪，更在于不让无辜的人受到冤屈，也更在于通过最终合法合理的公正判决为社会的健康发展保驾护航，从而让人民群众在每一个司法案件中感受到公平正义。

第三节　公安机关有权直接扣划银行账户内的资金吗？

银行卡被冻结后，有些持卡人等了一段时间后，会发现卡内资金被办案机关扣划了。大多数情况下，扣划的执行单位都是某某法院。但少数情况下，持卡人也会发现是公安机关直接扣划的。那么，公安机关有权直接扣划银行账户内的资金吗？

一、公安机关是否具有直接扣划的执法权

我们从法律条文来看，公安机关确实属于具有执法权的单位主体，并且这种执法权限的范围还十分广泛，既包括直接查封、冻结、扣押、搜查、勘验等的权力，也包括扣划银行账户内的资金的权力。这一点，我们可以从中国人民银行联合“两高一部”发布的《关于查询、冻结、扣划企业事业单位、机关、团体银行存款的通知》（已失效）和《关于对冻结、扣划企业事业单位、机关团体在银行、非银行金融机构存款的执法活动加强监督的通知》等法律规定或司法解释中就可以找到公安具有扣划执法权的依据。

二、公安机关什么情况下可以直接扣划

在刑事诉讼的侦查活动中，每个构成犯罪的案件都应当立案，但并不是每个构成犯罪的案件都可以破案。这就导致部分较为特殊的刑事案件，特别是在电信诈骗类案件中。办案单位只是冻结了银行卡内的资金，但找不到真正实施诈骗的

犯罪分子。这种情况下，为了更好地保障电信诈骗被害人的合法权利，2016年原银监会和公安部联合发布了《电信网络新型违法犯罪案件冻结资金返还若干规定》，其中第四条第一款规定："公安机关负责查清被害人资金流向，及时通知被害人，并作出资金返还决定，实施返还。"因此，公安机关在遇到电信网络新型违法犯罪类案件，也就是电信诈骗类案件的时候，就具有了直接扣划银行卡内涉案资金的权力。

同时，《电信网络新型违法犯罪案件冻结资金返还若干规定》第八条还详细规定了三种可以扣划返还的情形：第一种，冻结账户内仅有单笔汇（存）款记录，可直接溯源被害人的，直接返还被害人；第二种，冻结账户内有多笔汇（存）款记录，按照时间戳记载可以直接溯源被害人的，直接返还被害人；第三种，冻结账户内有多笔汇（存）款记录，按照时间戳记载无法直接溯源被害人的，按照被害人被骗（盗）金额占冻结在案资金总额的比例返还。

最后，提示大家一下，同样根据《电信网络新型违法犯罪案件冻结资金返还若干规定》第八条的规定，即使公安机关扣划并返还了被害人资金，冻结账户返还后剩余资金在原冻结期内的还会继续冻结，公安机关也可以根据办案需要继续续冻，如果以后查清还有新的被害人，公安机关还可以继续启动新的返还程序。

第四节　银行卡冻结后必须退还"涉案赃款"吗？

——论刑事案件中"涉案赃款"的第三人善意取得

一、问题引入

笔者在办案过程中总是会遇到一些很"冤枉"的委托人提出的一些问题，例如，"我这卡里的钱都是辛苦卖货赚来的，凭什么给我扣划？""我儿子在国外辛苦打工赚的钱给我汇回来，凭什么给我扣划？""我们做外贸的本来就不容易，货都已经发走了，聊天记录也有，我们怎么知道国外客户打过来的钱有问题？凭什么让我们退钱？"

如果我们想要搞清楚这些问题的答案,至少要搞明白三个问题:第一,刑事案件中到底有没有善意取得一说?第二,涉案赃款在什么条件下才能适用善意取得制度?第三,如何证明自己获得的涉案赃款构成善意取得?

二、刑事案件中到底有没有善意取得一说

犯罪分子获得赃款后一般都会想方设法采取各种途径使其合法化,从而让其继续在社会中用于生产、消费、生活。此时,案外第三人如果获得这些赃款,能否认定为善意取得就很关键了。

关于刑事案件中的赃物是否可以适用善意取得制度,我国的法律规定及司法实践经历了一个逐渐放宽的过程。

最早规定赃物可以适用善意取得制度是1996年最高人民法院颁布的《关于审理诈骗案件具体应用法律若干问题的解释》第十一条,但这一条只规定了被诈骗的财物可以适用善意取得制度。

1998年,"两高一部"等部门发布的《关于依法查处盗窃、抢劫机动车案件的规定》,规定被盗窃、抢劫、侵占、侵夺、诈骗的机动车,可以适用善意取得制度。

2011年,最高人民法院、最高人民检察院发布的《关于办理诈骗刑事案件具体应用法律若干问题的解释》修改了1996年的规定,仍然规定被诈骗之物可以适用善意取得制度。

2014年,最高人民法院发布的《关于刑事裁判涉财产部分执行的若干规定》第十一条第二款规定:"第三人善意取得涉案财物的,执行程序中不予追缴。作为原所有人的被害人对该涉案财物主张权利的,人民法院应当告知其通过诉讼程序处理。"这一条的发布,也将可以适用善意取得制度的赃物扩大到所有赃物。

此后,在《最高人民法院、最高人民检察院、公安部关于办理电信网络诈骗等刑事案件适用法律若干问题的意见》等规定中,也多次强调刑事案件中"善意取得制度"的适用问题。

综上,我们不难得出结论,善意取得不仅是一个民事诉讼中要考虑的问题,在刑事诉讼的办案过程中,也要充分判断案外第三人是否存在善意取得。

需要注意的是,从上述的法律规定中,我们会发现使用的词语都是"财物",而并非赃物,这里的"财物"明显是包含涉案赃款的。赃款及货币,货币即使不是特定物,也仍然属于物的范畴,所判断的也仍然是所有权转移是否合法的问题。因此,赃款也是适用善意取得制度的。

三、涉案赃款在什么条件下才能适用善意取得制度

在明确刑事诉讼案件中也适用善意取得制度后,什么情况下才能适用就成为我们进一步要分析的内容。因为上述法律虽然规定了刑事案件中可以适用善意取得制度,但是并没有对刑事案件中适用善意取得制度的要求作更详细的规定。

在刑法体系的法律规定中没有更详细规定的情况下,我们应参考民法体系的相关规定。善意取得的相关内容在《民法典》中被规定在第三百一十一条至第三百一十三条,归纳总结,满足善意取得必须满足三个核心条件:第一,买方受让时为善意;第二,以合理的对价取得;第三,事实上已经取得了所有权,也就是说,需要依法应当登记才能取得物权的必须已经完成了登记,不需要登记的已经事实上交付给买方。

根据以上关于善意取得认定的三个核心构成要件,我们再把取得"涉案赃款"的情形一一对应进行分析。为了更容易理解,笔者按照由易到难的顺序进行倒序分析。

第三个构成要件是最容易满足的,也就是"事实上是否已经取得了所有权"。从法理学中关于物的分类来看,货币属于种类物,而且属于具有高流通性的特殊种类物,不需要进行登记才能取得所有权。根据"货币占有即所有"的原则,货币在拿到手或者电子支付到账的那一刻,即视为同时取得了货币的占有权和所有权。

第二个构成要件是"以合理对价取得"。根据《最高人民法院关于适用〈中华人民共和国民法典〉物权编的解释(一)》第十八条对"合理的价格"的规定,即判断是否合理对价,应当根据转让标的物的性质、数量以及付款方式等具体情况,参考转让时交易地市场价格以及交易习惯等因素综合认定。这一点从表面看似乎

很容易理解,但是在实际认定的过程中,并不一定那么容易证明。如果我们是拿钱买了涉案赃物,价格往往只需要进行第三方的评估或鉴定即可。但当这点反过来的时候,就不一样了。对于如黄金、手机等,不论是看标价还是进行第三方评估,最终价值都较为统一的标准商品,是比较容易判断是否属于合理价格的。

如果我们获得的是涉案赃款,取得方式就会变得多种多样。例如,我们卖的是玉石文玩等议价空间特别大的,就不太好有一个公认的价值判断。又如,我们是从事服务业的,因为给涉案人员提供了一些服务而取得的赃款,这种服务应该如何估价?会不会存在以一些“无形的服务”实现洗钱目的的情形?要知道,我们这里讨论的前提是在刑事案件中,而不是在民事案件中。这一点往往也是刑事案件中,办案人员不愿意过多地考虑善意取得的重要原因之一,因为是否合理的价格,往往是公说公有理婆说婆有理。因此,是否以合理对价取得了涉案的款项,就是我们在准备相关材料时,应当重点考虑的方向,也只有准备了充分且足以令办案人员信服的材料,证明涉案赃款系支付了合理的对价才获取,才能解除司法机关对涉案赃款的冻结。

第一个构成要件是“受让时是否为善意”。这一点可以说是整个善意取得制度的灵魂。是否为善意的核心判断标准除“一眼假”的“直接恶意”外,就是判断是否存在重大过失了。这也是为什么笔者说前两个构成要件好理解,因为前两个构成要件的本质,其实就是排除了两个影响“善意”认定的重大过失而已。如何认定“受让时是否为善意”或者是否存在“重大过失”?在法律没有进一步规定的情况下,我们就只能采用排除法了。以下笔者列举五个常见的办案人员用来判断是否存在“重大过失”的要点。

第一,对交易对象的判断。也就是你能否判断对方的身份是否存在问题。比如你经营的是一家金店,一个陌生的客户突然找你要买大额的黄金,按规定你应当对其进行身份信息的核对和登记,结果你什么都没登记就卖了,这种情况下一般就不会认定属于善意取得了。

第二,对交易场所的判断。如果买方是在公开市场上购买的商品,可以认为第三人是善意的;但如果你跑到非公开市场销售,尤其是在“黑市”完成交易,则表明你很有可能知道或应当知道对方是有问题的。这种情况下一般也不会认定属于善意取得。

第三,对交易过程的判断。针对不同的物品,交易的过程都不太一样,部分特殊商品对交易过程会有明确的法律规定要求或行业惯例,但即使没有相对固定的交易模式,往往也都要经历联络、付款、交货三个环节。因此,如果出现联络人、付款人、收货人不是同一人,又没有合理解释的,则会影响对善意取得认定的判断。

第四,对交易原因的判断。善意取得制度的本意之一是为了保护正常交易的市场经济秩序,并不是为了保护非法的行为。因此,如果权利人是通过非法债务清偿或者其他违法犯罪活动而取得的涉案款项,即使与涉案赃款的本诉案件并非同一案件,也不应当适用善意取得制度。例如,发行"空气币"募集的资金或收取高利贷或赌债还款等情形。

第五,对其他因素的判断。例如,办案单位已经有证据证明买方在交易时明显表现出形迹可疑,或者买方在被问到资金来源的时候表述含混不清等,则往往表明买方是有问题的。在这种情况下,如果仍然坚持完成交易,则大概率会被认为存在重大过失。

总结而言,除恶意取得外,只有排除了各种"重大过失",才能最终认定我们所取得的涉案款项为善意取得,才能适用关于善意取得的相关法律规定。

四、如何证明自己获得的涉案赃款构成善意取得

前文笔者为大家详细分析了善意取得的基本构成要件,不难看出,想认定构成善意取得要考虑的条件还是挺多的。我们如何才能证明自己获得的涉案赃款构成善意取得呢?要解决这个问题,我们要搞清楚举证责任和举证这两件事。举证责任是谁来证明的问题,而举证则是拿什么证明的问题。先说结论,刑事案件中"涉案赃款"的善意取得的举证责任一般应当由我们自己承担,特殊情况下应当由办案单位承担。

(一)为什么"涉案赃款"的善意取得的举证责任应当由我们自己承担

在传统的民法体系中,根据"谁主张,谁举证"的原则,如果一方主张另一方不

构成善意取得的，应当由提出主张的一方举证。这一点在《最高人民法院关于适用〈中华人民共和国物权法〉若干问题的解释（一）》（已失效）第十五条第二款也规定了“真实权利人主张受让人不构成善意的，应当承担举证证明责任”。也就是说，构成善意取得的一方，通常不需要“自证清白”。

民事诉讼中之所以将举证责任交给了原权利人，主要是两个原因：一是符合举证责任的一般规则，即“谁主张，谁举证”。原权利人要追回，必须要举证证明买方的恶意。在举证责任分配方面，就应当由提出主张的原权利人举证；二是更有利于查明案件事实，因为无论是从司法实践来看，还是从人民群众朴素的生活经验来看，证明“消极事实”都是比较困难的，证明受让人有恶意或重大过失有很多直接证据或间接证据可以推定，但这种情况下要受让人证明自己没有恶意或没有过失，往往是比较困难的。

但是在刑事案件中，举证责任的分配并不明确，诉讼程序发起的背景也有极大的不同。《刑事诉讼法》第五十一条仅规定了“公诉案件中被告人有罪的举证责任由人民检察院承担”，但涉案的赃款是否属于善意取得的举证责任，并没有进行更为详细的规定。有人可能会提出这样的观点：犯罪嫌疑人或被告人不需要证明自己无罪，那么涉案赃款的收款人当然也不需要证明自己是善意取得。如果你也这样想，未免把这个问题想得太过于简单。

首先，刑事案件中的办案单位属于“一手托四方”，这一点是后续分析的一个重要基础。刑事诉讼中，办案人员要平衡的，除了被告人和国家秩序的罪责刑相适应外，还要考虑被害人、善意第三人的利益平衡。因此，从某种意义上来说，刑事案件对办案人员的能力要求比民事案件要高得多。

其次，刑事追缴程序本就是刑事诉讼程序中的一部分，本质是司法机关的职权行为。《刑法》第六十四条规定，“犯罪分子违法所得的一切财物，应当予以追缴或者责令退赔；对被害人的合法财产，应当及时返还”，从中不难看出，刑事诉讼中对赃款赃物追缴才是原则，因第三人成立善意取得而不予追缴的情形属于例外，因此对于“例外”的情形，当然应当加以严格限制，谨慎适用。若第三人不能提供证据证明其构成善意取得，赃款赃物就必须追缴，必须优先保护被害人的合法财产,这也是《刑法》第六十四条的应有之义。

再次,刑事案件和民事案件的事实背景不同。民事案件中的转让人一般仅是在无权处理的情况下将相关财物而进行了转让,往往不存在严重扰乱社会秩序或严重侵害其他法益的恶性行为。然而,在刑事案件中,犯罪分子往往是采用极为恶劣的手段(相对民事而言),实施了严重扰乱社会秩序或严重侵害其他法益的犯罪行为后,又转让了自己因犯罪所得的财物。在这种情况下,被害人才是损失更大的一方。这也再次呼应《刑法》第六十四条的应有之义。

复次,刑事诉讼和民事诉讼程序存在差异。在现有的刑事诉讼程序中,并没有第三人(受让人)与公诉人或被害人(原权利人)有关涉案财物的举证、质证、辩论程序。这也是在银行卡冻结类案件中,办案人员为什么通常"懒得搭理"没有举证的持卡人的原因,因为这根本"不属于"办案人员办理刑事案件的必要步骤。当然这也是不负责任的,我们还是应当寻求一个公权力和私权利之间的平衡。

最后,关于举证责任"倒置"的例外。基于刑事诉讼国家公权力属性和民法的私法属性的本质区别,民法的善意取得与刑法的善意取得,当然不能简单地归为一类。但这种举证责任的"倒置"也应当有一个限度。虽然根据《刑法》第六十四条的规定,在刑事诉讼中,对赃款的追缴是无上限的,但这种上不封顶的原则仅适用于"犯罪分子",而不是无限制地适用在其他的案外第三人。在办理银行卡冻结类案件中,笔者发现办案机关往往会冻结三级以上的涉案资金。在中间某一资金层级的第三人已经证明自己属于善意取得的情况下,办案人员还会要求后续层级的涉案款项持有人证明自己属于善意取得,这种行为不仅严重加大了司法的负担,也严重侵害了持卡人的合法权利。

例如,A 是犯罪分子,把钱转给善意的 B,B 又转给了 C,C 又转给了自己的妻子、父母等。在 B 已经证明了自己属于善意取得的情况下,办案人员仍然要求 C 以及 C 的妻子、父母等证明自己的善意,这是不合理的。

(二)刑事案件中证明"涉案赃款"属于善意取得需要列举哪些证据

既然举证责任通常情况下应当由持卡人承担,那么我们需要用哪些证据证明自己的"善意"呢?证据一定要根据一个法律定义的构成要件进行列举。因为如果你是一个办案人员，你要认定一个行为是否符合“善意取得”的法律定性，也一定会关注那些涉及构成要件的证据。因此，结合本节前述内容来看，证明“涉案赃款”属于善意取得的证据，包括但不限于以下七个方面。

第一，证明交付货物的证据（必须项）。通常情况下，我们收到涉案赃款的同时，也会交付给对方相应价值的物品。如果是黄金买卖，我们提供黄金的提货单即可；如果是虚拟货币买卖，我们提供转币记录即可；如果是外贸订单，我们提供发货单和报关单等手续即可。

第二，证明货物价值的证据（必须项）。需要证明货物的价格合理，我们就要对货物的价值评估提供相关的证据。如果是黄金等标准货物的交易，我们提供标准货物的价格记录即可；如果是虚拟货币等价格波动较大但有交易所价格可以作为参照的，我们可以提供交易所的价格 K 线图；如果是艺术品等非标准货物的，一定要在交易前就留存好能体现相关物品价值的基本信息，不然事后很难证明合理价值。

第三，证明交易对象的证据（必须项）。有合理对价才有善意取得，而有合理对价肯定就有交易对手方。根据不同的交易场景，对交易对象证明程度的要求也不一样。例如，虚拟货币、游戏道具等物品的交易，往往不需要知晓对方的详细身份信息，这种情况下，我们只需要提交对方的微信号、手机号、银行账户等能够证明对方实名信息的证据即可。而像黄金等本身就要求登记身份的，则需要提供对方的身份登记表、身份证复印件等证据。

第四，证明交易场景的证据（重要项）。有交易就有交易场景，但要证明交易场景的情况，往往并不容易。根据交易场景的不同，我们可以提供相对应的证据。例如，通过网络平台交易的，可以提供平台的交易记录；通过微信等通信工具交易的，可以提供双方的聊天记录；通过线下进行交易的，可以提供现场的录音或录像等。

第五，证明交易过程的证据（重要项）。针对交易的过程，我们只要证明自己尽到了核实义务，不存在重大过失即可。通常情况下，如果联系人、付款人、收货人相同的，就不需要再找额外的证据再做合理解释了。但如果三者不是同一人，就需要提供授权委托书、聊天记录、行业惯例等证据,来佐证自己已经尽到了核实义务。

第六,证明交易原因的证据(一般项)。这一点往往比较难以证明,好在可以通过前述证据间接证明,可以以证据链的形式,证明自己不是因为非法债务清偿或者其他违法犯罪活动而取得的即可。

第七,其他证据(非必要项)。除以上证据外,我们还可以向办案单位提供工作证明、社会公益活动证明、荣誉证明等证据,以便更加充分地证明自己不存在或者没必要以非法方式恶意取得的动机。

2

PART

第二编

资金出入境法律实务

第一章

常见资金单向出境或入境法律实务

第一节　境外虚拟银行卡交易

一、一般过程以及成本

虚拟货币的使用客观上便利了资金转移，而相关工具的创建，如交易所平台账户以及区块链网络钱包，除链上提现费用外，都无需额外的费用。然而，值得注意的是，当前大部分国外应用消费仅支持国外银行卡支付。在这种情况下，虚拟国外银行卡的出现为资金出境提供了新的方案。

我们以某境外虚拟卡为例，说明此类虚拟卡的获取和使用过程：

（1）注册与验证：中国境内用户只需在此类虚拟卡手机端应用上注册账户，完成简单身份验证以及人脸识别 KYC[①]，即可获得一张虚拟银行卡。

（2）开通与充值：用户向虚拟卡充值一定数额的泰达币（USDT），并支付管理费，即可开通此卡。

此时用户只需往该卡充值一定数额 USDT 并支付相应管理费即可开通本卡，应用内有将 USDT 转化为美元（USD）选项，点击该选项，即可向卡内划转真实美元。用户每个月还需要再支付一定的维护费。

---

① KYC 全称为 know your customer，意思是充分了解你的客户，即银行、信托、保险等金融机构在为客户提供服务时，对账户的实际持有人和实际收益人进行审查，以确认客户是否符合反洗钱法、反恐怖主义融资等方面的监管要求。

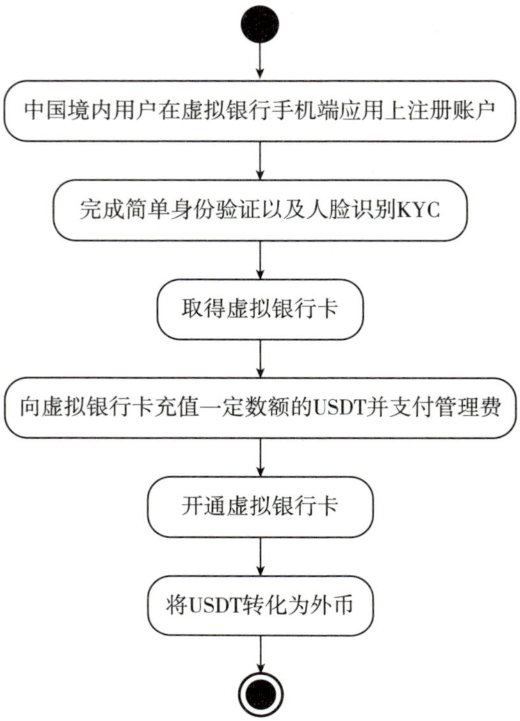

图 2－1－1　境外虚拟银行卡交易流程

二、优缺点

优点是操作简便，门槛低，只需要简单 KYC 即可办卡，也只需在手机端完成相关操作，且转账速度快，无需等待长时间的银行处理时间。缺点是虚拟银行卡的使用稳定性差，经常出现“维护”状态，无法及时提供服务，并有“跑路”风险。

三、法律风险

此种交易方法的本质是依托虚拟货币，因此首先对于用户来说，存在的风险与虚拟货币交易中心存在的风险相同，受制于各国虚拟货币政策管制。

其次，虚拟银行卡本质上仍为国外金融机构开设的金融产品，在该领域存在不透明现象，也易受开设国银行金融业法律政策的影响。并且目前大部分虚拟银行卡运营商也未详细透露运行详情，其金融合法资质也处于不透明状态。其中之一的表现就是目前大部分虚拟银行卡使用极不稳定,经常出现“维护”状态而暂停使用。我国《银行业监督管理法》第十九条规定,任何单位或个人在未获得国务院银行业监督管理机构批准的情况下,不得设立或从事银行业金融机构的业务活动。虚拟银行卡运营商如果在未经监管机构许可的情况下进行业务,可能会被视为非法金融机构,并面临行政处罚。此外,用户参与非法金融活动也可能受到处罚。

另外,还应当注意虚拟卡的信用风险和信息安全风险。由于虚拟卡的信用风险主要体现在信用风险和欺诈风险上,用户需要对发卡机构进行足够的审查,以确保其具有良好的信誉度。同时,虚拟卡的使用过程中,涉及大量敏感的个人和财务信息,如果信息安全保护措施不到位,可能会导致信息泄露,引发诸如身份盗用、金融欺诈等问题。我国《网络安全法》第四十一条和第四十二条明确规定了网络运营者对个人信息的保护义务,如果虚拟银行卡的运营商未能恰当地保护用户的信息安全,可能会违反这些规定。

在诉讼方面,由于虚拟银行卡运营商的跨国性质,处理争议可能会出现一些复杂的问题。例如,虚拟银行卡可能涉及跨境诉讼,可能需要根据我国《民事诉讼法》第二十四章关于管辖的规定,确定合适的司法管辖。同时,如果涉及仲裁,可能还需要考虑我国《仲裁法》中关于管辖的相关规定。

最后,在刑事法律风险中可能导致如下罪名:

(1)掩饰、隐瞒犯罪所得罪:如果虚拟银行卡用于转移或隐藏犯罪收益,那么该行为可能构成掩饰、隐瞒犯罪所得罪。例如,如果一人明知资金来自犯罪活动(如贩毒、贪污等),却通过虚拟银行卡将资金转移或存储,从而遮掩这些资金的来源,这将构成掩饰、隐瞒犯罪所得罪。

(2)洗钱罪:如果虚拟银行卡被用于洗钱,即掩饰或隐瞒犯罪收益的来源和性质,那么可能会构成洗钱罪。比如,用户将犯罪所得通过多个虚拟银行卡账户进行交易,以混淆资金流向,这样的行为可能会被视为洗钱。

(3)帮助信息网络犯罪活动罪:如果虚拟银行卡的制造和销售者知道他们的产品将用于网络犯罪活动(如网络诈骗),而继续为犯罪者提供此类银行卡,那么可能构成帮助信息网络犯罪活动罪。

（4）非法经营罪：如果虚拟银行卡的制造和销售没有得到相关国家主管部门的批准，或者通过虚拟银行卡进行的资金支付结算业务违反了相关法律法规，可能构成非法经营罪。虽然虚拟银行卡本身不违法，但如果未经授权就进行经营，那么可能会被视为非法经营。

例如，被告人黎某某因涉嫌帮助信息网络犯罪活动罪，经山西省稷山县人民检察院起诉，由山西省稷山县人民法院审理。经审理查明，黎某某在网络兼职群中接触到一名“带赚师傅”，被其利用进行违法犯罪活动。其间，该人利用黎某某的个人信息办理虚拟银行卡并进行交易，涉及金额达到493,399.93元。公诉机关认为，黎某某的行为构成帮助信息网络犯罪活动罪。黎某某在庭审中认罪认罚，并无异议。法院依法判处黎某某有期徒刑7个月，并处罚金人民币3000元。①

四、法律条文引用

1.《外汇管理条例》第三十九条　有违反规定将境内外汇转移境外，或者以欺骗手段将境内资本转移境外等逃汇行为的，由外汇管理机关责令限期调回外汇，处逃汇金额30%以下的罚款；情节严重的，处逃汇金额30%以上等值以下的罚款；构成犯罪的，依法追究刑事责任。

2.《银行业监督管理法》第十九条　未经国务院银行业监督管理机构批准，任何单位或者个人不得设立银行业金融机构或者从事银行业金融机构的业务活动。

3.《网络安全法》第四十一条　网络运营者收集、使用个人信息，应当遵循合法、正当、必要的原则，公开收集、使用规则，明示收集、使用信息的目的、方式和范围，并经被收集者同意。

网络运营者不得收集与其提供的服务无关的个人信息，不得违反法律、行政法规的规定和双方的约定收集、使用个人信息，并应当依照法律、行政法规的规定和与用户的约定，处理其保存的个人信息。

---

① 参见山西省稷山县人民法院（2021）晋0824刑初169号刑事判决书。

4.《网络安全法》第四十二条第一款　网络运营者不得泄露、篡改、毁损其收集的个人信息;未经被收集者同意,不得向他人提供个人信息。但是,经过处理无法识别特定个人且不能复原的除外。

第二节　"个人额度"互转

一、一般过程以及成本

"个人额度"互转,又称"蚂蚁搬家"转汇,一般指多个个人将各自年度内未使用的外汇配额转让给需要大额外汇的个人。具体来说,需要大额外汇的个人先将等值人民币转至其他个人的银行账户,然后这些个人用这笔人民币按年度限额购买外汇,再将购买的外汇转回给需要大额外汇的个人。因为每个人都有 5 万美元的年度限额,所以通过这种方式,能够合法地进行大额资金转移。

然而,这种方式需要一定的时间和信任,因为涉及多个个人之间的资金转移。此外,因为涉及多次的资金转移,可能产生一些额外的银行手续费和汇率风险。

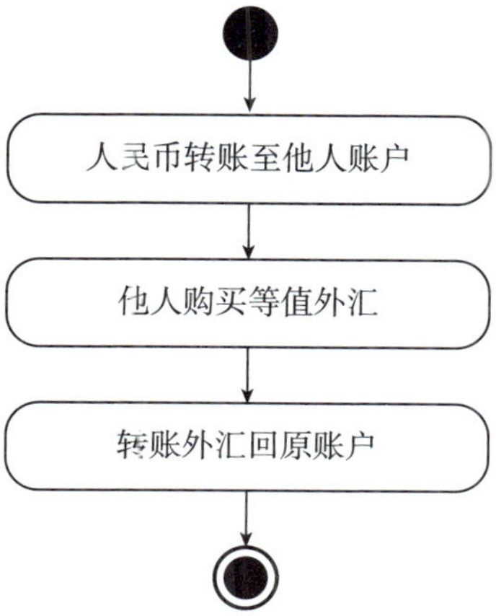

图 2－1－2　"个人额度"互转流程

二、优缺点

优点是在理论上,可以突破个人年度5万美元的外汇限额,从而进行大额资金转移。缺点是这种方式需要多个个人的配合,并且可能需要支付一些额外的银行手续费和承担汇率风险。

三、法律风险

根据《国家外汇管理局关于进一步完善个人结售汇业务管理的通知》(汇发〔2009〕56号)、《个人外汇管理办法实施细则》(汇发〔2007〕1号)以及《外汇管理条例》的相关规定,以下行为将被视为个人分拆结售汇行为,也被称为"蚂蚁搬家",可能被列入"关注名单"。违规者将被剥夺两年内合计10万美元的换汇额度,并可能面临进一步立案处罚。具体行为包括以下几个。

(1)5个以上不同个人同日、隔日或连续多日分别购汇后,将外汇汇给境外同一个人或机构。

(2)个人在7日内从同一外汇储蓄账户5次以上提取接近等值1万美元外币现钞。

(3)同一个人将其外汇储蓄账户内存款划转至5个以上直系亲属等情况。这些都可能被认定为分拆结售汇行为。

因此,采用"蚂蚁搬家"式互转外汇会违反相关规定,国家外汇管理局对此类行为将采取严格的监管措施。对于涉嫌分拆结售汇行为的个人,除上述的限制换汇额度的处罚外,还可能面临行政处罚,如罚款或在一定期限内禁止其进行外汇交易。严重者,除可能被列入"关注名单",取消两年的5万美元购汇额度外,还可能面临逃汇金额30%左右的罚款,以及5万元以下的罚款。更严重的情况下,可能构成犯罪,依法追究刑事责任。

最后,在具体刑事法律风险中可能导致如下罪名:

(1)掩饰、隐瞒犯罪所得罪:如果这种"个人额度"互转的方式被用于掩饰、隐瞒犯罪所得及其产生的收益,那么可能构成掩饰、隐瞒犯罪所得罪。例如,如果一人明知资金来自犯罪活动(如贩毒、贪污等),却通过“个人额度”互转的方式将资金转移或存储,从而遮掩这些资金的来源。

(2)洗钱罪:如果“个人额度”互转的方式被用于洗钱,即掩饰或隐瞒犯罪所得及其产生的收益的来源和性质,那么可能构成洗钱罪。在这种情况下,犯罪者可能会利用多个人的年度外汇购汇限额,通过多次小额的资金转移,以此混淆资金的来源和流向。

(3)非法经营罪:如果在没有相关批准的情况下,通过“个人额度”互转的方式进行大额的资金转移,可能会构成非法经营罪。根据相关法律法规,个人在外汇管理方面有严格的规定,超出个人年度5万美元的外汇限额进行资金转移,是被严格禁止的。

(4)骗购外汇罪:关于“个人额度”互转,即“蚂蚁搬家”,此种方式虽然从表面上看像是利用每个人的个人外汇配额,但其本质上可能构成骗购外汇罪。这是因为这种行为违反了个人年度外汇限额的规定,并且可能涉及使用伪造、变造的单据或者重复使用单据等手段获取额外的外汇,这完全符合骗购外汇罪的定义。

例如,被告人陆某某被闽侯县人民检察院指控犯骗购外汇罪。检察院指控,2016年年底至2017年年初,陆某某欲将人民币975.46万元汇往加拿大,但由于个人和家人的外汇账户额度有限无法汇出,所以找来朋友林某商量解决方法。两人寻求多个其他个人账户,商定将这些钱分拆至多个账户,再以留学交学费和旅游等名目购买外汇后汇出。通过这种方式,他们共购汇30笔,金额合计186.84万澳元,折合138.66万美元。国家对于境内个人购汇实行年度总额管理,在年度总额内凭个人有效身份证件在银行办理,同时规定不得以分拆等方式逃避限额监管,被告人陆某某的上述行为造成了国家外汇资金流失138.66美元,侵犯了国家外汇管理秩序,陆某某成立骗购外汇罪。①

四、法律条文引用

1.《国家外汇管理局关于进一步完善个人结售汇业务管理的通知》第一条

---

① 《想在澳洲买房子,骗购外汇被公诉》,载 http://www.fjminhou.jcy.gov.cn/yasf/201901/t20190107_2459836.shtml。

个人不得以分拆等方式规避个人结汇和境内个人购汇年度总额管理。个人分拆结售汇行为主要具有以下特征:

(一)境外同一个人或机构同日、隔日或连续多日将外汇汇给境内 5 个以上(含,下同)不同个人,收款人分别结汇。

(二)5 个以上不同个人同日、隔日或连续多日分别购汇后,将外汇汇给境外同一个人或机构。

(三)5 个以上不同个人同日、隔日或连续多日分别结汇后,将人民币资金存入或汇入同一个人或机构的人民币账户。

(四)个人在 7 日内从同一外汇储蓄账户 5 次以上(含)提取接近等值 1 万美元外币现钞;或者 5 个以上个人同一日内,共同在同一银行网点,每人办理接近等值 5000 美元现钞结汇。

(五)同一个人将其外汇储蓄账户内存款划转至 5 个以上直系亲属,直系亲属分别在年度总额内结汇;或者同一个人的 5 个以上直系亲属分别在年度总额内购汇后,将所购外汇划转至该个人外汇储蓄账户。

(六)其他通过多人次、多频次规避限额管理的个人分拆结售汇行为。

2.《个人外汇管理办法实施细则》第二条 对个人结汇和境内个人购汇实行年度总额管理。年度总额分别为每人每年等值 5 万美元。国家外汇管理局可根据国际收支状况,对年度总额进行调整。

个人年度总额内的结汇和购汇,凭本人有效身份证件在银行办理;超过年度总额的,经常项目项下按本细则第十条、第十一条、第十二条办理,资本项目下按本细则“资本项目个人外汇管理”有关规定办理。

3.《外汇管理条例》第四十五条 私自买卖外汇、变相买卖外汇、倒买倒卖外汇或者非法介绍买卖外汇数额较大的,由外汇管理机关给予警告,没收违法所得,处违法金额 30% 以下的罚款;情节严重的,处违法金额 30% 以上等值以下的罚款;构成犯罪的,依法追究刑事责任。

第三节　利用境内外双身份证

一、一般过程以及成本

首先，在香港购买房产，使用内地身份完成所有购房手续。然后，将资金从内地银行账户转入香港银行账户。这一步骤通常通过在内地和香港之间的资金转账完成。最后，使用香港账户支付购房款。

这个过程中可能涉及的成本包括银行转账手续费、汇率差额，以及可能存在的资金交易税等。

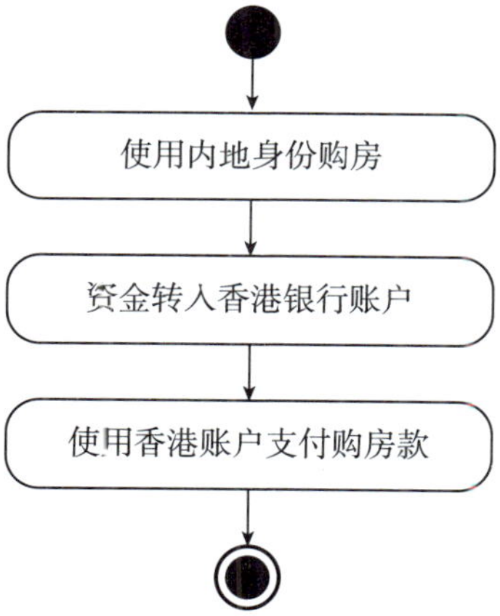

图 2－1－3　利用境内外双身份证买房

二、优缺点

这种方式的优点在于可以一定程度上避开内地的外汇管制，降低资金转移的难度。对于那些在内地有大量资金，但又需要在境外进行大额投资或消费的人来说，这无疑是一个非常有吸引力的选择。

然而，这种方式也存在一些缺点。首先，它需要持有者同时拥有内地和香港的身份证或居住证，这对于大多数人来说是难以达成的条件。其次，这种方式的操作相对复杂,需要一定的财务知识和操作技能。最后,可能需要支付一些额外的费用,如银行转账手续费和汇率差额。

三、法律风险

尽管通过境内外双身份证实现资金出境的方式在理论上是可行的,但实际操作中可能存在一定的法律风险。根据《外汇管理条例》第三十九条规定,违反规定转移境内外汇或以欺骗手段将境内资本转移境外等逃汇行为将受到以下处罚:责令限期调回外汇,处以逃汇金额30%以下的罚款;情节严重的,处以逃汇金额30%以上等值以下的罚款;构成犯罪的,将依法追究刑事责任。

因此,个人在利用境内外双身份证实现资金出境时,应当遵守外汇管理规定,避免违反相关规定而引发的法律风险。个人需要注意报告大额资金转移的规定,以避免被怀疑涉嫌洗钱或资本逃逸。具体而言,如果通过这种方式掩饰或隐瞒犯罪所得及其产生的收益的来源和性质,那么可能构成洗钱罪。例如,利用这种方式将在内地的非法所得资金转移到香港的银行账户,以此混淆资金的来源和流向。此外,个人应确保资金来源合法合规,避免因资金来源不清而引起相关机构的关注。

四、法律条文引用

《外汇管理条例》第三十九条　有违反规定将境内外汇转移境外,或者以欺骗手段将境内资本转移境外等逃汇行为的,由外汇管理机关责令限期调回外汇,处逃汇金额30%以下的罚款;情节严重的,处逃汇金额30%以上等值以下的罚款;构成犯罪的,依法追究刑事责任。

第四节 利用消费转移资金

一、一般过程以及成本

1. 信用卡直接刷卡消费：此种方法，持卡人可以预先将一定金额存入多张信用卡中，在境外直接使用信用卡进行消费。这种方法的主要成本来自信用卡的手续费，同时，可能因为汇率波动产生额外成本。

2. 先买后退策略：需求人可以使用银联信用卡或借记卡在海外商店购买商品，如奢侈品等，并在购买后立即以折价的方式将商品转让给商店以获取现金。这种方式需要支付一定的服务费，通常为5%～10%。成本则主要为服务费和可能出现的汇率波动风险。

3. 自我交易策略：通过在境外设立公司，买卖自家产品，实质上是自我交易。这种方法的成本主要为设立和维护公司的费用，包括但不限于注册费、年审费、会计费等。

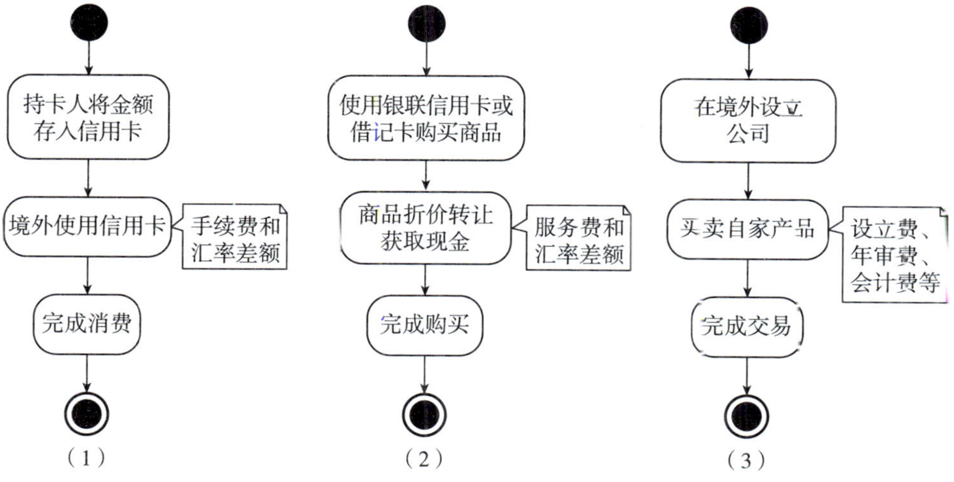

图2-1-4 消费转移资金方式

二、优缺点

上述三种方法的共同优点是都可以在避免外汇管制的同时完成境外付款。而且,这些方法较为灵活,可以根据需要进行操作,相对来说不受时间、地点的限制。

然而,这些方法也存在明显的缺点。首先,成本较高,尤其是先买后退策略和自我交易策略,可能需要支付高达10%的手续费。其次,操作复杂,需要有一定的财务知识和经验。最后,这些方法可能因违反相关法规而引发法律风险。

三、法律风险

利用消费转移资金的方法存在一定的法律风险。在信用卡直接刷卡消费中,如果资金转移被认定为逃汇行为,违反了《外汇管理条例》第三十九条的规定,可能会面临外汇管理机关责令限期调回外汇的要求,以及处以逃汇金额30%以下的罚款。同时,如果涉嫌使用虚假购物消费以获得现金,也可能触犯欺诈罪等刑事责任。

对于先买后退策略,购买商品后立即将其转让给商店以获取现金,存在违反外汇管理规定的风险。根据《外汇管理条例》第四十四条的规定,擅自改变外汇或结汇资金用途将面临责令改正、没收违法所得的处罚,以及处以违法金额30%以下的罚款。此外,该策略还可能涉嫌洗钱、逃税等非法行为,触犯相关刑事法律。

自我交易策略中,通过在境外设立公司进行自我交易,也可能违反外汇管理规定。如果该方法被认定为逃汇行为,违反了《外汇管理条例》第三十九条的规定,可能会面临外汇管理机关责令限期调回外汇的要求,以及处以逃汇金额30%以下的罚款。此外,如果使用该方式进行虚假交易以逃避外汇管理规定,可能触犯欺诈罪等刑事责任。

利用消费转移资金可能涉及如下刑事风险:

(1)掩饰、隐瞒犯罪所得罪:如果消费资金来源非法,例如,来自贪污、受贿、诈骗等犯罪行为，然后通过消费转移方式将资金转移到境外，这就可能构成掩饰、隐瞒犯罪所得罪。

（2）洗钱罪：如果通过消费转移方式将资金转移到境外，且这些资金是非法所得，或者这些行为使得非法资金得以“合法化”，那么可能构成洗钱罪。

四、法律条文引用

1.《外汇管理条例》第三十九条　有违反规定将境内外汇转移境外，或者以欺骗手段将境内资本转移境外等逃汇行为的，由外汇管理机关责令限期调回外汇，处逃汇金额30%以下的罚款；情节严重的，处逃汇金额30%以上等值以下的罚款；构成犯罪的，依法追究刑事责任。

2.《外汇管理条例》第四十四条第一款　违反规定，擅自改变外汇或者结汇资金用途的，由外汇管理机关责令改正，没收违法所得，处违法金额30%以下的罚款；情节严重的，处违法金额30%以上等值以下的罚款。

第五节　现 金 对 倒

一、一般过程以及成本

在现金对账过程中，内地客户首先需要在香港的银行开设账户。然后，客户可以在香港的换汇店进行交易，将内地的人民币资金转入内地的账户，然后由香港的钱庄将等额的资金转入客户的香港账户。

另一种方法是，客户将需要转移的人民币交给境内的钱庄，钱庄在境内向换汇人签发来自香港银行的支票。然后，换汇人将该支票夹带出境，到香港进行兑换。这种方法通常涉及较高的手续费，因此更适用于大额交易。

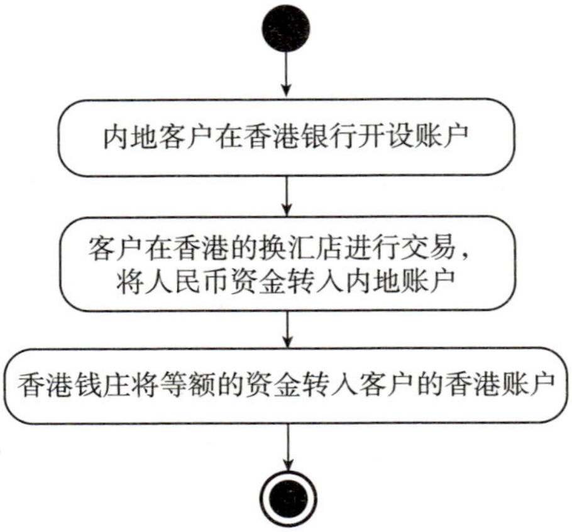

图 2-1-5 现金对倒过程 1

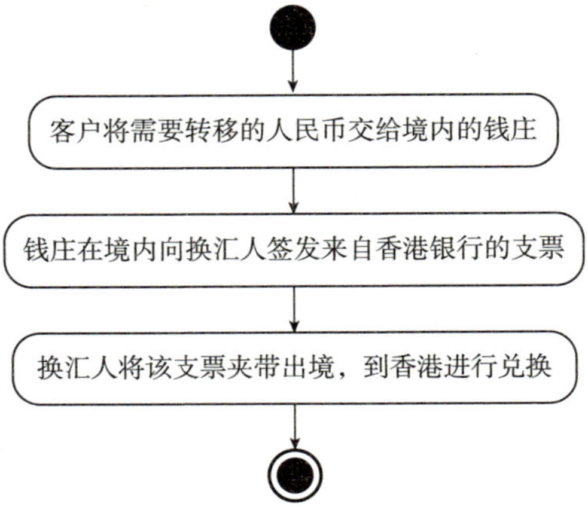

图 2-1-6 现金对倒过程 2

二、优缺点

优点是现金对倒可以直接在境内外进行资金转移，操作相对简单，同时，也能避免正常渠道的限额限制，从而在一定程度上提高资金的流动性。

但是，现金对倒的缺点也非常明显。首先，这种方式的手续费较高，尤其对于小额交易来说，可能会产生较大的成本负担。其次，现金对倒涉及现金交易，风险较大，比如可能会存在假币、盗刷等风险。

三、法律风险

首先，根据《外汇管理条例》第七条的规定，境内金融机构在办理外汇业务时需要按照规定为客户开立外汇账户，并报送客户的外汇收支及账户变动情况给外汇管理机关。然而，现金对倒往往涉及境内和境外的资金转移，如果参与者未按照规定的程序办理外汇业务，违反了外汇管理规定，将可能面临外汇管理机关的追责和处罚。

其次，现金对倒中的交易往往以现金交付的方式进行，这涉及大额现金的运输和交换，存在安全风险和合法性审查的可能。根据《最高人民法院关于审理骗购外汇、非法买卖外汇刑事案件具体应用法律若干问题的解释》第一条的规定，如果现金对倒行为被认定为以进行走私、逃汇、洗钱、骗税等犯罪活动为目的，使用虚假、无效的凭证、商业单据或其他手段向外汇指定银行骗购外汇，将被视为犯罪行为，并依照《刑法》相关规定进行定罪处罚。

现金对倒可能涉及如下刑事风险：

(1)掩饰、隐瞒犯罪所得罪：在进行现金对倒的过程中，如果资金来源于非法活动(如贪污、抢劫、欺诈等)，并且参与者明知或应知这些钱是非法所得，那么可能会面临掩饰、隐瞒犯罪所得罪的指控。此类罪行的关键在于，参与者必须明知或应知资金是来自非法活动，且仍进行洗钱活动。

(2)洗钱罪：在进行现金对倒的过程中，如果被发现这些资金来自非法活动，然后通过现金对倒等方法试图使这些非法资金看起来像合法收入，可能构成洗钱罪。洗钱罪通常涉及将非法所得通过复杂的金融交易转变为看似合法的资金。

(3)非法经营罪：如果在无许可证的情况下，组织进行现金对倒的操作并从中取得利润，那么可能会被控非法经营罪。

四、法律条文引用

1.《最高人民法院关于审理骗购外汇、非法买卖外汇刑事案件具体应用法律若干问题的解释》第一条第一款　以进行走私、逃汇、洗钱、骗税等犯罪活动为目的，使用虚假、无效的凭证、商业单据或者采取其他手段向外汇指定银行骗购外汇的，应当分别按照刑法分则第三章第二节、第一百九十条、第一百九十一条和第二百零四条等规定定罪处罚。

2.《外汇管理条例》第七条　经营外汇业务的金融机构应当按照国务院外汇管理部门的规定为客户开立外汇账户，并通过外汇账户办理外汇业务。

经营外汇业务的金融机构应当依法向外汇管理机关报送客户的外汇收支及账户变动情况。

第六节 境外放款

一、一般过程以及成本

境外放款的操作主要涉及境内企业将人民币资金或通过企业集团财务公司的委托贷款方式,借贷给其在境外合法设立的全资附属企业或参股企业。根据国家外汇管理局的相关规定,境内企业可以在上一年度经审计的所有者权益的30%的额度内向境外全资附属企业或参股企业放款。放款额度在两年内有效。

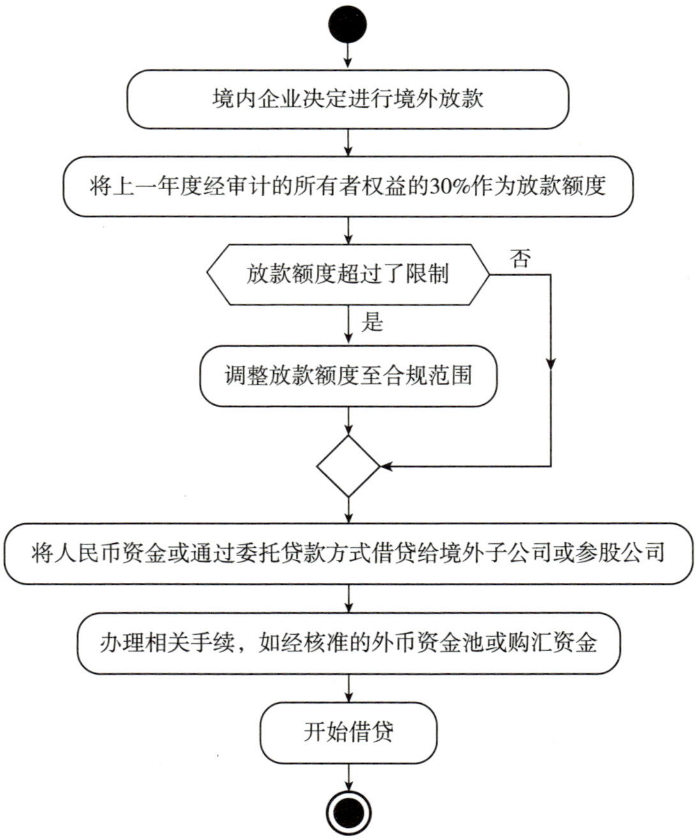

图2-1-7 境外放款流程

由于境外放款的额度受到企业所有者权益的限制，因此大部分企业的放款额度有限。此外，境外放款的操作也需要企业付出一定的行政成本，包括办理相关手续，如经核准的外币资金池或购汇资金。

二、优缺点

境外放款的优点主要在于帮助境内企业解决其境外子公司或参股公司的资金需求，并且操作相对简单。此外，如果企业的外汇资金充足，也可以利用此方式提高资金的使用效率。

然而，境外放款的缺点也非常明显。首先，企业的境外放款额度受到所有者权益的限制，不能满足大规模的资金需求。其次，境外放款需要占用企业的外债额度，可能影响企业的其他外汇业务。最后，如果境外子公司或参股公司无法按时偿还贷款，也可能导致企业资金链断裂的风险。

三、法律风险

境外放款的法律风险主要来源于不遵守《关于进一步明确境内企业人民币境外放款业务有关事项的通知》（银发〔2016〕306 号）的相关规定。该通知详细列出了境内企业进行人民币境外放款所需遵循的各项法律要求，若存在违法行为，可能引发诸多法律问题及风险。

首先，根据通知的第二条，境内企业在办理人民币境外放款业务前，必须在所在地的外汇管理部门进行登记，并在企业境外放款余额上限内办理业务。若企业未按规定进行登记，或者借款金额超出设定的上限，可能会面临法律责任，包括罚款或限制其进行未来的境外放款业务。

其次，通知的第五条对企业境外放款余额上限提出了具体计算公式及规定，对提前还款额度的处理也有明确的要求。任何违背这些规定的行为，如通过不正当方式改变企业境外放款余额，或未按规定进行提前还款额度清零，均可能引发法律风险。

再次，根据通知的第七条，放款人向境外借款的利率应符合商业原则，并且放款期限原则上应在6个月至5年内，超过5年的则需要向当地人民银行分支机构进行备案。若不遵守此规定，可能会导致放款合同被判定为无效，或者产生其他不利法律后果。

最后，如果放款人未按照通知的第十条要求，进行严格的人民币境外放款业务真实性和合规性审核，或者未履行反洗钱和反恐怖融资的义务，也可能会面临相应的法律责任。

境外放款可能涉及如下刑事风险：

(1)掩饰、隐瞒犯罪所得罪：如果企业知道其境外附属企业或参股企业的资金是犯罪所得或其收益，但仍然选择借贷给这些企业，那么这种行为可能构成掩饰、隐瞒犯罪所得罪。尤其在未进行或不符合规定的真实性和合规性审核的情况下，风险尤为显著。

(2)洗钱罪：境外放款的行为本身并不直接涉及洗钱，但如果境外的企业利用这种方式进行犯罪所得的掩饰、隐瞒，那么境内企业可能涉嫌帮助洗钱。特别是如果境内企业没有履行反洗钱义务，如对借款的真实性和合规性进行严格审核，那么这种风险会增加。

(3)非法经营罪：如果境内企业未经许可就进行境外放款，或者放款额度超过所有者权益的30%的规定，或者放款期限超过5年未进行备案，那么可能构成非法经营罪。此外，如果未按照规定处理提前还款额度，也可能构成此罪。

四、法律条文引用

1.《关于进一步明确境内企业人民币境外放款业务有关事项的通知》第二条

经办行应要求放款人在办理人民币境外放款业务前在所在地外汇管理部门进行登记，在企业境外放款余额上限内为其办理业务。

2.《关于进一步明确境内企业人民币境外放款业务有关事项的通知》第五条

对境内企业人民币境外放款业务实行本外币一体化的宏观审慎管理。

企业境外放款余额上限＝最近一期经审计的所有者权益×审慎调节系数

企业境外放款余额＝∑境外放款余额＋∑提前还款额×(1＋提前还款天数/

合同约定天数）+ ∑外币境外放款余额 × 币种转换因子

每 5 年对提前还款所占额度进行清零。其中，宏观审慎调节系数为 0.3；币种转换因子为 0，人民银行根据宏观经济形势和跨境资金流动情况对宏观审慎调节系数和币种转换因子进行动态调整。经办行和放款人应做好额度控制，确保任一时点放款余额不超过其上限。

对于短期频繁发生的境外放款业务，经办行应要求放款人提供相关情况说明，一旦发现有违规行为，立即停止为其办理新的境外放款业务。对于当前境外放款余额已超过政策调整后余额上限的放款人，经办行应暂停为其办理境外放款业务。

3.《关于进一步明确境内企业人民币境外放款业务有关事项的通知》第七条

放款人向境外放款的利率应符合商业原则，在合理范围内协商确定，但必须大于零。放款期限原则上应在 6 个月至 5 年内，超过 5 年（含 5 年）的应报当地人民银行分支机构进行备案。

4.《关于进一步明确境内企业人民币境外放款业务有关事项的通知》第十条

经办行应做好人民币境外放款业务真实性和合规性审核，切实履行反洗钱和反恐怖融资义务。

第七节　境外证券投资通道

一、一般过程以及成本

QDII、QDII2、RQDII 和香港公募基金境内发售都是允许境内投资者将资金投向境外市场的方式。在操作过程中，各种方式的成本主要集中在手续费、管理费以及可能的汇率风险等方面。

QDII 是境内金融机构在获得批准的额度内直接购汇，投资境外项目，其成本主要包括购买境外资产的费用和可能的汇率风险。

QDII2 则允许合格的境内个人直接投资境外资产，包括金融类投资、实业投资和不动产投资，其成本也主要为投资费用和汇率风险。

RQDII是以人民币为主要投资货币，投资境外以人民币计价的产品，可以避免汇率风险，但也需要支付投资产品的相关费用。

香港公募基金境内发售则是指在符合一定条件下，香港基金可以在内地市场进行销售，其成本主要集中在基金购买费、管理费以及可能的汇兑成本。

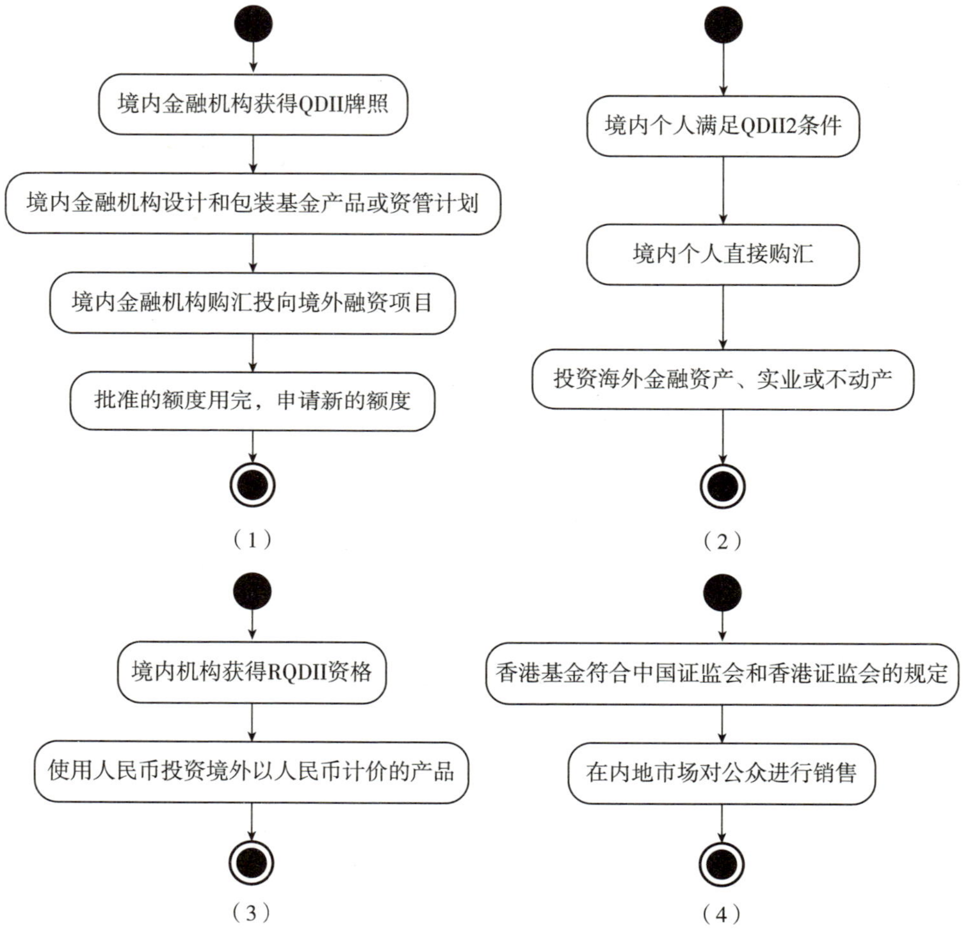

图2-1-8 境外证券投资通道

二、优缺点

QDII、QDII2、RQDII和香港公募基金境内发售等方式的优点主要在于提供了境内投资者多样化投资的机会，可以投资更为广泛的境外资产，拓宽了投资渠道。

此外,由于投资市场的多样性,也可以分散风险,提高收益可能性。

然而,缺点在于这些方式也存在风险,比如汇率风险(除 RQDII 外)、海外投资市场的风险、政策风险等。另外,部分方式也有一定的投资门槛和额度限制,可能限制了一部分投资者的参与可能性。

三、法律风险

1. 资格条件与审批程序风险

(1)资格条件不满足:根据 2020 年 11 月 1 日证监会、人民银行、外汇局公布的《合格境外机构投资者和人民币合格境外机构投资者境内证券期货投资管理办法》第六条的规定,申请合格境外投资者(QFII/RQFII)资格需要满足一系列条件,包括财务稳健、资信良好、具备证券期货投资经验等。若投资者或机构不满足这些条件而擅自进行境外证券投资,将面临法律风险。

(2)审批程序未遵循:投资者或机构需要通过托管人向中国证监会报送合格境外投资者资格申请文件,并经过审核批准。若未经批准擅自进行投资,将违反相关法律法规。

2. 托管与资产管理风险

(1)托管人职责未履行:根据《合格境外机构投资者和人民币合格境外机构投资者境内证券期货投资管理办法》第九条的规定,托管人需要履行安全保管资产、办理交易清算交收、监督投资运作等职责。若托管人未履行职责或履行职责不当,将导致投资者面临法律风险。

(2)资产管理违规:合格境外投资者应当建立并实施有效的内部控制和合规管理制度,确保投资运作、资金管理等行为符合境内法律法规和其他有关规定。若违反此规定,将面临法律风险。

3. 投资运作风险

(1)投资范围与比例限制:根据《合格境外机构投资者和人民币合格境外机构投资者境内证券期货投资管理办法》第十五条的规定,合格境外投资者开展境内证券投资,应当遵守中国证监会规定的证券投资比例限制和国家其他有关规定。

若超出投资范围或违反比例限制进行投资，将可能面临法律处罚。

（2）交易行为违规：合格境外投资者应当依法申请开立证券期货账户，并委托具有相应结算资格的机构进行结算。若违规开立账户或进行结算操作，将可能面临法律处罚。

4. 资金管理风险

（1）资金汇入汇出违规：根据《合格境外机构投资者和人民币合格境外机构投资者境内证券期货投资管理办法》第十九条和第二十条的规定，合格境外投资者应当在托管人处开立外汇账户和/或人民币专用存款账户，并按照人民银行、外汇局相关规定汇入本金和汇出资金。若未在规定时间内完成资金的汇入或汇出，或汇入的资金超过批准额度，将可能面临法律处罚。

（2）外汇管理违规：合格境外投资者在境内进行证券投资时，需要遵守外汇管理的相关规定。若违规进行外汇交易或转移资金，将可能面临外汇管理部门的处罚。

5. 信息披露与监管合作风险

（1）信息披露违规：根据《合格境外机构投资者和人民币合格境外机构投资者境内证券期货投资管理办法》第十六条的规定，合格境外投资者需要履行信息披露义务，并按照信息披露规则合并披露一致行动人的相关证券投资信息。若未按规定进行信息披露，将可能面临法律处罚。

（2）监管合作与备案要求：根据《合格境外机构投资者和人民币合格境外机构投资者境内证券期货投资管理办法》第二十一条和第二十二条的规定，合格境外投资者需要与中国证监会、人民银行和外汇局保持有效的监管合作关系，并在发生特定情形时及时向监管机构备案。若未履行备案义务或违反监管合作要求，将可能面临法律处罚。

四、法律条文引用

1.《合格境外机构投资者和人民币合格境外机构投资者境内证券期货投资管理办法》第六条　申请合格境外投资者资格，应当具备下列条件：

（一）财务稳健，资信良好，具备证券期货投资经验；

(二)境内投资业务主要负责人员符合申请人所在境外国家或者地区有关从业资格的要求(如有);

(三)治理结构、内部控制和合规管理制度健全有效,按照规定指定督察员负责对申请人境内投资行为的合法合规性进行监督;

(四)经营行为规范,近3年或者自成立以来未受到监管机构的重大处罚;

(五)不存在对境内资本市场运行产生重大影响的情形。

2.《合格境外机构投资者和人民币合格境外机构投资者境内证券期货投资管理办法》第九条 托管人应当履行下列职责:

(一)安全保管合格境外投资者托管的全部资产;

(二)办理合格境外投资者的有关交易清算、交收、结汇、售汇、收汇、付汇和人民币资金结算业务;

(三)监督合格境外投资者的投资运作,发现其投资指令违法、违规的,及时向中国证监会、人民银行和外汇局报告;

(四)根据中国证监会、人民银行和外汇局的要求,报送合格境外投资者的开销户信息、资金跨境收付信息、境内证券期货投资资产配置情况信息等相关业务报告和报表,并进行国际收支统计申报;

(五)保存合格境外投资者的资金汇入、汇出、兑换、收汇、付汇和资金往来记录等相关资料,保存期限不少于20年;

(六)中国证监会、人民银行和外汇局根据审慎监管原则规定的其他职责。

3.《合格境外机构投资者和人民币合格境外机构投资者境内证券期货投资管理办法》第十五条 合格境外投资者开展境内证券投资,应当遵守中国证监会规定的证券投资比例限制和国家其他有关规定。

4.《合格境外机构投资者和人民币合格境外机构投资者境内证券期货投资管理办法》第十六条 合格境外投资者履行信息披露义务时,应当依法合并计算其拥有的同一公司境内上市或者挂牌股票和境外上市外资股的权益,并遵守信息披露有关规则。

5.《合格境外机构投资者和人民币合格境外机构投资者境内证券期货投资管理办法》

理办法》第十九条　合格境外投资者应当在托管人处开立外汇账户和(或)人民币专用存款账户,收支范围应当符合人民银行、外汇局的有关规定。

6.《合格境外机构投资者和人民币合格境外机构投资者境内证券期货投资管理办法》第二十条　合格境外投资者应当按照人民银行、外汇局相关规定汇入本金,以外汇形式汇入的本金应当是在中国外汇市场可挂牌交易的货币。合格境外投资者可以按照人民银行、外汇局相关规定汇出资金。

7.《合格境外机构投资者和人民币合格境外机构投资者境内证券期货投资管理办法》第二十一条　中国证监会、人民银行和外汇局依法可以要求合格境外投资者、托管人、证券公司、期货公司等机构提供合格境外投资者的有关资料,并进行必要的询问、检查。

8.《合格境外机构投资者和人民币合格境外机构投资者境内证券期货投资管理办法》第二十二条　合格境外投资者有下列情形之一的,应当在相关情形发生之日起5个工作日内报中国证监会、人民银行和外汇局备案:

(一)变更托管人;

(二)控股股东、实际控制人变更;

(三)涉及重大诉讼及其他重大事件;

(四)在境外受到重大处罚;

(五)中国证监会、人民银行和外汇局规定的其他情形。

第八节　跨境私募基金通道
——QDLP、QDIE、跨境人民币投贷基金

一、一般过程以及成本

在跨境私募基金通道中,包含了QDLP、QDIE和跨境人民币投贷基金等模式。这些模式的操作过程相对复杂,且涉及的成本也比较多样。

QDLP是一种基金模式,境内投资者通过人民币认购QDLP基金,然后将人民

币资金兑换为外币。基金管理人将外币资金投资于境外市场，包括投资于境外的对冲基金等。该过程的成本包括基金管理费、托管费、交易手续费等。

QDIE 是另一种基金模式，基金通过面向境内投资者募集人民币资金。基金管理机构利用募集到的人民币资金对境外投资标的进行投资，包括境外非上市股权、境外基金和不动产等资产。该过程的成本包括基金管理费、投资顾问费、交易手续费等。

跨境人民币投贷基金则是由资质发起人发起设立，以人民币进行境外投资，无需进行外汇兑换手续。投贷基金可以直接以债权或股权的方式进行境外人民币投资。此过程的成本包括基金管理费、评估费、法律咨询费等。

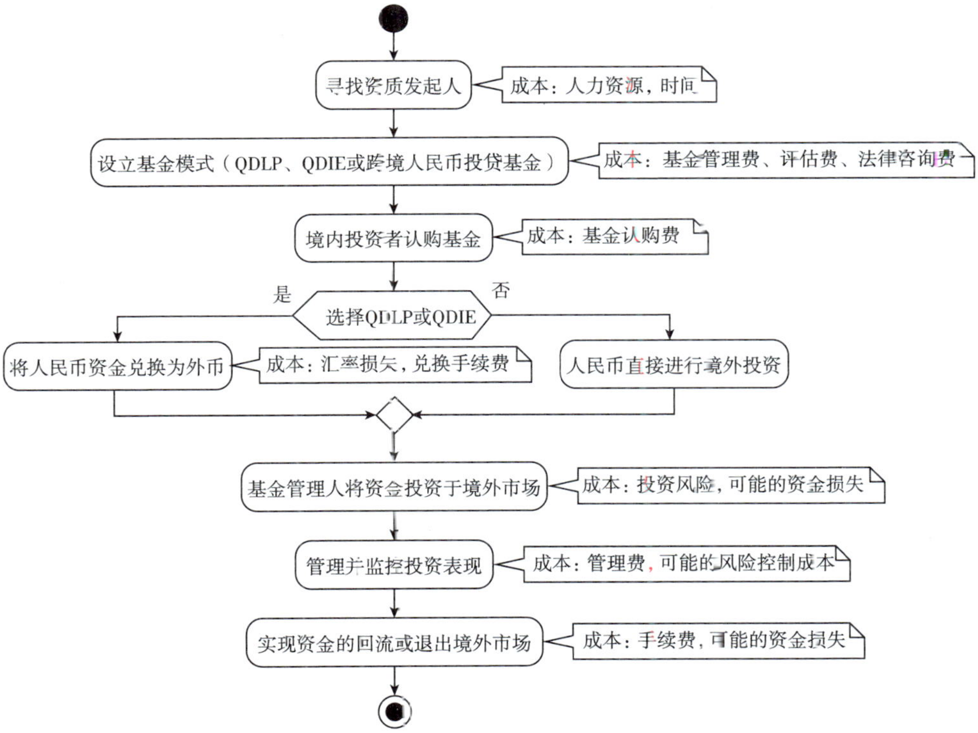

图 2－1－9　跨境私募基金通道一般过程与成本

二、优缺点

这些跨境私募基金通道的优点主要体现在提供了一种较为便捷的跨境资金

流动方式,让投资者有更多选择空间。这些模式让投资者可以直接或间接地投资于境外市场,有助于资产的多元化配置,同时也可以通过这些渠道获取更高的投资回报。

然而,这些模式的缺点也很明显。首先,这些基金的操作过程相对复杂,需要投资者具有一定的金融知识和经验。其次,由于涉及跨境交易,投资者需要承担一定的汇率风险。最后,跨境私募基金通道的投资标的往往具有较高的风险,投资者需要对此有充分的了解和认识。

三、法律风险

跨境私募基金通道(包括 QDLP、QDIE 和跨境人民币投贷基金)在操作过程中存在一定的法律风险,投资者需要充分了解并遵守相关法律法规,以避免可能的法律纠纷和风险。根据《外汇管理条例》第十七条和《合格境外机构投资者和人民币合格境外机构投资者境内证券期货投资管理办法》第六条的规定,境内机构和个人在境外直接投资或从事境外证券、衍生产品交易时,需要按照国家外汇管理部门的规定办理登记或备案,并满足一定条件才能获得合格投资者资格。如果未按规定办理手续或违反管理办法的规定,投资者可能面临限制资金汇出入、处罚以及可能取消合格投资者资格的法律风险。

此外,根据《证券投资基金法》第一百五十三条的规定,境内基金在境内募集资金投资境外证券或合格境外投资者在境内进行证券投资需经国家相关部门批准,并报国务院批准。未经批准或违反相关规定的行为可能涉嫌违法,投资者可能面临行政处罚、被追究法律责任等法律风险。

在跨境私募基金通道的一般过程中,投资者还需考虑交易合同的签订、合规披露、基金净值估算、资金监管等方面的法律风险。同时,由于涉及跨境交易,投资者还需要关注外汇管理、税务、合同履行和纠纷解决等国际法律法规的适用和风险。

四、法律条文引用

1.《外汇管理条例》第十七条　境内机构、境内个人向境外直接投资或者从事境外有价证券、衍生产品发行、交易，应当按照国务院外汇管理部门的规定办理登记。国家规定需要事先经有关主管部门批准或者备案的，应当在外汇登记前办理批准或者备案手续。

2.《证券投资基金法》第一百五十三条　在境内募集投资境外证券的基金，以及合格境外投资者在境内进行证券投资，应当经国务院证券监督管理机构批准，具体办法由国务院证券监督管理机构会同国务院有关部门规定，报国务院批准。

3.《合格境外机构投资者和人民币合格境外机构投资者境内证券期货投资管理办法》第六条　申请合格境外投资者资格，应当具备下列条件：

（一）财务稳健，资信良好，具备证券期货投资经验；

（二）境内投资业务主要负责人员符合申请人所在境外国家或者地区有关从业资格的要求（如有）；

（三）治理结构、内部控制和合规管理制度健全有效，按照规定指定督察员负责对申请人境内投资行为的合法合规性进行监督；

（四）经营行为规范，近3年或者自成立以来未受到监管机构的重大处罚；

（五）不存在对境内资本市场运行产生重大影响的情形。

第九节　金融衍生品

一、一般过程以及成本

1.直接签署衍生品交易合同：在这种模式下，境内银行可以与境外银行直接签署衍生品交易合同，无需进行基础性交易。这种方式的成本主要包括交易成本（如买卖双方的交易费用）和可能的风险暴露（如衍生品价格的波动）。

2.间接参与银行跨境衍生品交易：境内投资者通过特殊安排和渠道间接参与银行跨境衍生品交易，这相当于向境外资产注资，实现资金出境的目的。这种方式的成本可能包括参与跨境交易的手续费，以及可能存在的汇率风险和市场风险。

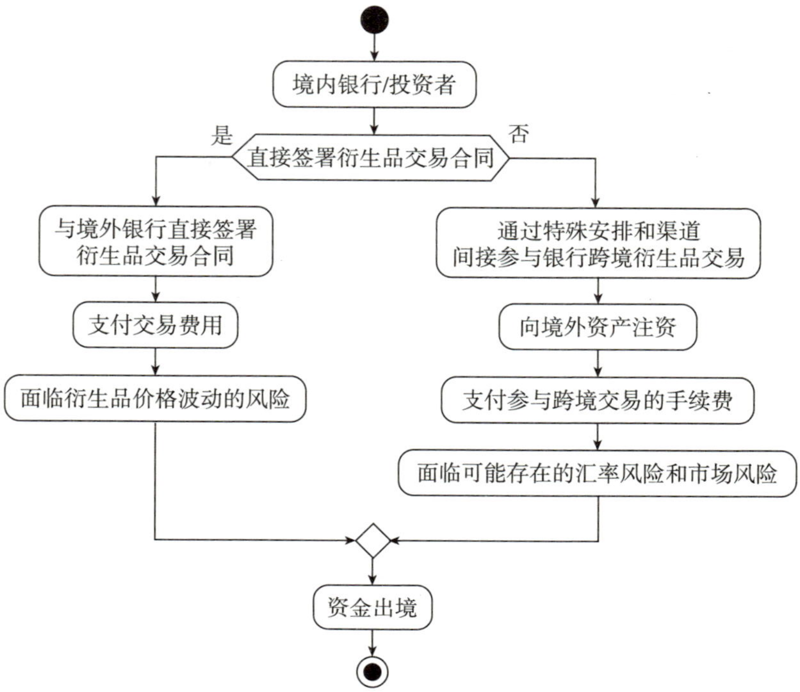

图 2-1-10　衍生品模式资金出境流程

二、优缺点

衍生品交易有一些明显的优点，包括可以提供风险管理工具，以对冲各种市场风险（如汇率、利率、商品价格等）；它也可以提供投资和投机机会，通过利用杠杆效应提高收益。

然而，它们也有一些明显的缺点，如价格的不确定性和可能导致大额损失的风险，以及可能对市场产生不稳定性。此外，由于衍生品的复杂性和非标准化，可能存在信息不对称问题，这可能导致市场效率降低。

三、法律风险

参与金融衍生品模式的交易存在多种法律风险。根据《外汇管理条例》第十七条的规定，所有境内机构和个人在从事境外有价证券、衍生产品发行和交易时，都必须按照国务院外汇管理部门的规定进行登记，在进行外汇登记前，也需要办理相应的批准或备案手续。

根据《期货和衍生品法》的相关规定，境外期货交易场所需要向国务院期货监督管理机构申请注册并接受其监管（第一百一十八条）。同时，所有在境内的单位或个人必须委托具有境外期货经纪业务资格的境内期货经营机构进行境外期货交易（第一百二十条）。此外，根据第一百一十九条的规定，境外期货交易场所上市的期货合约、期权合约和衍生品合约，需要符合国务院期货监督管理机构的规定。

违反这些法律规定可能会带来严重的法律后果。例如，如果境内单位或者个人违反上述规定进行境外期货交易，可能会受到罚款，甚至被暂停境外期货交易（第一百四十六条）。

金融衍生品交易可能涉及如下刑事风险：

（1）掩饰、隐瞒犯罪所得罪：如果这种金融衍生品的交易方式被用来转移或掩饰犯罪所得及其收益，那么可能存在掩饰、隐瞒犯罪所得罪的风险。尤其在境内银行直接与境外银行签署衍生品交易合同或间接参与银行跨境衍生品交易的过程中，如果没有进行充分的审查和尽职调查，可能会涉及这个罪名。

（2）洗钱罪：根据洗钱罪的定义，如果金融衍生品交易被用来掩饰、隐瞒一些严重犯罪行为的所得及其产生的收益的来源和性质，那么可能存在洗钱罪的风险。特别是在跨境转移资产或通过转账或其他支付结算方式转移资金的过程中，如果没有进行合规的操作和管理，可能会涉及洗钱罪。

（3）帮助信息网络犯罪活动罪：如果金融衍生品交易过程中涉及网络技术，如在线交易平台等，并且这些技术被他人利用进行犯罪活动，提供了技术支持或广告推广、支付结算等帮助，那么可能存在帮助信息网络犯罪活动罪的风险。

（4）非法经营罪：根据非法经营罪的定义，如果金融衍生品的交易未经相关部门的许可或者批准，或者非法从事资金支付结算业务，那么可能存在非法经营罪的风险。

四、法律条文引用

1.《外汇管理条例》第十七条　境内机构、境内个人向境外直接投资或者从事境外有价证券、衍生产品发行、交易,应当按照国务院外汇管理部门的规定办理登记。国家规定需要事先经有关主管部门批准或者备案的,应当在外汇登记前办理批准或者备案手续。

2.《期货和衍生品法》第一百一十八条 境外期货交易场所向境内单位或者个人提供直接接入该交易场所交易系统进行交易服务的,应当向国务院期货监督管理机构申请注册,接受国务院期货监督管理机构的监督管理,国务院期货监督管理机构另有规定的除外。

3.《期货和衍生品法》第一百一十九条 境外期货交易场所上市的期货合约、期权合约和衍生品合约,以境内期货交易场所上市的合约价格进行挂钩结算的,应当符合国务院期货监督管理机构的规定。

4.《期货和衍生品法》第一百二十条 境内单位或者个人从事境外期货交易,应当委托具有境外期货经纪业务资格的境内期货经营机构进行,国务院另有规定的除外。

5.《期货和衍生品法》第一百四十六条 境内单位或者个人违反本法第一百二十条第一款规定的,责令改正,给予警告,没收违法所得,并处以十万元以上一百万元以下的罚款;情节严重的,暂停其境外期货交易。对直接负责的主管人员和其他直接责任人员给予警告,并处以五万元以上五十万元以下的罚款。

第十节 境外投资

一、一般过程以及成本

境外投资通常涉及以下几个步骤:首先,投资者需要进行项目评估,确定投资目标及投资规模,对预期的收益和风险进行预测;其次,需要根据《外汇管理条例》等相关法规进行相关备案或批准手续,包括外汇登记和特殊目的公司境外投资登记等;再次,通过境内或境外金融机构进行资金转移;最后,实施投资,这可能包括设立新公司、购买股权、实施合并或收购等。

境外投资的成本因情况而异,但主要包括以下几个方面:项目评估成本,例如雇用顾问进行市场研究或财务审计的费用;法律和合规成本,例如备案、审批、登记的费用以及雇用律师或顾问提供法律意见的费用;资金转移成本,例如汇款手续费、外汇购买成本等;投资实施成本,例如新公司设立费、股权购买费、合并或收购交易费用等。

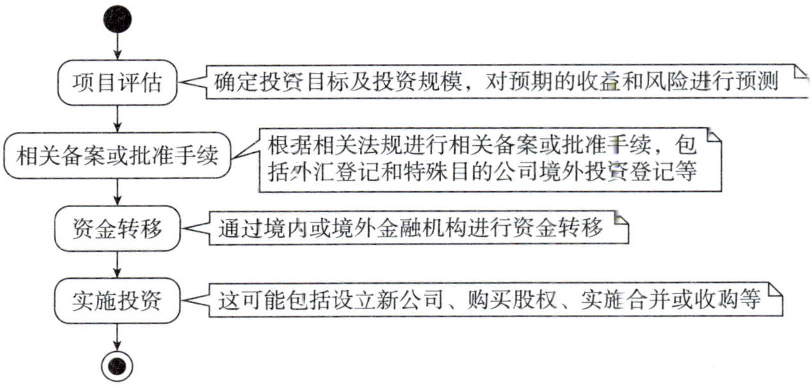

图2-1-11 境外投资流程

二、优缺点

优点:

(1)资源和市场多元化:境外投资可以帮助投资者进入新的市场,获取不同的资产和业务,实现投资组合的多元化,降低总体风险。

(2)潜在的高回报:如果投资者选择的市场和投资项目表现良好,境外投资可能带来高于本国市场的回报。

(3)技术和知识转移:通过境外实体投资,投资者可能有机会获取新的技术、知识和管理经验。

缺点:

(1)法律和政策风险:投资者需要遵守所投资国家的法律和政策,这可能增加合规成本,而且如果投资国的法律和政策变动,可能影响投资回报。

(2)外汇风险:由于需要将人民币兑换成其他货币进行投资,投资者需要面临汇率变动带来的风险。

（3）运营和管理挑战：境外投资可能面临文化差异、语言障碍等问题，增加运营和管理的难度。

三、法律风险

境外投资需注意的法律风险包括：

（1）未按规定办理登记手续：根据《外汇管理条例》第十七条和《关于境内居民通过特殊目的公司境外投融资及返程投资外汇管理有关问题的通知》第三条的规定，境内机构和个人进行境外投资或者从事境外有价证券、衍生产品发行、交易，应当按照规定办理登记。如果未按规定办理，可能面临法律处罚。

（2）违反投资方向规定：根据《关于进一步引导和规范境外投资方向指导意见》第四条和第五条的规定，中国限制和禁止某些类型的境外投资，例如，在敏感国家和地区、房地产、娱乐业、赌博业、色情业等领域的投资，以及可能危害国家利益和安全的投资。如果投资者违反这些规定，可能面临法律处罚。

（3）不正当手段取得项目核准或备案：根据《企业境外投资管理办法》第五十二条的规定，投资者通过欺骗、贿赂等不正当手段取得项目核准文件或备案通知书的，可能面临法律处罚。

（4）为未取得核准或备案的项目提供融资、担保：根据《企业境外投资管理办法》第五十七条的规定，如果金融企业为未取得核准或备案的境外投资项目提供融资、担保，可能面临法律处罚。

境外投资可能涉及以下刑事风险：

（1）非法经营罪：如果投资者从事了非法的境外投资活动，如未经许可经营法律、行政法规规定的专营、专卖物品或者其他限制买卖的物品，或买卖进出口许可证、进出口原产地证明以及其他法律、行政法规规定的经营许可证或者批准文件，或未经国家有关主管部门批准非法经营证券、期货、保险业务，或者非法从事资金支付结算业务，或其他严重扰乱市场秩序的非法经营行为，可能会涉及非法经营罪。

(2)洗钱罪:境外实体投资可能会被用于洗钱。例如,如果投资者为掩饰、隐瞒某些严重犯罪(如毒品犯罪、黑社会性质的组织犯罪、恐怖活动犯罪、走私犯罪、贪污贿赂犯罪、破坏金融管理秩序犯罪、金融诈骗犯罪)的所得及其产生的收益的来源和性质,采取实体投资的方式跨境转移财产,掩饰、隐瞒犯罪所得及其收益的来源和性质,可能会涉及洗钱罪。

例如,在某非法经营案中,被告人何某某与其妻施某某在加拿大注册成立加拿大特快汇款有限公司。该公司计划在中国开展特快汇款业务,但未获得中国人民银行的批准。面对这一情况,被告人何某某决定采取境内支付和收取人民币资金、境外收取和支付相应外汇资金的方式进行业务操作。他们雇用了一些人,根据加拿大特快汇款公司的指令在中国向客户收取或支付汇款。这些交易未经中国外汇指定银行和中国外汇交易中心及其分中心的授权,违反了相关法律法规。同时,他们还在农业银行、建设银行等各大银行开设了 20 个个人储蓄账户,用于非法收取和支付汇款。案发后,公安机关查封了 3 名被告人银行账户上的人民币金额。在法院一审中,被告人何某某与施某某被判处非法经营罪。

四、法律条文引用

1.《外汇管理条例》第十七条　境内机构、境内个人向境外直接投资或者从事境外有价证券、衍生产品发行、交易,应当按照国务院外汇管理部门的规定办理登记。国家规定需要事先经有关主管部门批准或者备案的,应当在外汇登记前办理批准或者备案手续。

2.《关于境内居民通过特殊目的公司境外投融资及返程投资外汇管理有关问题的通知》第三条　境内居民以境内外合法资产或权益向特殊目的公司出资前,应向外汇局申请办理境外投资外汇登记手续。境内居民以境内合法资产或权益出资的,应向注册地外汇局或者境内企业资产或权益所在地外汇局申请办理登记;境内居民以境外合法资产或权益出资的,应向注册地外汇局或者户籍所在地外汇局申请办理登记……

3.《关于进一步引导和规范境外投资方向指导意见》第四条　限制开展的境外投资　限制境内企业开展与国家和平发展外交方针、互利共赢开放战略以及宏观调控政策不符的境外投资，包括：

（一）赴与我国未建交、发生战乱或者我国缔结的双多边条约或协议规定需要限制的敏感国家和地区开展境外投资。

（二）房地产、酒店、影城、娱乐业、体育俱乐部等境外投资。

（三）在境外设立无具体实业项目的股权投资基金或投资平台。

（四）使用不符合投资目的国技术标准要求的落后生产设备开展境外投资。

（五）不符合投资目的国环保、能耗、安全标准的境外投资。

其中，前三类须经境外投资主管部门核准。

4.《关于进一步引导和规范境外投资方向指导意见》第五条　禁止开展的境外投资　禁止境内企业参与危害或可能危害国家利益和国家安全等的境外投资，包括：

（一）涉及未经国家批准的军事工业核心技术和产品输出的境外投资。

（二）运用我国禁止出口的技术、工艺、产品的境外投资。

（三）赌博业、色情业等境外投资。

（四）我国缔结或参加的国际条约规定禁止的境外投资。

（五）其他危害或可能危害国家利益和国家安全的境外投资。

5.《企业境外投资管理办法》第五十一条　投资主体通过恶意分拆项目、隐瞒有关情况或提供虚假材料等手段申请核准、备案的，核准、备案机关不予受理或不予核准、备案，对投资主体及主要责任人处以警告。

6.《企业境外投资管理办法》第五十二条　投资主体通过欺骗、贿赂等不正当手段取得项目核准文件或备案通知书的，核准、备案机关应当撤销该核准文件或备案通知书，对投资主体及主要责任人处以警告；构成犯罪的，依法追究刑事责任。

7.《企业境外投资管理办法》第五十七条　金融企业为属于核准、备案管理范围但未取得核准文件或备案通知书的项目提供融资、担保的，由国家发展改革委通报该违规行为并商请有关金融监管部门依法依规处罚该金融企业及有关责任人。

第十一节 贸易对敲

一、一般过程以及成本

在这种方式下,境内公司通过与境外公司进行虚假贸易的方式,向境外公司下订单并支付预付定金或开具信用证。在支付定金后,境内公司故意违约,然后境外公司解除合同并没收定金,以此种方式将资金转移至境外。此类操作的成本主要包括预付款或信用证的费用、可能产生的违约赔偿费用以及各种交易税费。

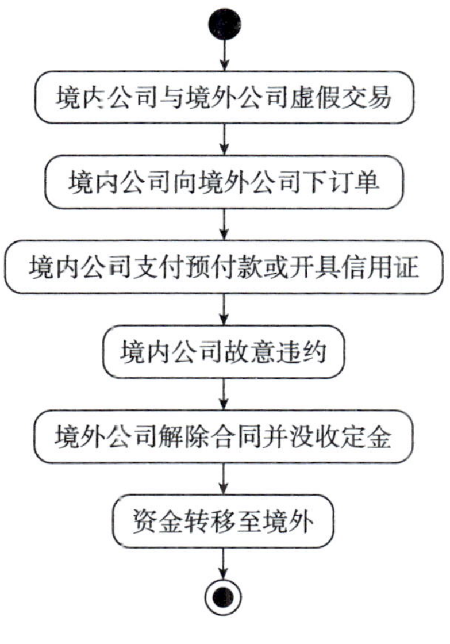

图2-1-12 贸易对敲流程

二、优缺点

贸易对敲能够快速将资金转移至境外,有助于企业进行国际化操作和全球资金的配置。然而,它的缺点是涉及虚假交易,存在违法风险。

三、法律风险

利用贸易对敲的方式主要存在以下法律风险：

(1)骗购外汇和非法买卖外汇风险：在贸易对敲过程中，境内公司通过与境外公司进行虚假贸易，骗购外汇或进行非法买卖外汇。这种行为涉及使用虚假、无效的凭证、商业单据或其他手段欺骗外汇指定银行，目的是进行走私、逃汇、洗钱、骗税等犯罪活动。如果被发现或举报，企业将面临刑事责任。

(2)外汇管理违规风险：贸易对敲涉及境内和境外的外汇交易。境内企业在进行外汇收支时，必须具备真实、合法的交易基础，并遵守国务院外汇管理部门的规定。如果企业使用虚假的交易单证、不符合规定的支付方式或违反外汇管理规定进行资金转移，可能面临外汇管理机关的监督检查和处罚。

(3)涉及虚假交易和违约风险：在贸易对敲过程中，境内公司以虚假交易为手段，与境外公司签订合同并支付定金，然后故意违约。这涉及违约行为，可能导致违约赔偿费用和合同纠纷。此外，境外公司也可能参与欺诈行为，以解除合同并没收定金的方式将资金转移至境外。

利用贸易对敲可能导致的刑事风险如下：

(1)掩饰、隐瞒犯罪所得罪：如果这种资金跨境转移的行为背后隐藏的是犯罪所得及其收益，那么境内公司通过虚假交易和故意违约的方式，试图掩饰、隐瞒这种犯罪所得，就可能涉及掩饰、隐瞒犯罪所得罪。

(2)洗钱罪：贸易对敲可以是一种洗钱的手段，特别是当这些资金来源于毒品犯罪、黑社会性质的组织犯罪、恐怖活动犯罪、走私犯罪、贪污贿赂犯罪、破坏金融管理秩序犯罪、金融诈骗犯罪等活动时。如果境内公司用这种方式掩饰、隐瞒这些犯罪所得及其收益的来源和性质，就可能构成洗钱罪。

(3)帮助信息网络犯罪活动罪：如果这种贸易对敲的方式涉及信息网络，如使用网络平台进行交易、电子邮件沟通等，且明知对方利用这些技术实施犯罪(如金融诈骗)，那么境内公司可能涉及帮助信息网络犯罪活动罪。

(4)非法经营罪：从非法经营罪的角度来看，如果贸易对敲的行为严重扰乱市场秩序，如大规模、频繁地进行虚假交易，可能构成非法经营罪。

四、法律条文引用

1.《最高人民法院关于审理骗购外汇、非法买卖外汇刑事案件具体应用法律若干问题的解释》第一条　以进行走私、逃汇、洗钱、骗税等犯罪活动为目的，使用虚假、无效的凭证、商业单据或者采取其他手段向外汇指定银行骗购外汇的，应当分别按照刑法分则第三章第二节、第一百九十条、第一百九十一条和第二百零四条等规定定罪处罚。非国有公司、企业或者其他单位，与国有公司、企业或者其他国有单位勾结逃汇的，以逃汇罪的共犯处罚。

2.《外汇管理条例》第十二条　经常项目外汇收支应当具有真实、合法的交易基础。经营结汇、售汇业务的金融机构应当按照国务院外汇管理部门的规定，对交易单证的真实性及其与外汇收支的一致性进行合理审查。

外汇管理机关有权对前款规定事项进行监督检查。

3.《外汇管理条例》第十四条　经常项目外汇支出，应当按照国务院外汇管理部门关于付汇与购汇的管理规定，凭有效单证以自有外汇支付或者向经营结汇、售汇业务的金融机构购汇支付。

第十二节　利用留存于境外的利润

一、一般过程以及成本

利用留存于境外的利润，是指企业通过境外贸易的高报价进口和低报价出口方式，将大量利润留存在境外。跨境电商等企业在供应链合作中，可以与资金出境需求方签订协议，由境外关联方向需求方的境外账户支付相应款项。此种方式的成本主要包括税费、可能的汇率损失以及可能的服务费。

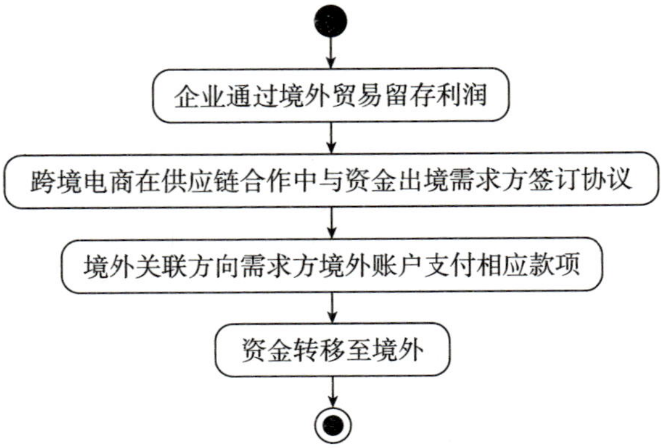

图 2-1-13 利用留存于境外的利润流程

二、优缺点

利用留存于境外的利润,可以满足企业的资金流动性需求,提高资金的使用效率。但是,这种方式也可能涉及汇率风险和监管风险。

三、法律风险

利用留存于境外的利润主要存在以下法律风险:

(1)骗购外汇风险:在利用留存于境外的利润过程中,企业可能通过高报价进口和低报价出口的方式进行境外贸易。如果企业使用虚假、无效的凭证、商业单据或其他手段骗购外汇,进行走私、逃汇、洗钱、骗税等犯罪活动,将会面临法律风险和刑事责任。

(2)外汇管理违规风险:利用留存于境外的利润涉及境外资金流动和外汇交易。企业在进行境外资金的支付和收取时,需要遵守中国的外汇管理规定。如果企业未按照规定进行合法的外汇结算和申报,或者违反相关规定进行资金转移,可能会面临外汇管理机关的处罚和监管风险。

(3)涉及关联交易审查风险:企业在与境外关联方签订协议,将留存于境外的利润通过境外关联方的账户支付给需求方时,可能涉及关联交易审查。监管机构可能会审查相关交易的合规性、真实性和公平性,以防止利润转移和避税等不当行为。如果企业在这方面存在违规行为，可能会面临税务风险和法律责任。

（4）汇率风险：利用留存于境外的利润进行跨境资金转移时，可能面临汇率波动的风险。汇率的波动可能导致企业在资金转移过程中遭受汇兑损失，进而影响企业的经济利益和财务状况。

利用留存于境外的利润可能会涉及以下刑事风险：

（1）掩饰、隐瞒犯罪所得罪：如果企业明知这些留存于境外的利润是由于犯罪行为（如逃税、贪污等）所产生，而通过这种方式窝藏、转移这些资金，就可能构成掩饰、隐瞒犯罪所得罪。在这种情况下，即使企业原本无意犯罪，也可能因为其行为而被定罪。

（2）洗钱罪：如果留存于境外的利润来源于毒品犯罪、黑社会性质的组织犯罪、恐怖活动犯罪、走私犯罪、贪污贿赂犯罪、破坏金融管理秩序犯罪、金融诈骗犯罪等，并且企业在利用这些利润时进行了掩饰、隐瞒，那么就可能构成洗钱罪。比如，企业通过高报价进口和低报价出口的方式，掩饰这些非法所得的来源和性质，以此转移、利用这些资金。

（3）非法经营罪：在利用留存于境外的利润过程中，如果企业没有取得合法的经营许可或违反了相关规定，从而严重扰乱市场秩序，就可能构成非法经营罪。例如，企业未经批准非法从事资金支付结算业务，或者利用虚假的凭证、商业单据进行非法经营，都可能触犯这一罪名。

四、法律条文引用

1.《最高人民法院关于审理骗购外汇、非法买卖外汇刑事案件具体应用法律若干问题的解释》第一条　以进行走私、逃汇、洗钱、骗税等犯罪活动为目的，使用虚假、无效的凭证、商业单据或者采取其他手段向外汇指定银行骗购外汇的，应当分别按照刑法分则第三章第二节、第一百九十条、第一百九十一条和第二百零四条等规定定罪处罚。

非国有公司、企业或者其他单位，与国有公司、企业或者其他国有单位勾结逃汇的，以逃汇罪的共犯处罚。

2.《外汇管理条例》第十二条　经常项目外汇收支应当具有真实、合法的交易基础。经营结汇、售汇业务的金融机构应当按照国务院外汇管理部门的规定，对交易单证的真实性及其与外汇收支的一致性进行合理审查。

外汇管理机关有权对前款规定事项进行监督检查。

3.《外汇管理条例》第十四条　经常项目外汇支出，应当按照国务院外汇管理部门关于付汇与购汇的管理规定，凭有效单证以自有外汇支付或者向经营结汇、售汇业务的金融机构购汇支付。

第十三节　境外直接投资（ODI）

一、一般过程以及成本

ODI（Overseas Direct Investment）即境外直接投资，是指境内的企业经过相关部门的审批后，通过设立、并购、参股等方式在境外直接投资，拥有或获得境外非金融企业的所有权、控制权、经营权等权益。ODI 企业境外投资证书的主要作用是，让境内企业的投资资金以合法的方式汇到境外，境外公司拿到投资款后，才有资金进行经营。根据《资本项目外汇业务指引》（2024 年版）的相关业务规定，以下是 ODI 的一般过程。

（1）前期费用登记

境内机构如有需要向境外汇出前期费用的应在所在地银行办理前期费用登记，需提供《境外直接投资外汇登记业务申请表》、加盖单位公章的营业执照复印件、资金来源证明及资金使用计划等真实性证明材料。

（2）前期费用汇出、汇回

汇出：境内机构在银行办理前期费用登记后，可以汇出前期费用，办理业务时需向银行提供业务登记凭证、境外投资前期费用额度控制信息表、资金来源证明及资金使用计划等真实性证明材料。

汇回：前期费用资金原则上按原路退回，办理业务时需向银行提供业务登记凭证、境外投资前期费用额度控制信息表。

(3)外汇登记

境内机构向境外出资前,应向所在地银行申请办理境外直接投资外汇登记,需提供《境外直接投资外汇登记业务申请表》、营业执照或注册登记证明、相关主管部门对境外投资事业项目的批准、备案文件或无异议材料等、境外投资资金来源证明、资金使用计划等真实性证明材料。

(4)资金汇出

境内机构在银行办理境外直接投资资金汇出时,需向银行提供业务登记凭证、对外义务出资额度控制信息表、境外投资资金来源证明、资金使用计划等真实性证明材料。

(5)利润汇回

境内机构在银行办理利润汇回时,需向银行提供业务登记凭证、境内投资主体依法获得境外企业利润的相关真实性证明材料。

(6)外汇变更登记

境内机构境外直接投资发生减资、转股、增资等事项时,应在所在地银行办理变更登记,需提供《境外直接投资外汇登记业务申请表》和业务登记凭证,该笔境外投资相关主管部门对境外投资变更事项的批准、备案文件或无异议材料等(按规定无需提供的除外),视具体变更事项提供境外投资资金来源证明、资金使用计划等真实性证明材料,如新增境内投资者,应提供该境内投资者加盖单位公章的营业执照复印件。

(7)注销登记

境内机构持有的境外企业股权由于破产、解散、清算、经营期满等原因注销的,境内机构应在所在地银行办理境外直接投资注销登记,需提供《境外直接投资外汇登记业务申请表》和业务登记凭证、该笔境外投资相关主管部门对注销事项的批准、备案文件或无异议材料等、清算审计报告。

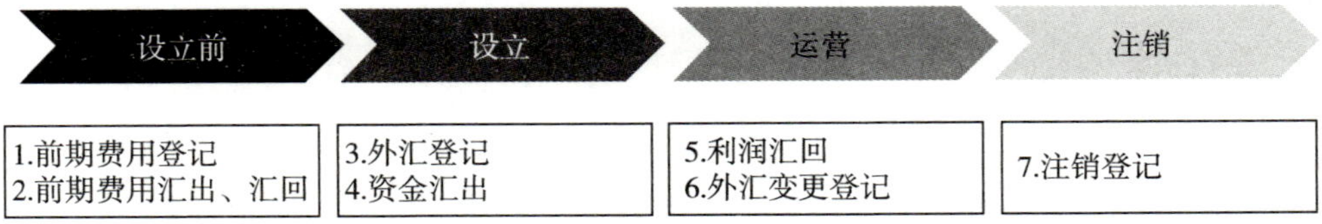

图 2-1-14　ODI 一般过程

二、优缺点

ODI 的优点主要在于，首先，该方法使企业能够以合法的方式完成境内资金出境，境外利润合规入境，日后企业境外上市，没有合规风险和障碍。其次，通过该方式境内企业可以获得境外当地的税收优惠，快速积累资本，后期境外资金返程回国投资，可以享受政府给予的资金补贴。最后，这种方式有利于境内外企业优化资源配置，为境内企业增加附加值，提升企业形象。

然而，ODI 的缺点也非常明显。首先，该方式的成本较高，ODI 新设需要投入大量的资金、人力和时间进行市场调研、公司注册、业务开展等工作，因此成本相对较高。其次，由于是新进入的市场，企业可能面临诸多不确定性，如市场接受度、竞争状况、法律法规等，因此风险较大。最后，该方式意味着更多的管理挑战，新设公司需要建立一套完整的管理体系，包括人员配置、财务管理、业务运营等方面，这对企业的管理能力提出了更高的要求。

三、法律风险

ODI 的法律风险主要来源于当下较为严格的监管要求及主管部门备案、核准或外汇登记的相关规定。主要包含国家发展改革委《企业境外投资管理办法》(发改委〔2017〕11 号)、商务部《境外投资管理办法》(商务部令 2014 年第 3 号)及七部委《对外投资备案(核准)报告暂行办法》(商合发〔2018〕24 号)中所需遵循的各项法律法规的要求。若存在违法行为，则可能引发诸多法律问题及风险。

首先，根据国家发展改革委《企业境外投资管理办法》第四条、第五十一条、第五十二条、第五十三条的相关规定，境内的投资主体开展境外投资，应当履行境外投资项目核准、备案等手续,报告有关信息,配合监督检查。如投资主体通过恶意分拆项目、隐瞒有关情况或提供虚假材料等手段申请核准、备案的,或通过欺骗、贿赂等不正当手段取得项目核准文件或备案通知书的,或未取得备案通知擅自实施投资,监管机关将责令终止项目,并对投资主体及主要负责人处理警告,依法追究相关刑事责任。

其次,根据商务部《境外投资管理办法》第六条、第九条、第十条的相关规定,企业境外投资涉及敏感国家和地区、敏感行业的,实行核准管理。企业其他情形的境外投资,实行备案管理。如企业违反备案、核准的相关规定,则按照第二十八条、第二十九条的相关规定,撤销该企业境外投资备案或核准,给予警告并依法公布处罚决定,构成犯罪的依法追究刑事责任。

最后,根据七部委《对外投资备案(核准)报告暂行办法》第二十一条、第二十二条的相关规定,境内投资主体未按该办法规定履行备案(核准)手续和信息报告义务的,商务部会同相关主管部门视情采取提醒、约谈、通报等措施;情节严重的,暂停为其办理对外投资备案(核准)手续。此外,根据第二十三条规定,境内投资主体不得偷逃税款、骗取外汇,否则将转交相关部门处理并依法追究法律责任。

境外直接投资可能涉及的刑事风险如下:

(1)洗钱罪:ODI 行为本身并不直接涉及洗钱,但如果境内的投资主体企业利用这种方式进行犯罪所得的掩饰、隐瞒,那么该投资主体可能涉嫌帮助洗钱。特别是如果境内企业没有履行反洗钱义务,没有向监管机构提供资金来源证明及资金使用计划等真实性证明材料,或没有对资金来源进行严格的审核及真实的申报,那么洗钱的风险会大幅增加。

(2)掩饰、隐瞒犯罪所得罪:ODI 的设立、登记及运营,都要求投资主体提供资金来源证明及资金使用计划等真实性证明材料,这个问题也一直作为发改部门、商务部门核准或备案时考察的重点问题。如果投资主体知道其所使用的资金涉嫌为个人向境外非法转移资产和地下钱庄非法经营,明知是犯罪所得或其收益,仍然选择使用这些资金进行境外投资,那么这种行为可能构成掩饰、隐瞒犯罪所得罪。

(3)逃汇罪:是指擅自将外汇存放境外,或者将境内的外汇非法转移至境外,数额较大的,对单位判处逃汇数额5%以上30%以下罚金,并对其直接负责的主管人员和其他直接责任人员处5年以下有期徒刑或者拘役;数额巨大或者有其他严重情节的,对单位判处逃汇数额5%以上30%以下罚金,并对其直接负责的主管人员和其他直接责任人员处5年以上有期徒刑。也就是说,逃汇行为构成犯罪的标准是逃汇数额较大。根据2010年公布的《最高人民检察院、公安部关于公安机关管辖的刑事案件立案追诉标准的规定(二)》,单笔在200万美元以上或者累计数额在500万美元以上的,应予立案追诉。如果境内投资主体虚假申报非法转移外汇,且数额达到追诉标准,则可能涉嫌逃汇罪。

(4)骗购外汇罪:是指违反国家外汇管理法规,使用伪造、变造的海关签发的报关单、进口证明、外汇管理部门核准件等凭证和单据,或者重复使用海关签发的报关单、进口证明、外汇管理部门核准件等凭证和单据,或者以其他方式骗购外汇,数额较大的行为。骗购外汇行为,极易酿成本外币兑换的盲目与失控,造成外汇流失,影响国际收支,扭曲货币信息,进而动摇国家金融、经济的稳定。如境内投资主体采用虚假的外汇登记材料骗取外汇等行为,可能会构成骗购外汇罪。

(5)逃税罪:是指纳税人采取欺骗、隐瞒手段进行虚假纳税申报或者不申报,逃避缴纳税款数额较大并且占应纳税额10%以上,或者缴纳税款后,以假报出口或者其他欺骗手段,骗取所缴纳的税款的行为,以及扣缴义务人采取欺骗、隐瞒等手段,不缴或者少缴已扣、已收税款,数额较大的行为。如果境内投资主体隐瞒或虚假申报境外投资收益以此偷逃税款,该行为可能构成逃税罪。

四、法律条文引用

1.《企业境外投资管理办法》第四条　投资主体开展境外投资,应当履行境外投资项目(以下称“项目”)核准、备案等手续,报告有关信息,配合监督检查。

2.《企业境外投资管理办法》第五十一条　投资主体通过恶意分拆项目、隐瞒有关情况或提供虚假材料等手段申请核准、备案的,核准、备案机关不予受理或不予核准、备案,对投资主体及主要责任人处以警告。

3.《企业境外投资管理办法》第五十二条　投资主体通过欺骗、贿赂等不正当手段取得项目核准文件或备案通知书的，核准、备案机关应当撤销该核准文件或备案通知书，对投资主体及主要责任人处以警告；构成犯罪的，依法追究刑事责任。

4.《企业境外投资管理办法》第五十三条 属于核准、备案管理范围的项目，投资主体有下列行为之一的，由核准、备案机关责令投资主体中止或停止实施该项目并限期改正，对投资主体及有关责任人处以警告；构成犯罪的，依法追究刑事责任：……

5.《境外投资管理办法》第六条 商务部和省级商务主管部门按照企业境外投资的不同情形，分别实行备案和核准管理。

企业境外投资涉及敏感国家和地区、敏感行业的，实行核准管理。

企业其他情形的境外投资，实行备案管理。

6.《境外投资管理办法》第九条 对属于备案情形的境外投资，中央企业报商务部备案；地方企业报所在地省级商务主管部门备案。

中央企业和地方企业通过"管理系统"按要求填写并打印《境外投资备案表》（以下简称《备案表》，样式见附件2），加盖印章后，连同企业营业执照复印件分别报商务部或省级商务主管部门备案。

《备案表》填写如实、完整、符合法定形式，且企业在《备案表》中声明其境外投资无本办法第四条所列情形的，商务部或省级商务主管部门应当自收到《备案表》之日起3个工作日内予以备案并颁发《证书》。企业不如实、完整填报《备案表》的，商务部或省级商务主管部门不予备案。

7.《境外投资管理办法》第十条 对属于核准情形的境外投资，中央企业向商务部提出申请，地方企业通过所在地省级商务主管部门向商务部提出申请。

企业申请境外投资核准需提交以下材料：

（一）申请书，主要包括投资主体情况、境外企业名称、股权结构、投资金额、经营范围、经营期限、投资资金来源、投资具体内容等；

（二）《境外投资申请表》（样式见附件3），企业应当通过"管理系统"按要求填写打印，并加盖印章；

（三）境外投资相关合同或协议；

（四）有关部门对境外投资所涉及的属于中华人民共和国限制出口的产品或技术准予出口的材料；

（五）企业营业执照复印件。

8.《境外投资管理办法》第二十八条　企业以提供虚假材料等不正当手段办理备案并取得《证书》的，商务部或省级商务主管部门撤销该企业境外投资备案，给予警告，并依法公布处罚决定。

9.《境外投资管理办法》第二十九条　企业提供虚假材料申请核准的，商务部给予警告，并依法公布处罚决定。该企业在一年内不得再次申请该项核准。

企业以欺骗、贿赂等不正当手段获得境外投资核准的，商务部撤销该企业境外投资核准，给予警告，并依法公布处罚决定。该企业在三年内不得再次申请该项核准；构成犯罪的，依法追究刑事责任。

10.《对外投资备案（核准）报告暂行办法》第二十一条　境内投资主体未按本《办法》规定履行备案（核准）手续和信息报告义务的，商务部会同相关主管部门视情采取提醒、约谈、通报等措施，必要时将其违规信息录入全国信用信息共享平台，对企业的行政处罚通过国家企业信息公示系统记于企业名下并向社会公示。

11.《对外投资备案（核准）报告暂行办法》第二十二条　境内投资主体未按本《办法》规定履行备案（核准）手续和信息报告义务，情节严重的，相关主管部门根据各自职责，暂停为其办理对外投资备案（核准）手续，同时采取相应措施。

12.《对外投资备案（核准）报告暂行办法》第二十三条　相关主管部门在开展监管工作过程中，如发现境内投资主体存在偷逃税款、骗取外汇等行为，应将有关问题线索转交税务、公安、工商、外汇管理等部门依法处理。

第十四节　内保外贷

一、一般过程以及成本

内保外贷是一种独特的融资方式，首要步骤是担保人将现金存入境内分行或提供其他担保物。随后，境内分行向境外分行提供保函或备用信用证，以便境外分行向借款人提供贷款。在这个过程中，担保人和借款人需要存在关联关系，可以通过签署代持协议等形式建立虚假的关联关系。

为规避汇率风险，通常需要采取远期锁汇的措施，即根据之前确定的汇率进行结汇操作。这个操作涉及的成本包括境外利息、保函费用、服务费、资金入境费用（通道费）以及汇差和锁汇费用。

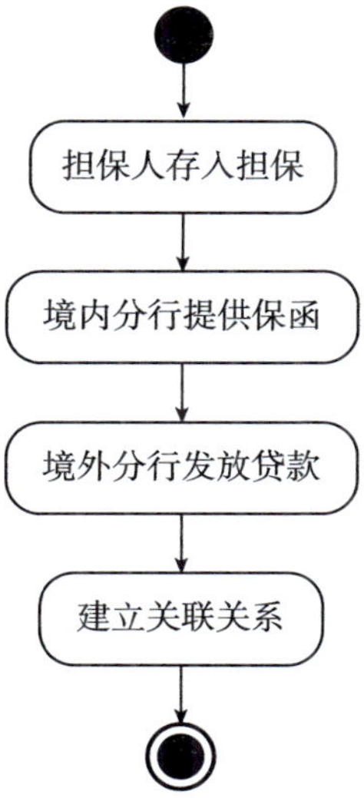

图 2－1－15　内保外贷流程

二、优缺点

内保外贷可以使企业充分利用国际和国内市场的资金差价进行融资，以达到融资成本的优化，通常贷款可以达到保单现金价值的 80% ～90%，并且可以使用贷款进行投资或消费，增加资金的流动性。同时，在此种方式下，企业的外汇风险可以得到一定程度的控制和规避。

然而，内保外贷的使用也存在一些缺点。首先，这种方式的资金用途受到严格规定，只能用于借款人正常经营范围内的支出，不能用于虚构贸易背景进行套利或其他形式的投机性交易。其次，内保外贷可能会占用银行的余额指标，且对外担保的融资额度不能超过银行净资产的 50%，这会对小型银行和大型国有银行产生压力。最后,由于内保外贷资金往往用于流动性补充,期限较短,如果出现还款问题,可能会引发各种风险,对银行的坏账率产生直接影响。

三、法律风险

利用内保外贷进行资金转移存在一定的法律风险。根据相关法律法规,银行在办理内保外贷业务时需要严格审核债务人主体资格的真实合规性,并留存相关审核材料备查。如果银行未按照要求审核债务人的资格或存在虚构关联关系的情况,可能违反《国家外汇管理局综合司关于完善银行内保外贷外汇管理的通知》第一条和第二条的规定,面临监管机构的处罚和责任追究。

此外,内保外贷涉及跨境担保和境外贷款业务,需要遵守《跨境担保外汇管理规定》的相关规定。根据该规定,内保外贷项下资金用途应符合正常的经营范围,不得用于虚构贸易背景进行套利或其他形式的投机性交易。未经外汇局批准,内保外贷项下资金不得直接或间接以证券投资方式调回境内使用。如果违反了相关规定,银行和借款人可能面临外汇管理机关的处罚和追责。

最后,银行在办理内保外贷业务时也需要充分审核担保人和债务人的资金用途、还款来源以及担保履约可能性等事项。根据《跨境担保外汇管理规定》第十二条的规定,银行办理内保外贷业务时应对债务人主体资格、担保项下资金用途、预计的还款资金来源、担保履约的可能性及相关交易背景进行审核,对是否符合境内外相关法律法规进行尽职调查,并以适当方式监督债务人按照其申明的用途使用担保项下资金。

内保外贷可能涉及以下刑事风险:

(1)掩饰、隐瞒犯罪所得罪:如果企业通过虚构贸易背景进行套利,而这个贸易背景实际上并不存在或者存在重大问题,企业可能会被认为是在掩饰、隐瞒犯罪所得。企业需要保证所有交易和资金流都是真实、合法、有效的,不能以虚假的方式掩饰其真实的贸易背景和资金来源。

(2)洗钱罪:如果企业通过内保外贷的方式将犯罪所得转移至境外,然后再以其他方式将资金转回境内,可能会涉嫌洗钱。这种行为可能会被认为是为了掩饰、隐瞒犯罪所得的来源和性质，因此企业需要对其资金的来源、流向和用途进行严格的管理和控制。

四、法律条文引用

1.《中国人民银行、国家外汇管理局关于银行业金融机构境外贷款业务有关事宜的通知》第八条 境外贷款业务涉及跨境担保的，应根据有关规定，区分境内、境外债权人（受益人）分别报送跨境担保相关信息，境内银行因担保履约产生的对外债权应纳入其境外贷款余额管理。

2.《国家外汇管理局综合司关于完善银行内保外贷外汇管理的通知》第一条 银行办理内保外贷业务时，应严格审核债务人主体资格的真实合规性，并留存相关审核材料备查。如果债务人为境内居民直接或间接控制的境外机构，银行应重点审核其是否符合境外投资相关管理规定。

3.《国家外汇管理局综合司关于完善银行内保外贷外汇管理的通知》第二条 银行办理内保外贷业务时，应依据境内外相关法律法规，按照展业原则要求，加强对担保项下资金用途和相关交易背景真实合规性审核。

（一）内保外贷项下资金应用于债务人正常经营范围内的相关支出，不得用于支持债务人从事正常业务范围以外的相关交易，不得构造交易背景进行套利或进行其他形式的投机性交易。

（二）未经国家外汇管理局批准，内保外贷项下资金不得直接或间接以证券投资方式调回境内使用。

（三）内保外贷项下资金如用于直接或间接获得对境外其他机构的股权（包括新设境外企业、并购境外企业和向境外企业增资）或债权，该投资行为应当符合国家关于境外投资的相关政策导向，并符合国内相关部门有关境外投资的规定。

（四）内保外贷项下担保责任为境外债务人债券发行项下还款义务时，境外债务人应由境内机构直接或间接持股。

（五）内保外贷项下担保责任为境外机构衍生交易项下支付义务时，境外债务人从事衍生交易应以止损保值为目的，符合其主营业务范围且经过适当授权。

（六）银行应加强内保外贷项下资金用途管理，以适当方式监督债务人按照其合同约定的用途使用内保外贷项下资金。

4.《国家外汇管理局综合司关于完善银行内保外贷外汇管理的通知》第三条 银行办理内保外贷业务时，应依据境内外相关法律法规，按照展业原则要求，切实加强对第一还款来源和担保履约可能性的审核，不得在明知或者应知担保履约义务确定发生的情况下签订跨境担保合同。银行可依据以下情形并兼顾合理商业原则判断担保合同是否具备明显的担保履约意图：

（一）签订担保合同时，债务人自身是否具备足够的清偿能力或可预期的还款资金来源。对于债务人预计的还款资金来源不明或者有明显瑕疵的，银行不得为其办理内保外贷业务；对于债务人虽有明确的还款资金来源但经营状况不良或负债率过高的，银行应谨慎为其办理内保外贷业务。

（二）主债务合同规定的融资条件与债务人声明的借款资金用途是否存在明显不符。

（三）担保当事各方是否存在通过担保履约提前偿还担保项下债务的意图。

（四）担保当事各方是否曾经以担保人、反担保人或债务人身份发生恶意担保履约或债务违约。

5.《跨境担保外汇管理规定》第十一条 内保外贷项下资金用途应当符合以下规定：

（一）内保外贷项下资金仅用于债务人正常经营范围内的相关支出，不得用于支持债务人从事正常业务范围以外的相关交易，不得虚构贸易背景进行套利，或进行其他形式的投机性交易。

（二）未经外汇局批准，债务人不得通过向境内进行借贷、股权投资或证券投资等方式将担保项下资金直接或间接调回境内使用。

6.《跨境担保外汇管理规定》第十二条 担保人办理内保外贷业务时，应对债务人主体资格、担保项下资金用途、预计的还款资金来源、担保履约的可能性及相关交易背景进行审核，对是否符合境内外相关法律法规进行尽职调查，并以适当方式监督债务人按照其申明的用途使用担保项下资金。

第十五节　外保内贷

一、一般过程以及成本

其操作方式是指注册地在境外的担保者向注册地在境内的债权人书面提交具有法律效力的担保承诺，保证根据担保合同约定履行担保责任，可能引发资金跨境流动或财产所有权跨境转让等国际收支交易，在此担保下，债权人向注册地在境内的借款人提供贷款。外保内贷的展现形态有三类：首先是通过境外银行向境内有同业额度的银行开具融资保函或备用信用证，保证境内公司向境内银行借款；其次是境外公司在境内银行设立离岸账户，账户内的资金全额存单抵押，保证境内银行的贷款；最后是境外具有较强实力的跨境公司向境内关联公司发出公司间担保，保证境内银行的贷款。这些外保内贷业务形式都属于跨境担保外汇管理规定的业务情形，对于有真实合理外保内贷需求的企业而言，只需经过银行的尽职调查即可办理。然而，在实际业务处理过程中，当境外与境内的利差空间显著时，也存在一些动机不纯的市场参与者，通过外保内贷业务的合法通道进行跨境套利或非法资金转移入境。

外保内贷的成本通常包含以下几个方面：

(1)担保成本。境外担保人可能需要支付一定的费用承担担保责任，这可能是固定费用或者是债务金额的百分比。

(2)利息成本。借款人需要支付的利息是借款成本的主要部分。这个利率通常取决于市场状况、借款人信用状况、债务期限等因素。

(3)交易成本。这可能包括与担保交易相关的各种费用，如银行手续费、法律费用、咨询费等。

(4)货币汇率风险。如果债务或担保是在一种货币中提供的，而借款人的收入是在另一种货币中获取的，那么借款人可能面临货币汇率风险。如果担保的货币贬值，那么担保的价值可能会下降，这可能会增加借款人的负担。

(5)政策风险。因为这种交易涉及跨境操作,所以需要遵守两个或更多国家的法规。这些法规可能会改变,这也可能影响交易的成本。

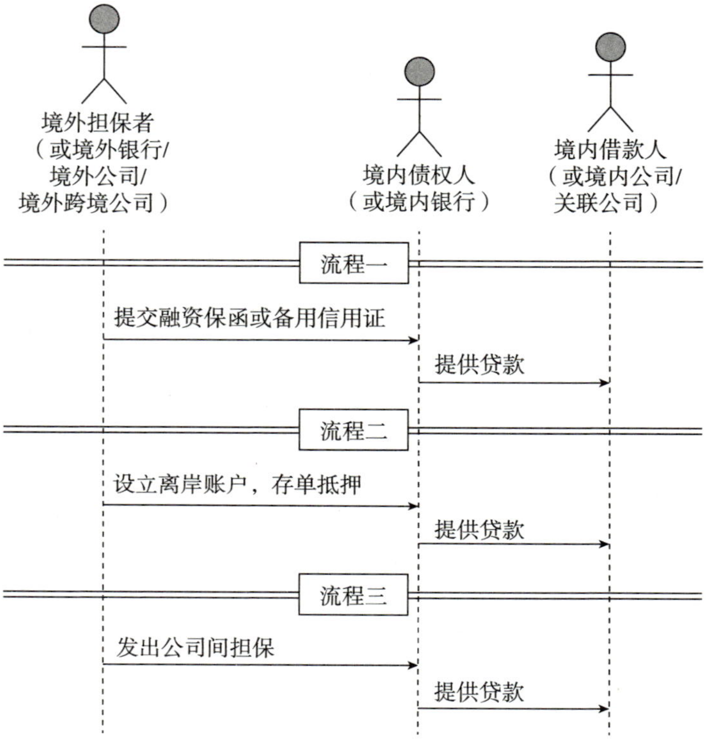

图 2-1-16 外保内贷流程

二、优缺点

外保内贷的优点包括可能获取更低的贷款利率、扩大融资渠道、增加贷款的可获得性,以及可以借助境外母公司或关联公司的信用等级提高借款能力。

缺点包括担保成本、交易成本、货币汇率风险,以及需要遵守不同国家的法规,这些法规可能会改变,从而增加交易的复杂性和不确定性。

三、法律风险

利用外保内贷方式进行资金融通存在一定的法律风险。根据《跨境担保外汇管理规定》的相关规定,境内非金融机构可以接受境外机构或个人提供的担保,并自行签订外保内贷合同。然而,如果在操作过程中债务人和债权人未按照规定办理相关手续或违反了法律法规的规定,可能会面临外汇管理机关的处罚和责任追究。

根据规定,境内债务人从事外保内贷业务时,需要满足一定的条件,并符合《跨境担保外汇管理规定》第十七条的规定。如果债务人和债权人未按照规定履行义务或提供虚假信息,可能涉嫌违反外汇管理规定,面临外汇管理机关的处罚和责任追究。

此外,《跨境担保外汇管理规定》还规定了外保内贷业务发生担保履约后的相关要求。境内债务人在偿清对境外担保人的债务之前,应暂停签订新的外保内贷合同,并需提供已办理外保内贷业务的债务违约、外债登记及债务清偿情况(《跨境担保外汇管理规定》第十九条)。如果债务人未按照要求履行义务或提供虚假信息,可能面临外汇管理机关的处罚和责任追究。

外保内贷可能导致以下刑事风险:如果在外保内贷过程中,借款人或担保人未经相关主管部门批准就非法从事资金支付结算业务,或者未经许可经营法律、行政法规规定的专营、专卖物品或者其他限制买卖的物品,这可能构成非法经营罪。

四、法律条文引用

1.《跨境担保外汇管理规定》第十七条　境内非金融机构从境内金融机构借用贷款或获得授信额度,在同时满足以下条件的前提下,可以接受境外机构或个人提供的担保,并自行签订外保内贷合同:

(一)债务人为在境内注册经营的非金融机构;

(二)债权人为在境内注册经营的金融机构;

(三)担保标的为金融机构提供的本外币贷款(不包括委托贷款)或有约束力的授信额度;

(四)担保形式符合境内、外法律法规。

未经批准,境内机构不得超出上述范围办理外保内贷业务。

2.《跨境担保外汇管理规定》第十八条　境内债务人从事外保内贷业务,由发放贷款或提供授信额度的境内金融机构向外汇局集中报送外保内贷业务相关数据。

3.《跨境担保外汇管理规定》第十九条　外保内贷业务发生担保履约的,在境内债务人偿清其对境外担保人的债务之前,未经外汇局批准,境内债务人应暂停签订新的外保内贷合同;已经签订外保内贷合同但尚未提款或尚未全部提款的,未经所在地外汇局批准,境内债务人应暂停办理新的提款。

境内债务人因外保内贷项下担保履约形成的对外负债,其未偿本金余额不得超过其上年度末经审计的净资产数额。

境内债务人向债权人申请办理外保内贷业务时,应真实、完整地向债权人提供其已办理外保内贷业务的债务违约、外债登记及债务清偿情况。

4.《跨境担保外汇管理规定》第二十条　外保内贷业务发生境外担保履约的,境内债务人应到所在地外汇局办理短期外债签约登记及相关信息备案手续。外汇局在外债签约登记环节对债务人外保内贷业务的合规性进行事后核查。

第二章

常见资金双向出入境方式

第一节　虚拟货币交易

一、一般过程以及成本

虚拟货币交易的核心特性源于其底层的区块链技术。[①] 这种技术提供了以下优势：

（1）快速转账：区块链技术赋予了虚拟货币实现迅速、无障碍转账的能力。

（2）高度匿名性：由于区块链的加密特性，参与者的身份可以得到很高程度的保护。

（3）去中心化：资金流动不再依赖传统金融中介，实现了更高效率的资金转移。

具体资金出境的过程如下：

（1）购买虚拟货币：交易者可以在交易所的场外交易（OTC）板块通过人民币购买虚拟货币。

（2）虚拟货币转移：购得的虚拟货币可以被转移到私人钱包地址。

（3）资金出境：无论是存储这些虚拟货币，还是再次通过 OTC 兑换成外币，资金实质上已经实现了流出。

---

① Nakamoto S.（2008）. Bitcoin: A Peer-to-Peer Electronic Cash System. Retrieved from https://bitcoin.org/bitcoin.pdf.

对于链上身份的保护和追溯问题，如果采取适当措施保护源头地址，资金出境过程中的现实身份将难以被追溯。

至于提现手续费，它通常依赖于使用的特定区块链网络。这是因为每个区块链网络都有自己的交易处理机制和成本。例如，以太坊网络因其"Gas 费"（用于支付区块链上的计算资源）通常比其他区块链网络要高，因此在以太坊上进行交易和提现的成本通常也较高。反之，波场（TRX）链的提现手续费相对较低，大约为 1USDT。

总体来说，虚拟货币交易提供了一种绕过传统金融系统的资金出境方式，有助于避免可能的资本管制或延迟，实现快速、匿名的资金流动。

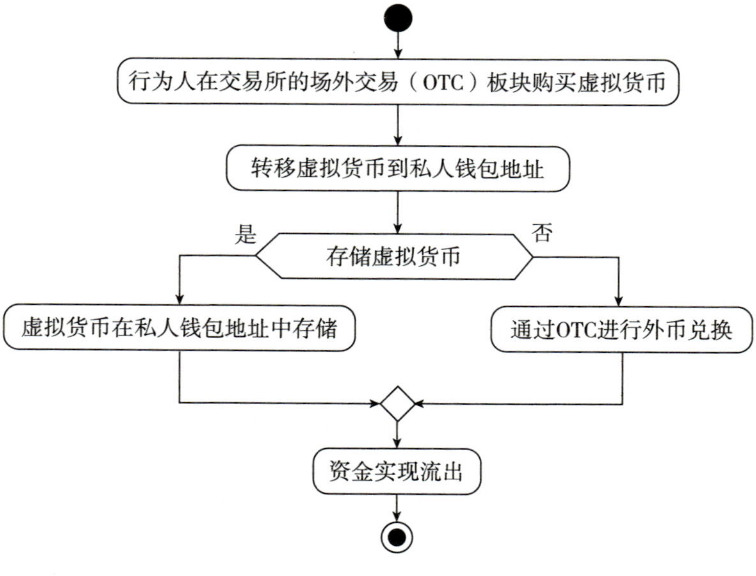

图 2-2-1　虚拟货币交易流程

二、优缺点

优点是该方法便捷、快速，并且具有较高的匿名性，可以避免传统的金融系统中可能存在的限制或延迟。

缺点是虚拟货币价格波动性大，存在资金损失风险，同时存在潜在的法律和监管风险，因为不同地区对虚拟货币的政策和规定可能会有所不同。

三、法律风险

根据《关于防范比特币风险的通知》(2013 年)和《关于进一步防范和处置虚拟货币交易炒作风险的通知》(2021 年),我国对虚拟货币的使用和交易进行了严格限制。根据这些规定,虚拟货币在中国不具备法偿性和强制性等货币属性,不能作为法定货币在市场上流通使用。禁止任何形式的虚拟货币发行和融资活动,以防止虚拟货币的匿名性和全球流动性带来的金融风险,以及防止其被用于洗钱、逃避资本管制和其他非法活动。虽然这些规定并未禁止个人持有和交易虚拟货币,但在实践中,个人应当警惕接收来源不明的虚拟货币,以避免触犯洗钱罪,帮助他人犯罪,掩饰、隐瞒犯罪所得罪等多项刑事罪名。

根据《关于防范代币发行融资风险的公告》(2017 年),代币发行融资被视为一种未经批准的非法公开融资行为,涉嫌非法发售代币票券、非法发行证券以及非法集资、金融诈骗、传销等违法犯罪活动。根据该公告,任何组织和个人不得非法从事代币发行融资活动,已完成代币发行融资的组织和个人应做出清退等安排,合理保护投资者权益,严肃查处拒不停止的代币发行融资活动以及已完成的代币发行融资项目中的违法违规行为。

虚拟货币交易在具体刑事风险层面可能导致以下罪名:

(1)掩饰、隐瞒犯罪所得罪:如果在从事 OTC 交易中接收到的虚拟货币或法币是犯罪所得,或者明知正在帮助他人掩饰犯罪所得,那么可能会触犯此罪。如果明知某人通过犯罪手段获得了虚拟货币,并且请求帮助将这些货币转移到另一个地址以隐瞒其来源,那么可能会涉嫌掩饰、隐瞒犯罪所得罪。

(2)洗钱罪:如果虚拟货币交易涉及犯罪活动(如毒品犯罪、黑社会性质的组织犯罪、恐怖活动犯罪、走私犯罪、贪污贿赂犯罪、破坏金融管理秩序犯罪、金融诈骗犯罪的所得及其产生的收益),即使并未直接参与这些犯罪活动,但如果虚拟货币交易帮助掩饰或隐瞒这些犯罪活动的收益,那么可能会涉嫌洗钱罪。

(3)帮助信息网络犯罪活动罪:如果明知虚拟货币交易在帮助他人利用信息网络实施犯罪,依然为其提供帮助,如提供资金,那么可能会涉嫌此罪。

(4)非法经营罪:如果未经许可非法经营证券、期货、保险业务,或者非法从事资金支付结算业务,或者其他严重扰乱市场秩序的非法经营行为,如私自设立虚拟货币交易所,那么可能会触犯非法经营罪。

例如,在北京市海淀区人民检察院发布的十二起《网络科技犯罪典型案例》之十二"郭某某等二人掩饰、隐瞒犯罪所得"案中,郭某某等二人低价从犯罪集团购买虚拟货币,通过场外交易在平台上卖出,然后通过银行取现兑换为现金。本案中,虽然郭某某等人与犯罪集团并未建立实际线下联系,甚至线上也未曾直接表明双方身份,但是郭某某等人仍然具有明知故意。此处关于明知的认定,本罪名司法解释并未作具体规定,但是在洗钱罪与帮信罪两罪的司法解释中,规定了如交易价格明显异常可以认定为明知情况,因此该判决一定程度上参照了洗钱罪与帮信罪两个司法解释的规定。因此在虚拟货币交易过程中,即使双方无实际意思联系,但是从事 OTC 交易过程中,若交易价格明显异常,仍然以明知认定,可能构成洗钱罪、帮信罪或者掩饰和隐瞒犯罪所得罪。①

综上所述,根据相关法律法规,中国政府对虚拟货币和代币发行融资活动采取了严格的监管措施,旨在防范金融风险、保护投资者权益,并打击非法活动。个人应谨慎参与虚拟货币交易,避免触犯相关法律规定,同时提高对虚拟货币交易的风险意识。

四、法律条文引用

1.《关于防范比特币风险的通知》(2013 年)第一条　正确认识比特币的属性　比特币具有没有集中发行方、总量有限、使用不受地域限制和匿名性等四个主要特点。虽然比特币被称为"货币",但由于其不是由货币当局发行,不具有法偿性与强制性等货币属性,并不是真正意义的货币。从性质上看,比特币应当是一种特定的虚拟商品,不具有与货币等同的法律地位,不能且不应作为货币在市场上流通使用。

---

① 2021 年 12 月 2 日北京市海淀区人民检察院发布《网络科技犯罪典型案例》案例十二"虚拟货币"——郭某某等二人掩饰、隐瞒犯罪所得案。

2.《关于防范代币发行融资风险的公告》(2017年)第三条 加强代币融资交易平台的管理 本公告发布之日起,任何所谓的代币融资交易平台不得从事法定货币与代币、“虚拟货币”相互之间的兑换业务,不得买卖或作为中央对手方买卖代币或“虚拟货币”,不得为代币或“虚拟货币”提供定价、信息中介等服务。

对于存在违法违规问题的代币融资交易平台,金融管理部门将提请电信主管部门依法关闭其网站平台及移动APP,提请网信部门对移动APP在应用商店做下架处置,并提请工商管理部门依法吊销其营业执照。

3.《关于进一步防范和处置虚拟货币交易炒作风险的通知》(2021年)第一条 明确虚拟货币和相关业务活动本质属性 (一)虚拟货币不具有与法定货币等同的法律地位。比特币、以太币、泰达币等虚拟货币具有非货币当局发行、使用加密技术及分布式账户或类似技术、以数字化形式存在等主要特点,不具有法偿性,不应且不能作为货币在市场上流通使用。

(二)虚拟货币相关业务活动属于非法金融活动。开展法定货币与虚拟货币兑换业务、虚拟货币之间的兑换业务、作为中央对手方买卖虚拟货币、为虚拟货币交易提供信息中介和定价服务、代币发行融资以及虚拟货币衍生品交易等虚拟货币相关业务活动涉嫌非法发售代币票券、擅自公开发行证券、非法经营期货业务、非法集资等非法金融活动,一律严格禁止,坚决依法取缔。对于开展相关非法金融活动构成犯罪的,依法追究刑事责任。

(三)境外虚拟货币交易所通过互联网向我国境内居民提供服务同样属于非法金融活动。对于相关境外虚拟货币交易所的境内工作人员,以及明知或应知其从事虚拟货币相关业务,仍为其提供营销宣传、支付结算、技术支持等服务的法人、非法人组织和自然人,依法追究有关责任。

(四)参与虚拟货币投资交易活动存在法律风险。任何法人、非法人组织和自然人投资虚拟货币及相关衍生品,违背公序良俗的,相关民事法律行为无效,由此引发的损失由其自行承担;涉嫌破坏金融秩序、危害金融安全的,由相关部门依法查处。

4.《最高人民法院关于审理洗钱等刑事案件具体应用法律若干问题的解释》(已失效)第一条　刑法第一百九十一条、第三百一十二条规定的“明知”,应当结合被告人的认知能力,接触他人犯罪所得及其收益的情况,犯罪所得及其收益的种类、数额,犯罪所得及其收益的转换、转移方式以及被告人的供述等主、客观因素进行认定。

具有下列情形之一的,可以认定被告人明知系犯罪所得及其收益,但有证据证明确实不知道的除外:

(一)知道他人从事犯罪活动,协助转换或者转移财物的;

(二)没有正当理由,通过非法途径协助转换或者转移财物的;

(三)没有正当理由,以明显低于市场的价格收购财物的;

(四)没有正当理由,协助转换或者转移财物,收取明显高于市场的“手续费”的;

(五)没有正当理由,协助他人将巨额现金散存于多个银行账户或者在不同银行账户之间频繁划转的;

(六)协助近亲属或者其他关系密切的人转换或者转移与其职业或者财产状况明显不符的财物的;

(七)其他可以认定行为人明知的情形。

被告人将刑法第一百九十一条规定的某一上游犯罪的犯罪所得及其收益误认为刑法第一百九十一条规定的上游犯罪范围内的其他犯罪所得及其收益的,不影响刑法第一百九十一条规定的“明知”的认定。

5.《最高人民法院、最高人民检察院关于办理非法利用信息网络、帮助信息网络犯罪活动等刑事案件适用法律若干问题的解释》第十一条　为他人实施犯罪提供技术支持或者帮助,具有下列情形之一的,可以认定行为人明知他人利用信息网络实施犯罪,但是有相反证据的除外:

(一)经监管部门告知后仍然实施有关行为的;

(二)接到举报后不履行法定管理职责的;

(三)交易价格或者方式明显异常的;

（四）提供专门用于违法犯罪的程序、工具或者其他技术支持、帮助的；

（五）频繁采用隐蔽上网、加密通信、销毁数据等措施或者使用虚假身份，逃避监管或者规避调查的；

（六）为他人逃避监管或者规避调查提供技术支持、帮助的；

（七）其他足以认定行为人明知的情形。

第二节　欧洲 UC 万事达卡

一、一般过程以及成本

利用欧洲 UC 万事达卡可以便捷地完成资金出入境，例如可以在境内通过人民币购买 USDT，然后将 USDT 提现至万事达卡，在境外银行 ATM 上完成外币取现；或者在境外通过外币购买 USDT，然后将 USDT 提现至万事达卡，在境内银行 ATM 上完成人民币取现。此种资金出入境方式也以虚拟货币交易为基础。万事达是一家全球知名的信用卡企业，在加密服务领域，万事达卡扩展了加密咨询业务并收购新型加密监控产品；在支付领域，与多家机构进行合作研发，无需 OTC 直接将数字货币转变为法定货币，例如现在的欧洲 UC 万事达卡，储值数字资产（USDT/BTC/ETH 等）可以在全球的 ATM 取现。目前，境内用户依然可以申请欧洲 UC 万事达卡，而且用户申请该 UC 卡时无需提交护照，只需在相应 App 上申请，完成基础 KYC，并支付相应的开卡费即可完成注册。然后等待该公司审核，完成审核后确认激活，实体卡会通过国内快递运输。等待 UC 卡激活后，用户只需从交易所或者钱包提到万事达卡 Paytend 端的手机银行地址，然后即可在境内部分银行，如工商、农行、浦发等 ATM 直接取现。

关于该方法的成本，根据官方网站公告，目前开卡费用为 300USDT，综合使用手续费为 3%，其中充值 USDT 进卡会扣除 1% 的手续费，使用 ATM 取现会扣除 2% 的手续费。每天最多可以取款 1000 欧元或 7000 元人民币。

二、优缺点

优点：

（1）较为安全稳定：与虚拟银行卡相比，欧洲UC万事达卡的本质为实体卡，更加安全和稳定。其提现模式几乎零风险，可以从境内部分银行ATM直接完成取现。

（2）方便快捷：用户可以通过在线申请和快递运输轻松获得实体卡，并在境内部分银行的ATM上直接取现，提高了资金的流动性和使用的便利性。

（3）可以转化为法定货币：欧洲UC万事达卡与多个数字科技公司合作，开发了将数字货币转化为法定货币的技术，使用户可以方便地使用数字资产进行消费和取现。

缺点：

（1）成本较高：开卡成本高达300USDT，而此后综合取现费用也高达3%。

（2）限制较多：每天的取款限额有限，且只能在境内部分银行的ATM上取现，用户的资金流动可能受到限制。

三、法律风险

利用万事达使用外币充值USDT，并在境内完成人民币取现时，涉及资金违规入境，将违反《外汇管理条例》第四十一条第一款规定，该条规定了将外汇违规汇入境内的，由外汇管理机关责令改正，处违法金额30%以下的罚款；情节严重的，处违法金额30%以上等值以下的罚款。同样，利用万事达使用人民币充值USDT，并在境外完成外币取现时，涉及资金违规出境，属于违反《外汇管理条例》第四十一条第二款规定，属于非法结汇，由外汇管理机关责令对非法结汇资金予以回兑，处违法金额30%以下的罚款。

由于操作过程中存在虚拟货币转移问题，因此存在虚拟货币交易过程中的所有刑事风险（在此不详细论述，具体详见虚拟货币交易一节）。

四、法律条文引用

《外汇管理条例》第四十一条　违反规定将外汇汇入境内的，由外汇管理机关责令改正,处违法金额30%以下的罚款;情节严重的,处违法金额30%以上等值以下的罚款。

非法结汇的,由外汇管理机关责令对非法结汇资金予以回兑,处违法金额30%以下的罚款。

第三节 虚拟货币交易所VISA卡通道

一、一般过程以及成本

该种资金出入境方式同样以虚拟货币交易为基础,目前各大交易所均可以办理专属VISA卡。

该种资金出入境方式的成本如下:

(1)首先是购买境外ID的费用,RNS官网显示,常用某岛国ID共有两种购买方式。第一种购买方式是直接使用信用卡或者web3钱包在官方进行购买,1年的使用权费用为248美元;5年的使用权费用为1039美元;10年的使用权费用为2039美元。第二种购买方式是在官网mint NFT再兑换使用,其固定费用为0.15以太坊和49美元兑换费。用户可以根据以太坊的价格衡量两者间的费用,灵活选用。

(2)其次是交易所VISA卡的使用费用,某安官网显示 该卡申请免费,但其加密货币存款费为0.9%,非欧洲地区或者非欧元消费交易费以及非欧洲地区或者非欧元ATM取现手续费均为2%。

二、优缺点

优点:

(1)匿名性:通过使用某岛国ID,用户可以在一定程度上保护个人身份和隐私。

(2)方便快捷:某安VISA卡可以作为一种支付工具,方便用户进行消费和取现操作,无需用户提前通过 OTC 将虚拟货币转化为法币。

(3)全球通用性:某安 VISA 卡可以在全球范围内使用,并且可以将加密货币转换为法定货币。

(4)交易安全:VISA 卡通常拥有严格的 KYC 制度,加入国际 AML 反洗钱机制,以及对接业务国家税务报告体系。

缺点:

(1)成本较高:购买某岛国 ID 和使用某安 VISA 卡都需要支付一定的费用,包括购买费用、转运费用及使用费用。

(2)限制较多:某安 VISA 卡在每日消费和取现方面都有一定的限额,这可能对用户的资金流动性造成一定的限制。例如,某安 VISA 虚拟卡每日最高消费 870 欧元;实体卡每日最高消费 8700 欧元;每日取现 290 欧元。

三、法律风险

该种资金出入境方式的本质仍为境外银行外汇兑换服务,根据《外汇管理条例》第七条的规定,金融机构必须通过外汇账户为客户办理外汇业务,且该金融机构应当依法向外汇管理机关报送客户的外汇收支账户变动情况。因此,类似某安这类交易所首先无法在国务院外汇管理部门进行登记,其次也不存在报送情况,因此境内用户使用该方法完成资金的出入境违反了《外汇管理条例》的法律规定。根据本条例第四十一条的规定,非法结汇或者非法将外汇汇入境内的,处违法金额 30% 以下的罚款。

关于本种资金出入境方式的刑事风险,首先囊括了虚拟货币交易中的所有刑事风险(此处不详细讨论,具体详见虚拟货币交易一节)。且境内用户往往无法提供真实海外消费账单,因此常常伪造账单获取信用卡,此举违反《最高人民法院、最高人民检察院、公安部、工业和信息化部、中国人民银行关于依法严厉打击惩戒治理非法买卖电话卡银行卡违法犯罪活动的通告》第一条“非法购买”个人银行卡、结算卡的规定,可能构成妨害信用卡管理罪。

四、法律条文引用

1.《外汇管理条例》第七条　经营外汇业务的金融机构应当按照国务院外汇管理部门的规定为客户开立外汇账户，并通过外汇账户办理外汇业务。

经营外汇业务的金融机构应当依法向外汇管理机关报送客户的外汇收支及账户变动情况。

2.《外汇管理条例》第四十一条　违反规定将外汇汇入境内的，由外汇管理机关责令改正，处违法金额30%以下的罚款；情节严重的，处违法金额30%以上等值以下的罚款。

非法结汇的，由外汇管理机关责令对非法结汇资金予以回兑，处违法金额30%以下的罚款。

3.《最高人民法院、最高人民检察院、公安部、工业和信息化部、中国人民银行关于依法严厉打击惩戒治理非法买卖电话卡银行卡违法犯罪活动的通告》（2020年12月16日）第一条　凡是实施非法出租、出售、购买“两卡”（包括手机卡、物联网卡、个人银行卡、单位银行账户及结算卡、支付账户等）违法犯罪活动的人员，必须立即停止一切违法犯罪活动。自本通告发布之日起至2021年1月15日前，主动投案自首，如实供述、积极揭发的，可以依法从轻或者减轻处罚。在规定期限内拒不投案自首的，将依法从严惩处。

第四节　外汇交易平台充提

一、一般过程以及成本

对于大型外汇交易所，充值提现的方式均包括虚拟货币充提以及银行卡（包括国内银行卡）充提。且大型外汇交易所为了保证平台的信誉和效率，平台常常针对中国业务拥有大量国内银行卡，且银行卡的流水合法性一般经过严格审查与管理。因此，这为资金的出入创造了便利条件。如果进行资金出境，则通过境内银行卡向外汇平台境内银行账户转账,其次再通过向境外银行卡提现或者以提现虚拟货币的方式完成资金出境。如果进行资金入境,同样通过境外银行卡向外汇平台对应银行账户转账,然后将余额提现至境内银行卡账户。

采用本方法实现资金出入境,其成本在于充提时各平台规定的手续费,因各外汇交易平台的规定不一,故手续费各不同。

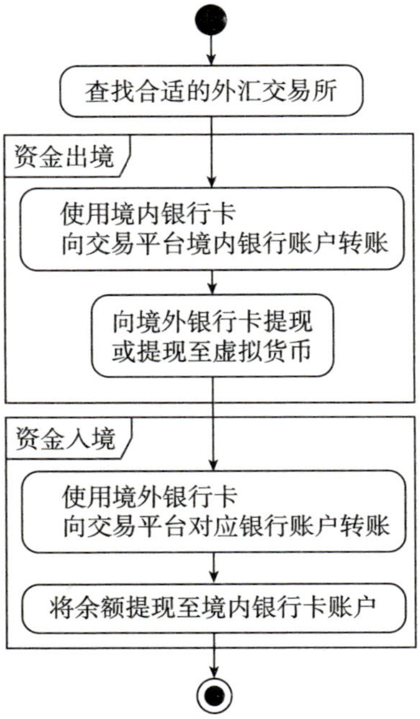

图 2-2-2 外汇交易平台充提流程

二、优缺点

优点:该种资金出入境方式流程简单,可以迅速实现大额资金的出入境,且大型外汇交易平台具有较高信誉,资金相对安全。

缺点:可能面临较高的手续费,涉及汇率和虚拟货币的价格波动风险,且存在违反外汇管理规定和虚拟货币法律规定的风险。

三、法律风险

首先,根据《外汇管理条例》第四十五条的规定,私自买卖外汇、变相买卖外汇、倒买倒卖外汇或者非法介绍买卖外汇的行为，只要涉及数额较大，都可能面临法律风险。具体可能的后果包括：被外汇管理机关警告，违法所得被没收，并且支付相当于违法金额30%的罚款。情况严重的，可能需要支付相当于违法金额30%以上的罚款。最严重的情况下，该种行为可能构成犯罪，依法应当追究刑事责任。

其次，根据《全国人民代表大会常务委员会关于惩治骗购外汇、逃汇和非法买卖外汇犯罪的决定》第四条的规定，对于在非国家规定的交易场所进行外汇买卖的行为，如果造成市场秩序混乱并且情节严重，可能面临刑事处罚。这意味着，如果外汇交易没有在规定的交易场所进行，或者在交易过程中出现不符合法律规定的行为，如进行非法的买卖行为，可能会受到严厉的法律制裁。

四、法律条文引用

1.《全国人民代表大会常务委员会关于惩治骗购外汇、逃汇和非法买卖外汇犯罪的决定》第四条　在国家规定的交易场所以外非法买卖外汇，扰乱市场秩序，情节严重的，依照刑法第二百二十五条的规定定罪处罚。

单位犯前款罪的，依照刑法第二百三十一条的规定处罚。

2.《外汇管理条例》第四十五条　私自买卖外汇、变相买卖外汇、倒买倒卖外汇或者非法介绍买卖外汇数额较大的，由外汇管理机关给予警告，没收违法所得，处违法金额30%以下的罚款；情节严重的，处违法金额30%以上等值以下的罚款；构成犯罪的，依法追究刑事责任。

第五节　艺术品买卖

一、一般过程以及成本

艺术品买卖在跨境资金流动中占有一席之地。一般的跨境艺术品买卖过程主要包括以下步骤：

首先是寻找艺术品，艺术品的寻找可能通过画廊、艺术展览、拍卖会等方式。此过程中可能产生的成本包括旅行、咨询和评估等费用。

其次是确定交易，买家和卖家确定交易价格，签订交易合同。交易的价格通常以外币计价，通常是美元或者欧元。在这个阶段可能产生的成本包括律师费用、交易税费等。

再次是安排付款，买家通过银行或者其他支付机构向卖家支付款项。此时涉及的成本包括汇率、手续费等。

复次是安排运输，卖家安排艺术品运输到买家手中，可能涉及的成本包括运输费、保险费、关税等。

最后完成交易，买家确认收到艺术品，交易完成。此过程中可能产生的成本包括艺术品鉴定和保管费用等。

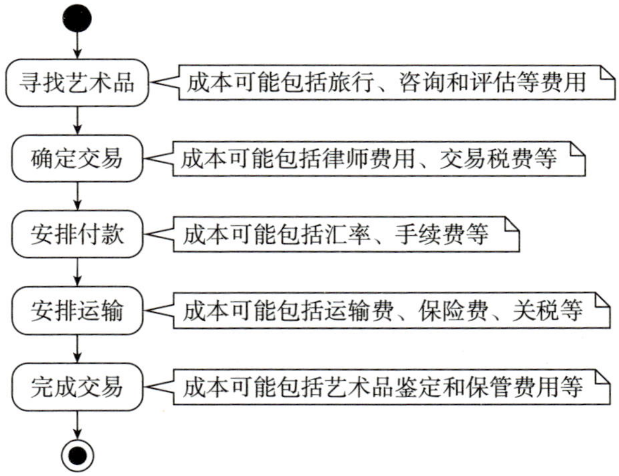

图 2-2-3　艺术品买卖流程

二、优缺点

优点：

(1)增加投资多样性：艺术品可以作为一种非传统的投资工具，增加投资者的投资多样性。

(2)可以规避一些税收：艺术品投资在某些情况下可以享受税收优惠，且艺术品的价值常常能抵抗通货膨胀和市场波动,具有保值增值的潜力。

缺点:

(1)艺术品价格不稳定:艺术品的价格受到艺术品自身因素和市场供求关系的影响,价格波动可能很大。

(2)艺术品交易市场不透明:艺术品市场缺乏公开的价格信息,可能存在不公平的交易。艺术品的流动性较差,如果需要快速出售可能会造成较大损失。

三、法律风险

根据《外汇管理条例》第四十四条的规定,擅自改变外汇或结汇资金用途的行为可能违反外汇管理规定。该条款对于跨境艺术品买卖具有重要意义。在艺术品买卖过程中,涉及资金的兑换和支付。买家需要将资金兑换为外币以支付艺术品的购买款项。然而,如果买家擅自改变外汇资金的用途,即将其他外汇用途资金用于购买艺术品,则违反本法规定。

此外,卖家在接收到买家支付的外汇款项时,也有责任确保所收款项合法并符合外汇管理规定。卖家应当合规地将所收款项用于相关艺术品交易的目的,避免违反外汇管理规定。

另外,跨境艺术品买卖可能涉及知识产权保护、文化遗产保护等法律法规。投资者在买卖艺术品时应确保所购买的艺术品符合相关法律规定,避免侵犯他人的知识产权或涉及非法交易的风险。

艺术品买卖可能涉及的刑事风险如下:

(1)掩饰、隐瞒犯罪所得罪:如果购买艺术品的资金来自犯罪所得,如贪污、贿赂等,且买家或卖家知道这一点但仍然继续交易,那么就可能构成掩饰、隐瞒犯罪所得罪。例如,购买艺术品可能被用作一种掩饰、隐瞒犯罪所得的方式,因为艺术品的价值往往难以准确估量,而且交易过程可能不公开透明。

(2)洗钱罪:艺术品交易中的跨境资金流动可能被利用进行洗钱。例如,如果犯罪所得被用于购买艺术品,并且试图通过出售艺术品隐瞒资金来源,那么这种行为可能构成洗钱罪。在这种情况下,买家或卖家如果知道资金的来源是犯罪所得，而仍然进行交易，他们可能会面临法律的追究。

四、法律条文引用

《外汇管理条例》第四十四条第一款　违反规定，擅自改变外汇或者结汇资金用途的，由外汇管理机关责令改正，没收违法所得，处违法金额 30% 以下的罚款；情节严重的，处违法金额 30% 以上等值以下的罚款。

第六节　跨国公司资金池调拨

一、一般过程以及成本

跨国公司资金池调拨是一种涉及多个国家和地区的复杂金融操作。以下是它的一般过程：

(1) 设立架构：首先，公司需要在境内外设立或已经拥有相应的控股架构，这可能包括在不同国家设立分公司、子公司或联营公司。在此过程中的成本可能包括公司注册费、律师费、咨询费等。

(2) 建立资金池：公司将在境内外各自建立资金池，作为各个子公司之间资金流动的核心。设立资金池的成本主要包括银行费用、管理费用等。

(3) 资金调拨：跨国公司可以通过资金池在境内外的子公司之间进行资金调拨。资金调拨的成本主要包括银行手续费、汇率风险等。

(4) 监控与管理：公司需要定期监控和管理资金池，以确保资金的合理分配和有效利用。这一过程的成本主要包括人力成本、系统维护成本等。

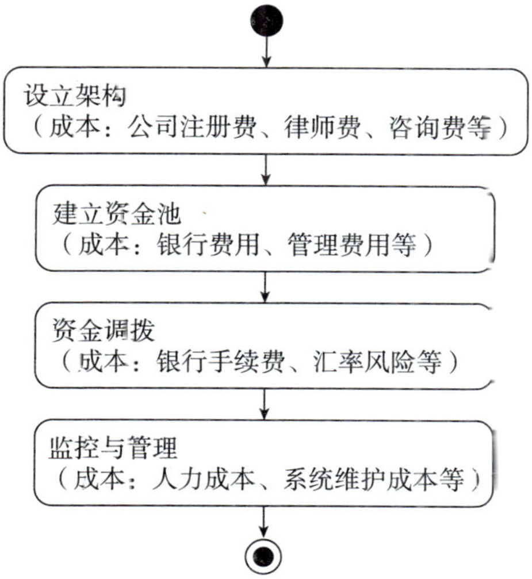

图 2-2-4　跨国公司资金池调拨流程

二、优缺点

优点：首先，该方式为企业提供了较大的资金调拨灵活性，可以在不同的子公司之间自由流动，提高了资金的使用效率。其次，它可以降低公司的融资成本，通过内部借贷替代外部借贷，减少了贷款利息。最后，这种方式可以降低企业的汇率风险，通过内部对冲减少外部汇率波动的影响。

缺点：首先，该方式操作复杂，需要专业的财务团队进行管理，增加了管理成本。其次，涉及跨境资金流动，需要遵守各个国家的法规，增加了合规风险。最后，过度依赖内部融资可能会影响企业的外部信用评级，增加未来融资的难度。

三、法律风险

根据《跨国公司跨境资金集中运营管理规定》第三十六条的规定，合作银行应对跨国公司的跨境资金集中运营业务进行真实性和合规性审核，并监测和管理资金流动。这意味着跨国公司需要确保资金调拨符合相关法规和合规要求，否则可能面临违规行为的查处。

根据本法第三十七条的规定，合作银行和跨国公司应共同制定内部管理规章制度,包括业务模式、操作流程、内控制度、组织架构、系统建设、风险防控措施等内容,并留存备查。这要求跨国公司建立健全内部管理制度,以确保资金调拨过程的合规性和风险控制。

此外,本法第三十八条要求合作银行按规定及时、完整、准确地报送相关数据,审核企业报送的业务数据,协助进行非现场监测。这意味着跨国公司的资金调拨活动可能受到监测和审查,如果发现违规行为,可能面临相应的法律责任。

最后,本法第四十一条规定了跨国公司及其成员企业需要依法依规开展跨境资金集中运营业务,违规行为将按照相关法规进行查处。这强调了合规性的重要性,跨国公司应确保资金调拨符合法律规定,否则可能面临法律风险和处罚。

跨国公司资金池调拨可能涉及的刑事风险如下:

(1)掩饰、隐瞒犯罪所得罪:如果跨国公司知道这笔资金是犯罪所得及其产生的收益,而通过资金池调拨掩饰、隐瞒其来源和性质,可能构成此罪。因此,公司在操作资金池调拨时,必须对资金来源进行严格审查,确保资金的合法性。

(2)洗钱罪:如果跨国公司用于掩饰、隐瞒犯罪所得及其产生的收益的来源和性质,尤其是涉及毒品犯罪、黑社会性质的组织犯罪、恐怖活动犯罪、走私犯罪、贪污贿赂犯罪、破坏金融管理秩序犯罪、金融诈骗犯罪的所得及其产生的收益,并且通过转账或其他支付调节手段转动资金,或者通过跨国搬迁财产等方法,可能形成洗钱犯罪。因此,公司需要严格遵守国家关于反洗钱的法律法规,加强内部风险控制,防止资金被用于非法活动。

四、法律条文引用

1.《跨国公司跨境资金集中运营管理规定》第三十六条　合作银行对跨国公司跨境资金集中运营业务及提交的材料,应做好真实性和合规性审核,做好资金流动的监测和额度管理。

2.《跨国公司跨境资金集中运营管理规定》第三十七条　合作银行应与跨国公司联合制定跨境资金集中运营业务的内部管理规章制度,包括但不限于业务模式、操作流程、内控制度、组织架构、系统建设、风险防控措施、数据监测方式以及技术服务保障方案等内容，并留存备查。

3.《跨国公司跨境资金集中运营管理规定》第三十八条　合作银行应按规定及时、完整、准确地报送相关账户信息、国际收支申报、境内资金划转、结售汇等数据，审核企业报送的业务数据，协助做好非现场监测。

4.《跨国公司跨境资金集中运营管理规定》第四十一条　跨国公司主办企业及成员企业应依法依规开展跨境资金集中运营业务，违规行为将按照《外汇管理条例》等相关法规进行查处。

第七节　技术转让与许可

一、一般过程以及成本

技术转让与许可资金出入境的方式涉及多个步骤，其中包括技术评估、合同谈判、交易执行和资金转移等环节。首先，必须对将要转让或许可的技术进行评估。评估过程包括确定技术的价值、评估其商业潜力和确认其所有权等。其次，双方需进行合同谈判。谈判的内容可能包括转让或许可的价格、付款方式、技术的使用范围和期限、技术服务支持等。再次，需要执行技术转让或许可的交易，包括签订合同、交付技术和收取付款等。最后，涉及资金出入境的步骤，即将资金从买方转移到卖方。

整个过程的成本可能包括支付给专业评估机构的费用、律师费用和可能的其他咨询费用。谈判过程的成本包括时间成本、律师费用和可能的旅行费用等。执行阶段需要支付的成本包括银行手续费和可能的汇率损失，以及各国可能会对技术转移征收的额外税费。

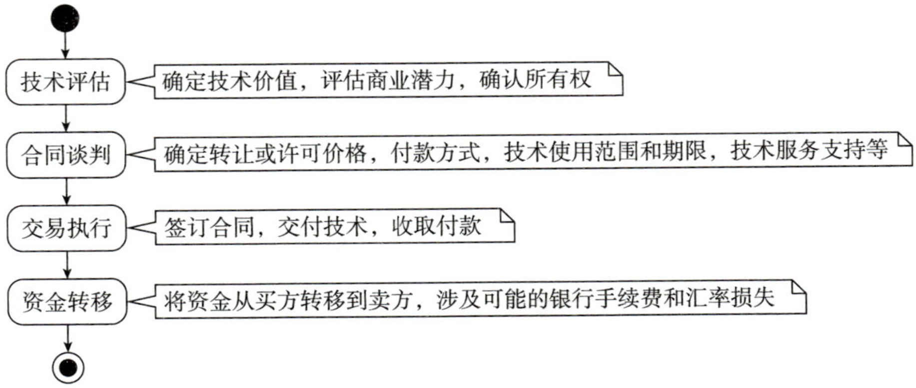

图2－2－5　技术转让与许可资金出入境流程

二、优缺点

技术转让与许可的资金出入境方式的优点主要在于，它可以帮助企业获取外部的高级技术，提高企业的竞争力。此外，对于技术所有者来说，这是一种有效的获取收入的方式。

然而，这种方式也有其缺点。首先，技术转让和许可的谈判和执行过程可能会耗费大量的时间和精力。其次，双方在谈判过程中可能存在诸如价格、使用范围和技术服务支持等方面的分歧，这可能导致谈判失败。最后，资金转移过程中可能会因汇率波动而产生损失。

三、法律风险

技术转让与许可的资金出入境方式涉及一定的法律风险。首先，必须确保技术的所有权无争议，否则可能会引发法律纠纷。技术转让与许可涉及的技术可能涉及知识产权，如专利、商标、版权等，如果在技术转让或许可过程中存在对知识产权的侵犯或未经授权使用，可能会导致知识产权纠纷，涉及侵权赔偿等法律问题。

其次，双方必须遵守相关的境内外法律法规，例如，一些国家可能对技术出口设有限制。在进行跨境技术转让或许可时，必须符合相关的出口管制规定，包括但不限于技术出口许可证的申请、报备手续以及可能的技术转让合同审批程序。如果未能遵守相关的法律法规,可能会面临政府部门的调查、处罚和法律责任。

最后,资金的跨境流动还涉及税收和汇兑等法律问题。不同国家和地区对资金的进出口都有不同的规定和税收政策,需要确保在资金转移过程中遵守相关的税务法规。此外,由于涉及不同货币之间的兑换,汇率波动可能会导致资金转移的损失,需要合理评估和管理汇率风险。

因此,技术转让与许可的资金出入境方式存在一定的法律风险。在进行技术转让和许可交易前,建议双方充分了解和遵守相关的法律法规,尽可能通过专业咨询和法律意见评估和管理风险,确保合同的合法性、有效性以及资金的安全流动。

技术转让与许可资金出入境涉及的刑事风险如下:

(1)洗钱罪:如果技术转让或许可涉及将犯罪所得(如毒品贩卖、黑社会性质的组织犯罪、恐怖活动犯罪等)的资金变现或者跨境转移,这可能构成洗钱罪。在此情境下,双方应非常关注对方的背景,并尽量避免卷入任何可能的洗钱活动。

(2)帮助信息网络犯罪活动罪:可能发生在技术转让或许可涉及某种可能用于犯罪的技术的情况下。例如,如果提供的技术可能被用于网络攻击或者用于帮助他人实施犯罪,这可能构成帮助信息网络犯罪活动罪。

(3)非法经营罪:可能涉及未经许可的技术转让或许可,以及相关的跨境资金流动。例如,如果一家公司未经授权就将受限的或者专卖的技术转让或许可给他人,或者未经批准就进行资金支付结算业务,这可能构成非法经营罪。

四、法律条文引用

1.《民法典》第八百六十七条　专利实施许可合同的被许可人应当按照约定实施专利,不得许可约定以外的第三人实施该专利,并按照约定支付使用费。

2.《民法典》第八百六十八条第一款　技术秘密转让合同的让与人和技术秘

密使用许可合同的许可人应当按照约定提供技术资料,进行技术指导,保证技术的实用性、可靠性,承担保密义务。

3.《民法典》第八百七十条　技术转让合同的让与人和技术许可合同的许可人应当保证自己是所提供的技术的合法拥有者,并保证所提供的技术完整、无误、有效,能够达到约定的目标。

第八节　信　用　证

一、一般过程以及成本

信用证是一种由进口方的银行发出的承诺,在出口方按照信用证的条款和条件准备好相应的单据并提交给银行后,银行将向出口方支付相应的金额。信用证的精简流程包括:进口方向其银行申请开立信用证,银行审核后开立信用证并通知出口方的银行,出口方的银行再通知出口方。出口方按照信用证的要求准备货物。

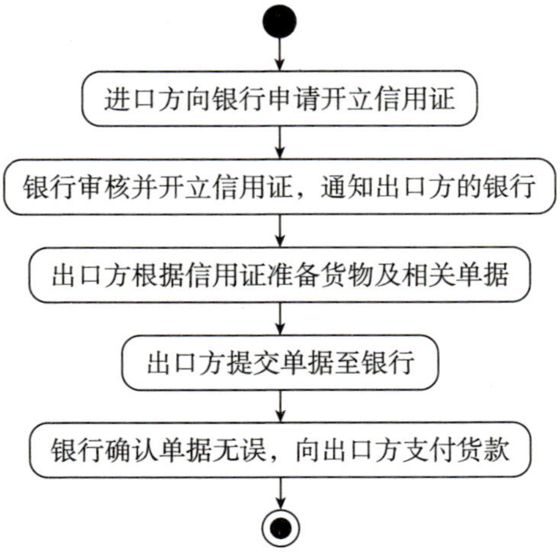

图 2－2－6　信用证结算流程

二、优缺点

信用证的优点是可以降低交易风险，因为进口方的银行承诺支付货款。

缺点是手续烦琐，成本较高，需要的单据较多，不符合信用证条款的单据可能导致无法收到款项。

三、法律风险

根据《最高人民法院关于审理信用证纠纷案件若干问题的规定》，如果受益人伪造单据、恶意不交付货物、提交假单据等欺诈行为，可以认定存在信用证欺诈。法庭在处理信用证诈骗案时，可以一并审查信用证争议与基础交易争端。

依照本法规定，当事人若因基础交易诈骗提出控告，可以将涉及案件的开证银行、议付银行或其他信用证法律关系的利害关系人作为第三方。第三方有权提出参与诉讼，且由人民法庭通知其参加诉讼。

《刑法》第一百九十五条规定，如若在信用证交易过程中，使用伪造、变造的信用证或者附随的单据、文件的，抑或使用作废的信用证，或是骗取信用证，以其他方式进行信用证诈骗活动的，将构成信用证诈骗罪。

因此，在使用信用证进行跨境交易时，需要注意防范信用证欺诈的风险，并在发生纠纷时根据相关法律规定采取适当的法律措施维护自身权益。

四、法律条文引用

1.《最高人民法院关于审理信用证纠纷案件若干问题的规定》第八条　凡有下列情形之一的，应当认定存在信用证欺诈：

（一）受益人伪造单据或者提交记载内容虚假的单据；

（二）受益人恶意不交付货物或者交付的货物无价值；

（三）受益人和开证申请人或者其他第三方串通提交假单据，而没有真实的基础交易；

（四）其他进行信用证欺诈的情形。

2.《最高人民法院关于审理信用证纠纷案件若干问题的规定》第十四条　人民法院在审理信用证欺诈案件过程中，必要时可以将信用证纠纷与基础交易纠纷一并审理。

当事人以基础交易欺诈为由起诉的，可以将与案件有关的开证行、议付行或者其他信用证法律关系的利害关系人列为第三人；第三人可以申请参加诉讼，人民法院也可以通知第三人参加诉讼。

3.《刑法》第一百九十五条　有下列情形之一，进行信用证诈骗活动的，处五年以下有期徒刑或者拘役，并处二万元以上二十万元以下罚金；数额巨大或者有其他严重情节的，处五年以上十年以下有期徒刑，并处五万元以上五十万元以下罚金；数额特别巨大或者有其他特别严重情节的，处十年以上有期徒刑或者无期徒刑，并处五万元以上五十万元以下罚金或者没收财产：

（一）使用伪造、变造的信用证或者附随的单据、文件的；

（二）使用作废的信用证的；

（三）骗取信用证的；

（四）以其他方法进行信用证诈骗活动的。

第九节　托　　收

一、一般过程以及成本

托收是一种由出口方的银行代表出口方向进口方收取货款的结算方式。托收的过程包括：出口方将货物及相关单据交给其银行，银行将单据送交进口方的银行，进口方的银行再通知进口方。进口方接受单据并支付货款，银行再将货款转交给出口方。这种方式的成本包括银行的手续费和可能的交易风险。

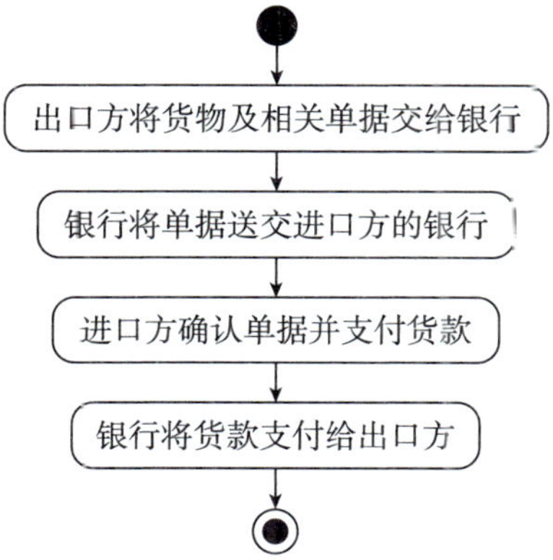

图2-2-7　托收结算流程

二、优缺点

托收的优点是手续较简单，成本较低。缺点是风险相对较高，因为进口方有可能在收到单据后拒绝支付款项。

三、法律风险

托收方式的法律风险主要涉及以下方面：

(1)进口方拒付或不承兑：在交易过程中，进口方可能由于各种原因拒绝支付货款或不承兑即期汇票。这可能导致出口方无法收到款项，进而给出口方造成经济损失。

(2)商业信用的风险：托收方式依赖于进口方的商业信用，出口方的收款取决于进口方的支付意愿和能力。如果进口方由于各种原因无法履行支付义务，出口方可能无法收到货款。

(3)法律纠纷和追偿难度：如果出现支付纠纷，出口方可能需要采取法律措施追讨款项。然而，追偿可能面临诸多困难，诸如进口方所在国家的法律体系、执行难度、追偿成本等因素都可能影响最终的追偿结果。

(4)不符合信用证条款的单据：托收方式要求出口方准备和提交符合信用证条款的单据。如果出口方提交的单据不符合要求，银行可能无法支付货款，进而导致出口方无法收到款项。

四、法律条文引用

1.《托收统一规则(URC522)的掌握原则》第一条　我行作为寄单行(托收行)时:

(1)必须依《托收统一规则 522》行事。

(2)所有托收单据必须附有委托人的“托收委托书”。

(3)应核对委托人所交单据与“托收委托书”中列明的单据表面是否相符。

(4)委托人对“托收委托书”的任何修改,必须以书面形式通知我行。

(5)我行无义务审核托收单据,仅凭载有“依据《托收统一规则 522》”行事的“托收委托书”发出托收指示。

(6)须在托收指示中明确注明“遵循《托收统一规则 522》”及规则所要求的相关内容,且明确和完整。

(7)原则上应委托我海外联行或代理行办理托收业务。委托人提供的代收行为非代理行时,我行视其为提示行,并要在托收指示中列明。

(8)应在托收指示中明确列明交单、付款方式及路径。

(9)应在托收指示中详细准确地列明所寄单据的种类及份数。

(10)应在托收指示中明确付款人采取任何行动的确切期限。

(11)应劝阻委托人对凭付款交单的托收指示包含远期付款的汇票。

(12)应建议委托人在未经代收行事先同意情况下不要将货物直接运交该银行,也不应以银行或银行的指定人为收货人。

(13)原则上不要求代收行对货物采取任何行动,包括对货物的仓储和保险。

(14)在我行的托收指示中原则上不要求代收行在发生不付款或不承兑时作出拒绝证书。

2.《托收统一规则(URC522)的掌握原则》第二条　我行作为代收行时:

(1)必须依《托收统一规则 522》行事。

(2)对寄单行注明“遵循《托收统一规则 522》”的托收业务,如选择不办理,须在3个工作日内以电传或SWIFT形式通知寄单行，并向其收取由此而引起的我行费用开支。

(3)对寄单行未注明“遵循《托收统一规则522》”的托收业务有选择办理或不办理的自由。如选择不办理，须在3个工作日内以电传或SWIFT形式通知寄单行，并向其收取由此而引起的我行费用开支。

(4)原则上不接受出票人直接寄来的单据。

(5)除非托收指示中有政治上我国不接受的条款，我行一般不拒绝办理托收业务。

(6)只按托收指示中的条款和统一规则行事，不得自行更改；对于不明确的托收指示，应联系寄单行予以澄清。

(7)对于付款人地址不全或有误的托收指示，应立即联系寄单行，请其提供详细正确的地址，同时也应尽力查找。

(8)对寄单行指定提示行的或付款人要求将单据转给某提示行的，我行应予照办；同时我行亦可自行选择提示行。以上情况，我行在向提示行寄单时，应在托收指示中说明只有收妥我行费用后方可放单及/或缮制收费通知。

(9)收到寄单行的托收单据后，应缮制进口代收通知书，连同副本单据(如有可能)在3个工作日内提示给付款人，请其在寄单行注明的确切期限内付款或承兑。如在此期限内未付款或承兑，我行应电告寄单行，并等候进一步指示。

(10)对未列明是凭付款或承兑交单的单据，只凭付款交单。

(11)原则上不对货物采取任何行动，包括对货物的仓储和保险。

(12)收到寄单行的托收单据后，应仔细审查单据的种类及份数是否与托收指示中所列表面相符，如发现不符，应即电告寄单行，同时提醒付款人注意。

(13)除非另有约定，不得将款项付给第三方，而只能付给发出托收指示的一方。

(14)原则上不接收办理拒绝证书。

(15)在付款人不付款或不承兑时，应立即电告指示方，并持单听候其进一步指示，若60天内未收到新指示，如可能应告知付款人，而后将单据退回指示方。

第十节 汇付结算

一、一般过程以及成本

汇付是一种直接将货款转账到卖方账户的支付方式。在支付环节,交易方的资金代表了在客户和供应商之间所提供的货物和服务而应结算的总金额。早于或者等同于某个特定的日期是支付的日期,交易方资金信息、汇付通知日期都是交易双方所需要交换。支付环节的功能应包含:

(1)汇付通知基于必须支付的发票、借记通知单、贷记通知单而产生。

(2)客户和供应商之间的汇款数据传送,在汇付通知中,类似于汇付通知日期嵌入付款指令。

(3)在客户银行所出具的付款机构执行支付的证明付款转账时,发挥协调作用。

(4)在汇款日期(不是独立的汇付通知、发票或贷记通知单)收款机构在应收账款系统中使用对公发票时,发挥协调作用。

成本主要是银行转账手续费和可能的汇率损失,但由于过程简单,总体成本相对较低。

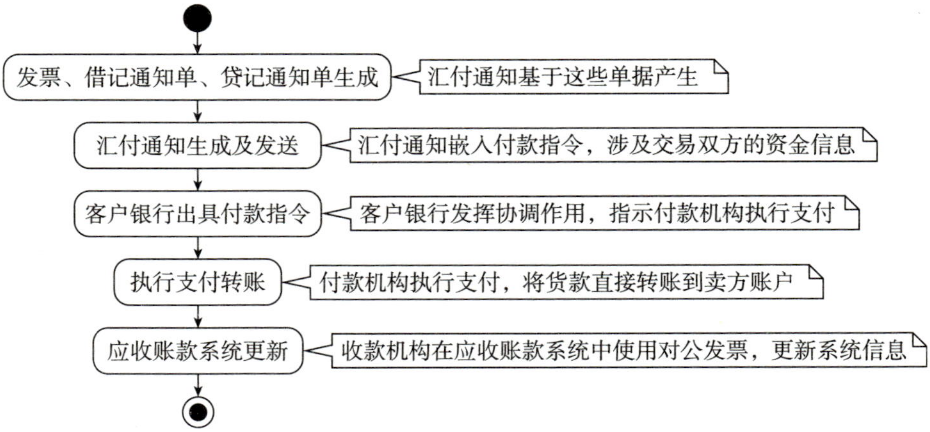

图 2-2-8 汇付结算流程

二、优缺点

汇付结算的优点是操作简单,手续费用相对较低,适用于信任度高的交易双方。

缺点是风险较高,进口方可能在收到货物前拒绝支付货款,或者出口方可能在收到款项后不发货。

三、法律风险

汇付结算主要有以下几类风险:

(1)国际信用危险。国际信用危险源于无法抗拒的境外因素,可以分为政治危险和大宗经济危险,由进口国的法律和法规引发,不是合约条款能避免或改变的。在全球贸易中,假如进口国经济萎缩、外币短缺无力对外支付、境内货币大面积贬值、战争内乱引发经济瘫痪等都可能使购买者无法履行对外支付的职责。

(2)商业信誉危险。付汇方式是商业信誉。对于先发后结的销售方和预付货款的购买者,是否能按期收款或按期收货,全部取决于对方的信誉。假如销售者收款后不发货或者购买者收取货物后不付款,都可能使对方"钱物两空",这种信誉危险与购销双方的信誉有关。另外,经营失当、公司破产;市场情况发生改变,进口商品在进口后价格大幅下滑,进口商亏本等都会导致商业信誉危险。

(3)结算危险。出口企业面临的结算风险主要是外汇风险。结算风险主要涉及企业在以外币为交易结算单位进行商务行为时引发的风险,是由于国际贸易的期限与结算时刻的不同步而产生。结算时间往往晚于合同签订时间,两者之间存在一定的时间差,使得结算时的汇率可能与合同签订时的汇率产生偏差,从而触发外汇风险。利用付汇法出口的支付风险具体表现在出口合同有效之后,出口收汇的结算外币汇率降低,出口一方到期收取的外币无法购得合同签订时的本币数量,进而触发本币收入不足的风险。

四、法律条文引用

《国际贸易业务流程规范 汇付通知》5.1.2.2　客户应提供详尽的付款指令

给供应商,允许供应商自行重新支配付款的进项。任何偏离原有的发票金额都必须体现在汇付通知上。供应商应对照标准的发票、借记通知单和贷记通知单,开具汇付通知单。供应商应通过对照汇付通知规范中发票开具的要求,告知客户任何与资金转移相关的不确定因素。基于客户和供应商协商的条件下,客户将选择可支付的发票,并依照付款指令流程,发起与资金转移相关的汇付通知。通过直接方式或在付款指令中嵌入方式,从而实现客户发送汇付通知给供应商。当供应商收到汇付通知,他将参照发票、借记通知单和贷记通知单的标准模式,调整汇付通知的内容至符合汇付转移条件,选择合适的发票,预付汇付通知的总金额。

第十一节　跨境贸易

一、一般过程以及成本

跨境贸易,是指在国际上进行的商品或服务的交换活动,包括进口和出口。在企业寻找境外市场与供应商的过程中,首先需要通过多种方式如市场研究、行业会议和商务旅行等发掘潜在的境外合作伙伴。一旦找到合适的供应商或购买方,接下来的步骤便是签订国际销售或采购合同,此合同会详细列明如商品描述、价格、交付时间、付款方式等关键条款。合同签订之后,企业需要筹划物流与运输安排,选择最适宜的运输方式,如海运或空运,同时确定具体的运输路线并预定运输空间。货物运输结束后,便是付款与收货阶段,这时企业会根据合同条款选择付款方式,如电汇、信用证等,并在货物到达目的地后进行清关并接收货物。此外,对于出口商而言,还需要提供售后服务,如商品维修和退货等。

在这个过程中,企业需要承担的成本包括商品成本、运输成本、保险费用、税费、关税、银行费用(如信用证费用)以及可能的售后服务成本。

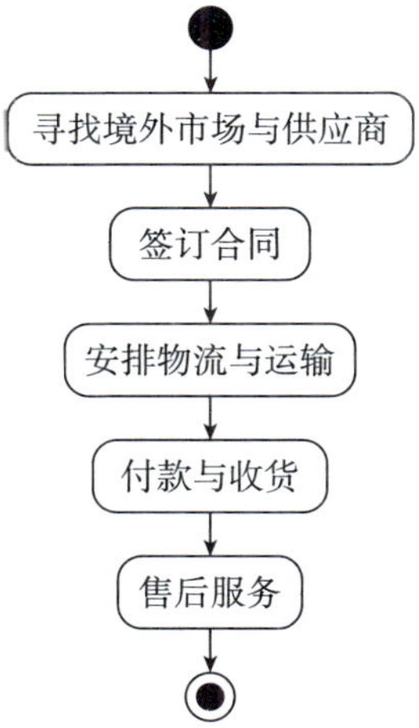

图2－2－9　跨境贸易流程

二、优缺点

跨境贸易的优点主要包括可以拓展新的市场，获取更多的收入来源，丰富产品线，以及学习并适应国际商务规则。同时，对于进口，可以引入先进的技术和设备，优化供应链；对于出口，可以利用产能，提高收益。

缺点主要包括面临复杂的国际贸易规则，需要支付各种税费和关税，运输成本和时间成本可能较高，可能面临汇率风险，以及需要处理来自不同文化背景的商业伙伴的交流和谈判。

三、法律风险

利用跨境贸易实现资金出入境的方式主要存在以下法律风险：

（1）政府监管风险：境外市场的拓展意味着企业需要遵守当地的产品质量监管、广告宣传规定和反不正当竞争管理等法律法规。企业需要了解和遵守目标市场的相关规定，以避免违法行为和面临政府的监管处罚。

（2）知识产权风险：知识产权具有地域性，企业的国内知识产权在境外市场可能不受法律保护。如果企业没有在销售国进行知识产权注册或采取保护措施，可能面临知识产权侵权和法律纠纷的风险。

(3)海关事务风险:跨境贸易涉及海关事务,包括报关、清关、符合海关监管规定等。企业需要遵守相关海关规定,确保货物合规进出境。如果企业在海关事务中存在违规行为,可能面临海关的处罚和影响企业的经营。

(4)税务风险:跨境贸易涉及不同国家或地区的税务规定,包括关税、增值税等。企业需要了解目标市场的税务要求,并进行合规操作。若处理不当,可能导致税务纠纷和税务机关的处罚。

跨境贸易可能导致的刑事风险如下:

(1)掩饰、隐瞒犯罪所得罪:托收涉及资金在双方银行间的转移,如果明知是犯罪所得及其产生的收益,而予以窝藏、转移,会构成掩饰、隐瞒犯罪所得罪。尤其是如果收款方故意隐藏真实的交易背景或者货物信息,可能导致其难以证明资金来源的合法性。

(2)洗钱罪:常见的跨境贸易的洗钱方法很多,比如不如实申报海关价格、通过高开或低开发票的方式虚构货物或服务的价格;或者伪造进出口货物数量或质量、改变合同标的物的数量(短装或超装);甚至通过空壳公司使用无实际装运货物的“鬼船”进行欺诈,虚构根本不存在的贸易交易等,以实现最终向境外或境内转移非法所得的洗钱目的。托收作为一种资金转移方式,有可能被用作洗钱活动。如果有犯罪团体或个人通过托收,尤其是跨境的托收,将非法所得的资金通过合法的交易进行掩饰、隐瞒,可能构成洗钱罪。这需要出口方对其客户进行充分的尽职调查,确保交易的合法性。

(3)帮助信息网络犯罪活动罪:如果交易双方使用的是电子货币或其他数字支付方式,且这些支付方式被他人利用信息网络实施犯罪,那么即使出口方本身没有犯罪,也可能因为提供了支付结算等帮助,构成帮助信息网络犯罪活动罪。

(4)非法经营罪:如果托收的物品是未经许可经营的专营、专卖物品或者其他限制买卖的物品,即使出口方并非实际的销售者,也可能因为托收的行为构成非法经营罪。尤其是如果未经国家有关主管部门批准非法经营证券、期货、保险业务,或者非法从事资金支付结算业务的,也可能构成非法经营罪。

(5)逃汇罪:在跨境贸易中,资金通常会随着商品或服务的交换而流动。如果在这个过程中,资金的流动不符合规定,或者意图逃避国家的外汇管制,那么就可能构成逃汇罪。例如,企业可能会通过虚构交易、虚报价格、虚开发票等方式,擅自将大量资金转移到境外,这样的行为就可能触犯逃汇罪。

例如,上海亚东国际货运有限公司及其负责人王某、沈某某被判处逃汇罪和骗购外汇罪。在该案中,上海亚东公司虚构了与境外关联公司香港××有限公司之间的海运业务,制作了虚假的运输合同、提单等文件,以向香港××公司支付进口海运费的名义,通过中国银行上海分行将巨额美元、欧元、港元汇至香港××公司的银行账户。上海亚东公司在2015~2020年通过这种方式,以虚假材料向银行骗购了数额巨大的美元和欧元,然后将这些资金非法转移到境外。①

四、法律条文引用

1.《最高人民法院关于审理骗购外汇、非法买卖外汇刑事案件具体应用法律若干问题的解释》第一条　以进行走私、逃汇、洗钱、骗税等犯罪活动为目的,使用虚假、无效的凭证、商业单据或者采取其他手段向外汇指定银行骗购外汇的,应当分别按照刑法分则第三章第二节、第一百九十条、第一百九十一条和第二百零四条等规定定罪处罚。

非国有公司、企业或者其他单位,与国有公司、企业或者其他国有单位勾结逃汇的,以逃汇罪的共犯处罚。

2.《外汇管理条例》第十二条　经常项目外汇收支应当具有真实、合法的交易基础。经营结汇、售汇业务的金融机构应当按照国务院外汇管理部门的规定,对交易单证的真实性及其与外汇收支的一致性进行合理审查。

外汇管理机关有权对前款规定事项进行监督检查。

3.《外汇管理条例》第十四条　经常项目外汇支出,应当按照国务院外汇管理部门关于付汇与购汇的管理规定,凭有效单证以自有外汇支付或者向经营结汇、售汇业务的金融机构购汇支付。

---

① 参见上海市黄浦区人民法院(2021)沪0101刑初195号刑事判决书。

第十二节　跨境并购

一、一般过程以及成本

跨境并购是指境内企业通过购买或合并境外企业,进一步扩大经营规模或进入新的市场。这个过程一般包括以下步骤:寻找并购目标,进行尽职调查,谈判并确定交易条款,完成交易,进行并购整合。

在寻找并购目标阶段,企业可能需要付出大量的时间和人力资源,寻找符合其战略目标的境外企业。在尽职调查阶段,企业需要投入大量的财力,聘请律师、会计师等专业人员进行详细的审核。在谈判和确定交易条款阶段,双方需要在交易价格、交易方式、交易结构等多个方面进行讨论和协商。完成交易阶段则需要付出实际的交易款项,同时可能会产生各种交易税费。最后,在并购后的整合阶段,企业需要投入大量的人力和财力,进行战略整合、人力资源整合、文化整合等工作。

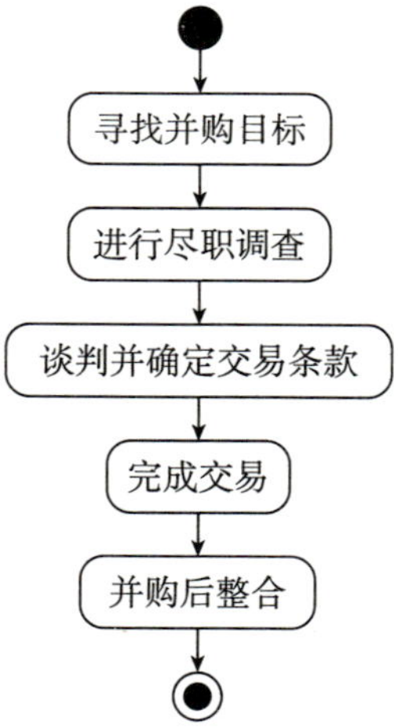

图 2－2－10　跨境并购过程

二、优缺点

优点：可以迅速进入新的市场，获得新的客户和资源；可以扩大经营规模，提高市场份额；可以通过并购获取新的技术或知识产权。

缺点，文化差异可能导致并购后的整合困难；可能会产生大量的交易成本和并购后的整合成本；可能会面临境外市场的政治、经济风险。

三、法律风险

跨境并购的主要风险源于《关于外国投资者并购境内企业的规定》，主要存在以下风险：

(1)合规风险：跨境并购涉及的境内外法律差异可能导致合规风险。根据本法第四条，企业进行跨境并购时需要符合中国法律、行政法规和规章的要求，包括资格要求、产业政策要求等。如果企业未能遵守相关规定，可能面临交易被阻止、撤销或承担相应的法律责任的风险。

(2)国有资产管理风险：如果跨境并购涉及国有企业或上市公司的国有股权管理，根据本法第五条，企业需要遵守国有资产管理的相关规定。未能履行国有资产管理规定可能导致交易受阻或被撤销的风险。

(3)审批和登记风险：根据本法第六条，外国投资者进行跨境并购需要经过审批机关批准，并办理相应的变更登记或设立登记手续。如果未能按照规定办理相关手续，可能面临合同无效、违法处罚或其他法律风险。

(4)税务和外汇管理风险：根据本法第七条和第八条，进行跨境并购涉及的各方当事人需要遵守中国的税法和外汇管理法规。未按照规定纳税或未履行外汇管理手续可能面临税务罚款、外汇违规处罚等风险。

跨境并购可能导致的刑事风险如下：

(1)洗钱罪。跨境并购可能涉及资金账户提供、财产转换为现金、金融票据、有价证券、通过转账或其他支付结算方式转移资金、跨境转移资产等操作，如果这些操作是为了掩饰或隐瞒犯罪所得及其产生的收益的来源和性质，那么可能触发洗钱罪。

(2)帮助信息网络犯罪活动罪。如果公司知道合作方通过跨境并购从事网络犯罪,如网络诈骗、侵犯他人知识产权等,却还为其提供技术支持或者广告推广、支付结算等帮助,这可能构成帮助信息网络犯罪活动罪。

(3)非法经营罪。假设借助跨国并购非法运作未获授权的独占、独售商品或者其他禁止交易的物品,或者在未经国家相关管理机构认可的情况下非法从事证券、期货、保险事务,或者非法实施资金支付结算服务,那么可能触犯非法经营罪。

四、法律条文引用

1.《关于外国投资者并购境内企业的规定》第四条　外国投资者并购境内企业,应符合中国法律、行政法规和规章对投资者资格的要求及产业、土地、环保等政策。

依照《外商投资产业指导目录》不允许外国投资者独资经营的产业,并购不得导致外国投资者持有企业的全部股权;需由中方控股或相对控股的产业,该产业的企业被并购后,仍应由中方在企业中占控股或相对控股地位;禁止外国投资者经营的产业,外国投资者不得并购从事该产业的企业。

被并购境内企业原有所投资企业的经营范围应符合有关外商投资产业政策的要求;不符合要求的,应进行调整。

2.《关于外国投资者并购境内企业的规定》第五条　外国投资者并购境内企业涉及企业国有产权转让和上市公司国有股权管理事宜的,应当遵守国有资产管理的相关规定。

3.《关于外国投资者并购境内企业的规定》第六条　外国投资者并购境内企业设立外商投资企业,应依照本规定经审批机关批准,向登记管理机关办理变更登记或设立登记。

如果被并购企业为境内上市公司,还应根据《外国投资者对上市公司战略投资管理办法》,向国务院证券监督管理机构办理相关手续。

4.《关于外国投资者并购境内企业的规定》第七条 外国投资者并购境内企业所涉及的各方当事人应当按照中国税法规定纳税,接受税务机关的监督。

5.《关于外国投资者并购境内企业的规定》第八条 外国投资者并购境内企业所涉及的各方当事人应遵守中国有关外汇管理的法律和行政法规,及时向外汇管理机关办理各项外汇核准、登记、备案及变更手续。

第三章

资金出入境违法犯罪典型案例解析

以下案例“基本案情”部分来源2023年《最高人民检察院、国家外汇管理局关于印发惩治涉外汇违法犯罪典型案例的通知》,“案例分析”部分为笔者撰写。

第一节 刑事犯罪典型案例解析

案例一 赵某等人利用虚拟货币进行支付结算、买卖外汇涉嫌非法经营案

一、基本案情

(一)非法支付结算

2019年3月至2020年5月,肖某、尤某、史某等人伙同华某福(另案处理),共同开发、搭建、维护“天天向上”跑分平台,该平台以兼职赚佣金为诱饵,纠集大量个人或小微商户注册成“跑分客”,利用“跑分客”提供的个人微信、支付宝、银行卡账户等搭建资金通道,为境外赌博网站、“杀猪盘”诈骗等黑灰产业提供支付结算服务,从中赚取佣金。该平台纠集了10万余个“跑分客”提供的37万余个资金账户进行收款转账,经查,2020年4月1日至5月18日,该平台非法支付结算数额达人民币31.9亿余元。

2019年6月至12月,赵某等人明知尤某的钱款来源于非法支付结算平台,仍然使用个人银行账户收取人民币,并向尤某兑换虚拟货币从中获利,交易金额共

计人民币2429万余元。赵某获利3.5万元,赵某鹏、周某凯获利均为5000元。

(二)非法买卖外汇

2019年2月至2020年4月,赵某组织赵某鹏、周某凯等人,在阿联酋和国内提供外币迪拉姆与人民币的兑换及支付服务。该团伙在阿联酋迪拜收进迪拉姆现金,同时将相应人民币转入对方指定的国内人民币账户,后用迪拉姆在当地购入"泰达币"(USDT,与美元锚定的稳定币),再将购入的泰达币通过国内的团伙即时非法出售,重新取得人民币,从而形成国内外资金的循环融通。通过汇率差,该团伙在每笔外币买卖业务中可获取2%以上的收益。经查,赵某等人在2019年3月至4月兑换金额达人民币4385万余元,获利共计人民币87万余元。

浙江省杭州市西湖区人民法院三次公开开庭审理此案。在庭审阶段,对于赵某等人非法买卖外汇构成非法经营罪的指控,赵某及其辩护人辩称赵某等人的行为属于单纯的虚拟货币买卖行为,不属于外汇买卖,不构成非法经营罪。

公诉人答辩指出,赵某团伙的手机聊天记录中存有涉及外汇兑换的内容,与国内银行账户交易明细在数额、时间上能够相互印证,多名与兑换记录相关的收款方均为国内人员,且收款方的证言证实收到的款项为外国人支付的款项。各被告人承认团伙成员在迪拜向他人收取迪拉姆现金并按要求向国内账户支付人民币的事实。在案证据足以证明赵某团伙已形成了长期持续的固定模式:在国外收取外币迪拉姆,将人民币转入对方指定的国内收款方账户,之后用迪拉姆购入泰达币,再出售泰达币取得人民币。上述行为表面上是买进、卖出虚拟货币的行为,但实质上以泰达币为媒介实现了外币和人民币之间的货币价值转换,属于非法买卖外汇,构成非法经营罪。

2022年3月24日,浙江省杭州市西湖区人民法院作出判决,以非法经营罪判处肖某有期徒刑11年,并处罚金人民币2000万元;判处尤某有期徒刑11年,并处罚金人民币1000万元;判处赵某有期徒刑7年,并处罚金人民币230万元;判处赵某鹏有期徒刑4年,并处罚金人民币45万元;判处周某凯有期徒刑2年6个月,并处罚金人民币25万元;判处史某等7人有期徒刑1年2个月至4年不等,罚金人民币2.5万元至200万元不等。宣判后,肖某、尤某、赵某、赵某鹏提出上诉。同年

9月5日，浙江省杭州市中级人民法院裁定驳回上诉，维持原判。

二、案例分析

根据赵某案，可以看出涉及虚拟货币的行为会被认定为非法经营罪有两种类型：一是明知他人用于违法犯罪，仍然为他人提供虚拟货币兑换服务的；二是以虚拟货币为媒介，实质上进行人民币和外币兑换的。

虚拟货币尤其是泰达币这种稳定虚拟币出现以后，在我国出现了提供泰达币和人民币兑换服务的U商，这些U商大多数既用人民币收购泰达币，也用泰达币回收人民币。不少U商在开展业务卖出泰达币时会收到诸如案例中尤某等人开展违法犯罪活动获得的资金，可能在无意中帮助犯罪分子进行了资金转移。在此情况下，如果其为明知，则可能构成非法经营罪。赵某案中公安机关和检察机关通过证据之间的相互印证，推定赵某等人明知尤某进行违法犯罪活动，仍为其兑换泰达币，因此构成非法经营罪。

此外，赵某等人以虚拟货币为媒介，通过提供跨境兑换及支付服务赚取汇率差盈利，检察机关认为这是利用虚拟货币的特殊属性绕开国家外汇监管，通过"外汇—虚拟货币—人民币"的兑换实现外汇和人民币的价值转换，属于变相买卖外汇，应当依法以非法经营罪追究刑事责任。

目前，针对用虚拟货币买卖实现外汇兑换的行为，各地机关在司法实践中存在较大差异，实践中会出现同案不同判的情况。

案例二　郭某钊等人利用虚拟货币非法买卖外汇涉嫌非法经营、帮助信息网络犯罪活动案

一、基本案情

2018年1月至2021年9月，陈某国（另案处理）、郭某钊等人搭建了"TW711平台""火速平台"等网站，以虚拟货币泰达币为媒介，为客户提供外币与人民币的汇兑服务。换汇客户在上述网站储值、代付等业务板块下单后，向网站指定的境

外账户支付外币。网站以上述外币在境外购买泰达币后，由范某玭通过非法渠道卖出取得人民币，再按照约定汇率向客户指定的境内第三方支付平台账户支付相应数量的人民币，从中赚取汇率差及服务费。上述网站非法兑换人民币2.2亿余元。其中，范某玭通过操作詹某祥、梁某钻等人提供的虚拟货币交易平台账户及人民币银行账户，从陈某国处接收泰达币600余万个，兑换人民币4000余万元。

2022年1月13日，上海市公安局宝山分局分别以郭某钊、范某玭涉嫌非法经营罪，詹某祥、梁某钻涉嫌帮助信息网络犯罪活动罪移送起诉。

宝山区人民检察院重点对以下几个方面进行了认定：一是犯罪行为的认定。明确以虚拟货币为交易媒介，实现外汇与人民币的货币价值转换，包括以人民币兑换为虚拟货币、再将虚拟货币兑换为外币，或将外币兑换为虚拟货币、再将虚拟货币兑换为人民币的行为，实质上属于非法买卖外汇行为。二是主从犯的认定与区别处理。郭某钊受主犯陈某国雇用搭建、维护非法汇兑网站，伙同他人非法买卖外汇，已构成非法经营罪，犯罪数额应按照网站汇兑总金额计算，但其在犯罪团伙中提供技术帮助，不参与具体的经营活动及违法所得分成，综合考虑可以认定为从犯。范某玭长期、单向以泰达币为媒介帮助主犯陈某国等人进行外币与人民币的汇兑业务，且双方之间还有投资、帮助解决银行卡冻结问题等其他联系，关系密切，属于非法经营罪的共犯，犯罪数额以其与陈某国等人进行虚拟货币交易记录汇总的人民币金额计算，其在犯罪过程中系听从指令操作交易，可以认定为从犯。詹某祥、梁某钻为了牟利，分别向范某玭等人提供大量的银行账户，詹某祥另提供身份证供范某玭等人注册虚拟货币交易账户用于涉案交易，现有证据尚不能证明二人知悉非法买卖外汇的具体犯罪类型，但可以证明二人具有帮助信息网络犯罪活动的概括认识，故认定二人构成帮助信息网络犯罪活动罪。

2022年2月11日，宝山区人民检察院以郭某钊、范某玭构成非法经营罪，詹某祥、梁某钻构成帮助信息网络犯罪活动罪向法院提起公诉。

2022年6月27日，上海市宝山区人民法院作出判决，以非法经营罪判处郭某钊有期徒刑5年，并处罚金人民币20万元；判处范某玭有期徒刑3年3个月，并处罚金人民币5万元;以帮助信息网络犯罪活动罪判处詹某祥有期徒刑1年6个月,并处罚金人民币5000元;判处梁某钻有期徒刑10个月,并处罚金人民币2000元。宣判后,詹某祥上诉,后自行撤诉。2022年11月10日,上海市第二中级人民法院裁定准许其撤回上诉。

二、案例分析

2021年中国人民银行等十部门在《关于进一步防范和处置虚拟货币交易炒作风险的通知》中,明确虚拟货币不具有与法定货币等同的法律地位,虚拟货币相关业务活动属于非法金融活动,对于开展相关非法金融活动构成犯罪的,依法追究刑事责任。《刑法》第二百二十五条规定了非法经营罪。《全国人民代表大会常务委员会关于惩治骗购外汇、逃汇和非法买卖外汇犯罪的决定》第四条第一款规定:"在国家规定的交易场所以外非法买卖外汇,扰乱市场秩序,情节严重的,依照刑法第二百二十五条的规定定罪处罚。"2019年《最高人民法院、最高人民检察院关于办理非法从事资金支付结算业务、非法买卖外汇刑事案件适用法律若干问题的解释》第二条规定:"违反国家规定,实施倒买倒卖外汇或者变相买卖外汇等非法买卖外汇行为,扰乱金融市场秩序,情节严重的,依照刑法第二百二十五条第四项的规定,以非法经营罪定罪处罚。"

在入罪问题上,本案中以虚拟货币为交易媒介,实现外汇与人民币的货币价值转换,包括以人民币兑换为虚拟货币、再将虚拟货币兑换为外币,或将外币兑换为虚拟货币、再将虚拟货币兑换为人民币的行为,属于变相买卖外汇行为。根据上述法律法规等文件,本案郭某钊的行为属于非法经营罪的共犯。在具体认定时,仍要将是否以营利为目的,是否具有连续性,人民币与外币之间是否发生实质性兑换判断是否入罪。

此外,跨境资金转移是否涉及相关犯罪所得及其收益,决定了以虚拟货币为媒介的资金转移行为还可能构成洗钱罪、掩饰隐瞒犯罪所得罪或犯罪所得收益罪。若同时触犯非法经营罪,应按处罚较重的规定定罪量刑。

对于与虚拟货币交易者及非法买卖外汇人员事前通谋,或明知他人非法买卖外汇仍通过虚拟货币交易提供本币与外币转换帮助者，构成非法经营罪的共犯。犯罪嫌疑人常辩称“不知对方换汇”或“仅从事虚拟货币交易”，对此需结合证据认定其主观明知。在郭某钊等人非法经营案中，范某玭为逃避银行监管使用他人账户进行转账，部分账户因收受违法资金被冻结，明知陈某国从事跨境电商且需非法换汇，仍提供泰达币与人民币兑换服务并获利，构成非法经营罪共犯。

此外，非法经营罪共犯与帮助信息网络犯罪活动罪行为人在对上游犯罪的认知程度和内容上有所不同。对于向非法买卖外汇人员提供虚拟货币交易服务者，应结合其所处犯罪阶段、接触上游犯罪的程度、获利方式及身份经历等综合判断其主观认识程度。若仅有概括认识而非具体认识，应以帮助信息网络犯罪活动罪追究刑事责任。例如，在郭某钊案中，詹某祥、梁某钻为了牟利向范某玭等人提供大量银行账户和身份证注册虚拟货币交易账户，现有证据不能证明其知悉非法买卖外汇，但有帮助信息网络犯罪活动的概括认识，应以帮助信息网络犯罪活动罪定罪量刑。

办理涉虚拟货币案件，应重点围绕币流、资金流和人员流取证，构建完整的指控体系。从虚拟货币交易程序、交易所和区块链浏览器等提取虚拟货币钱包地址，收集交易哈希值、账户注册信息等，查明虚拟货币的流转过程，再将交易哈希值、交易时间、交易数量与银行转账记录、网络后台数据、聊天记录等实名信息进行比对，结合口供、证人证言，厘清虚拟货币交易流向、法定货币及外币交易流向及相关犯罪分子身份和币流关联程度。

案例三　郑某东等人非法利用外汇资金结算、购付汇资质骗购外汇案

一、基本案情

钱某公司具有中国人民银行颁发的支付业务许可证，案发前具有国家外汇管理局跨境电子商务外汇支付业务试点资格。2014 年 9 月至 2016 年 12 月，钱某公司执行总裁王某毅（另案处理）组织郑某东、郑某涛、王某、赵某花等人，为牟取私

利，私自利用钱某公司的外汇资金结算、购付汇资质，为没有真实外贸交易的武汉某贸易有限公司等公司及个人骗购外汇。王某毅等人以钱某公司的名义与没有真实外贸交易的购汇人签订协议，约定购汇金额和手续费。为制造外贸交易的假象，王某毅等人从他人处购买国际快递单号，以购买的快递单号伪造跨境电子商务交易明细，由购汇人将前述虚假明细上传到钱某公司的跨境电子商务外汇支付系统，并递交跨境电子商务外汇付款申请表等材料，经钱某公司大数据网络系统审核、审批后递交多家银行审查付汇。通过上述方式，王某毅、郑某东等人帮助武汉某贸易有限公司等35家公司及胡某某个人骗购外汇金额总计约4.77亿美元，折合人民币约33亿元。

2020年6月22日，重庆市公安局渝北区分局以犯罪嫌疑人郑某东等人涉嫌骗购外汇罪移送起诉。

渝北区人民检察院经审查认为，证明犯罪事实的证据不足，退回公安机关补充侦查，并提出了详细的补充侦查提纲：一是针对涉案人员到案后未完全供认犯罪事实、相关人员在逃境外、涉案企业和账户众多且分布全国、大量资金流向境外等客观情况，要求公安机关重点围绕虚假物流单据、申报材料、资金流向进行侦查，查明犯罪嫌疑人利用虚假国际物流单据、跨境电子商务明细的数量及对应申购外汇的金额。二是围绕涉案人员伪造虚假的外汇申购材料情况、违法所得是否流入公司账户情况、违法行为是否经董事会决议以及涉案人员涉案金额、违法所得等问题进行取证，进行司法审计进一步明确涉案人员的具体地位作用和各自涉及的犯罪金额。三是结合“购汇人→居间介绍人→犯罪嫌疑人→结售汇银行→境外”的资金流向情况，对每一节点人员进行核实，甄别是否构成犯罪。

结合补充侦查的证据，检察机关审查认定郑某东等4人构成骗购外汇罪。此外，检察机关还以非法经营罪对居间介绍人卢某坤等6人、以骗购外汇罪对实际骗汇人周某、钱某公司原业务员李某萍等同案犯依法追诉。对尚不构成犯罪的单位和相关其他人员，建议公安机关、外汇管理部门依法给予行政处罚。

2020年11月16日，渝北区人民检察院以郑某东等人构成骗购外汇罪向法院提起公诉。

2021年12月8日，重庆市渝北区人民法院作出判决，以骗购外汇罪，判处郑某东有期徒刑6年，并处罚金人民币6000万元；判处郑某涛有期徒刑5年6个月，并处罚金人民币3000万元；判处王某有期徒刑5年2个月，并处罚金人民币1500万元；判处赵某花有期徒刑5年，并处罚金人民币100万元。宣判后，郑某东、王某、赵某花提出上诉。2022年9月5日，重庆市第一中级人民法院裁定驳回上诉，维持原判。

此外，因未按照外汇管理规定履行跨境支付业务审核等职责，国家外汇管理局重庆外汇管理部依法暂停钱某公司跨境电子商务外汇支付业务试点资格。购汇人武汉某贸易有限公司被处以334.8万元罚款。

二、案例分析

刑事方面，本案中，辩护人主要提出了三点辩护意见：一是被告人的行为属于居间介绍行为，应定性为非法经营罪；二是被告人系单位工作人员，犯罪系经过单位的研究、以单位名义实施，应认定为单位犯罪而非自然人犯罪；三是犯罪金额不应当以外汇管理部门核定的金额为准，而应当以公安机关核实的真实的购汇金额为准。

针对第一点，根据《全国人民代表大会常务委员会关于惩治骗购外汇、逃汇和非法买卖外汇犯罪的决定》第一条的规定，通过为他人制作虚假的跨境贸易资料、凭证等手段，利用具有跨境支付金融牌照的机构作为通道，向银行等金融机构骗购外汇的，构成骗购外汇罪。此外，对骗购外汇罪与非法买卖外汇型非法经营罪应当根据外汇交易行为发生的场所、行为人的主观故意及客观行为进行区分：一是发生在国家规定的交易场所外的非法买卖外汇行为，构成非法经营罪；二是外汇交易行为发生在国家规定的交易场所内，行为人主观明知他人骗购外汇，客观上实施了提供虚构事实、伪造、变造凭证和单据等行为，构成骗购外汇罪。具体来说，被告人所在的公司具有跨境电子商务外汇支付业务试点资格，各被告人利用公司的资格，与他人通谋，采取虚构事实、隐瞒真相的方法，伪造跨境货物交易材料、使用虚假物流单据骗购外汇，并非在国家规定的场所以外非法买卖外汇，符合骗购外汇罪的犯罪构成。

针对第二点，虽然郑某东等人确实借用了公司的名义，但该犯罪行为并未经公司决定，郑某东等人还存在拉拢其他人员有意隐瞒控股公司的行为。从获利角度看，违法所得均被郑某东等人私分，该公司未从中获利。郑某东等人的行为应认定为自然人犯罪。

针对第三点，行政主管机关通过查询结售汇记录、到钱某公司核实，钱某公司对于涉案金额没有异议，且郑某东等人用于结售汇的跨境贸易资料、物流单据均系伪造，与购汇资金流水能够相互印证，现有证据能够证实外汇管理部门核定的金额即为犯罪数额。公安机关核实的部分实际购汇人的证言等相关证据，是对上述证明结论的补强，在其他证明犯罪数额的证据已经确实、充分的情况下，并不是认定犯罪数额的必要条件。

实践中，跨境骗购外汇犯罪一般从三个方面引导取证、审查证据：(1)贸易背景是否真实，是否有真实的货物交易，外汇申购材料是否为虚假、伪造；(2)涉案人员的行为及作用，查明实际购汇人、介绍人、申购人、结售汇银行的地位、作用，明确骗购外汇所涉及的人员及具体行为，如资金来源是否合法、主观是否明知、虚假材料由谁制作提供、结售汇银行审查过程等；(3)资金流转情况，查明资金来源、通道、去向，查明资金流和货物流能否一一对应等。

此外，本案中，购汇者武汉某贸易有限公司参与该案的模式，主要为钱某公司的员工从他人处购买国际快递单号，根据该单号伪造跨境电子商务交易明细，然后由购汇人将该虚假明细上传到钱某公司跨境电子商务外汇支付系统，经钱某公司大数据网络系统审核、审批后递交多家银行审查付汇。因此，武汉某贸易有限公司被罚款300多万元，依据应当是《外汇管理条例》第四十条非法套汇或者第四十五条规定的非法购汇的罚金标准。

从金额角度来看，该金额已经远远超过了500万元人民币的外汇类非法经营罪的立案标准，但是该罪名的认定不是只看数额，最关键的还是观察行为人到底是开展了外汇的经营获利活动，还是普通的购汇自用。如果是购汇自用，此间不存在通过外汇非法营利目的情况下，则属于重庆公诉机关认定的"对尚不构成犯罪的单位和相关其他人员，建议公安机关、外汇管理部门依法给予行政处罚"。

案例四　徐某悦等人利用POS机"对敲"买卖外汇非法经营案

一、基本案情

2016年2月至2019年1月，徐某悦等20人在北京市、广东省珠海市、澳门特别行政区等地，破解、改造境内申领的POS机，偷运出境用于刷卡收取境内人民币或使用网银转账收、支境内人民币，同时使用在澳门开设的港币账户在境外收、支港元，为他人提供人民币与港元兑换服务。

徐某悦犯罪团伙聘请澳门当地人员联系有换汇需求的客户，当地人员与换汇客户谈好汇率并确定交易后，犯罪团伙中负责外勤的王某等人携带POS机到指定地点提供换汇服务，客户通过POS机刷卡或网银转账人民币，张某等负责财务的人员确认到账后给予客户相应金额的港元，或者在客户支付港元后由外勤人员通知财务人员向客户境内银行账户转账相应金额的人民币，每笔交易收取客户换汇金额5‰的服务费，高出市场汇率部分由徐某悦犯罪团伙与当地人员按比例分成。北京、澳门的财务人员负责管理网银、操作转账，记录每天换汇的金额、汇率、盈亏等具体情况，发放员工工资、股东分红。徐某悦犯罪团伙通过上述方式实施"对敲"换汇，非法买卖外汇数额折合人民币共计23亿余元。

2019年6月27日，北京市公安局朝阳分局以徐某悦等20人涉嫌非法经营罪移送起诉。

朝阳区人民检察院审查后认为，认定在案扣押的POS机系犯罪使用以及对应的银行交易记录为非法换汇金额的证据不足，遂退回补充侦查，要求公安机关补充调取犯罪嫌疑人的出入境记录、POS机开户手续，提取财务人员北京家中电脑的网银交易记录。结合公安机关补充侦查后的证据，检察机关开展了以下研判工作：一是确定犯罪使用的POS机。系统梳理澳门警方移交的POS机关联账户交易记录，犯罪团伙财务记账本、团伙使用电脑的电子数据鉴定意见、犯罪嫌疑人供述等证据，并与抽取的百余名刷卡人的证言、出入境记录和相关银行卡交易记录进行比对印证，确定徐某悦等20人非法买卖外汇使用的15台POS机及关联账户。二是准确认定犯罪金额。综合POS机刷卡交易的时间均为夜间，开户的古玩商店等商户均无实际经营，POS机申请人为犯罪嫌疑人的亲友等情况，排除POS机关联账户内资金存在其他来源的可能性，认定15台POS机绑定的银行账户在2016年2月至2019年1月转入的资金数额均为非法买卖外汇犯罪数额。

2019年12月27日，朝阳区人民检察院以徐某悦等20人构成非法经营罪向法院提起公诉。

北京市朝阳区人民法院于2021～2022年4次开庭审理了本案。庭审中部分被告人辩解称，因为通行证的签注期限到期，需要离开澳门返回境内或前往第三国重新签注，对被告人离开期间发生的犯罪数额应当予以扣除。公诉人答辩指出，部分被告人虽短暂离开犯罪团伙，但其明知共同犯罪行为仍在进行而未对该行为予以制止，也没有采取必要的手段和措施防止危害结果的发生，且回来后继续为共同犯罪提供帮助，不构成犯罪中止，应当将其离开前后的行为视为一个整体行为，不将短暂离开时发生的犯罪金额在认定其犯罪金额中予以扣除，以各被告人加入犯罪团伙后参与共同犯罪期间的全部犯罪金额为准。

2022年5月23日，北京市朝阳区人民法院作出判决，以非法经营罪，判处徐某悦有期徒刑10年，罚金人民币150万元；判处刘某有期徒刑7年6个月，罚金人民币100万元；判处王某有期徒刑7年6个月，罚金人民币80万元；判处张某有期徒刑7年6个月，罚金人民币80万元；判处徐某胜有期徒刑7年，罚金人民币70万元；其他15名被告人亦被判处有期徒刑并处罚金。一审宣判后，刘某等人提出上诉。2022年9月1日，北京市第三中级人民法院裁定驳回上诉，维持原判。

二、案例分析

在入罪方面，根据《全国人民代表大会常务委员会关于惩治骗购外汇、逃汇和非法买卖外汇犯罪的决定》第四条和2019年《最高人民法院、最高人民检察院关于办理非法从事资金支付结算业务、非法买卖外汇刑事案件适用法律若干问题的解释》第二条规定,以营利为目的,利用破解的 POS 机在境外通过持卡人刷卡消费收取人民币,同时向持卡人支付外币(境内、境外资金"对敲"),属于变相非法买卖外汇,情节严重的,构成《刑法》第二百二十五条规定的非法经营罪。

在金额认定方面,排除 POS 机关联账户内资金存在其他来源的可能性(如综合 POS 机刷卡交易的时间均为夜间,开户商户均无实际经营,POS 机申请人为犯罪嫌疑人的亲友等情况),可以认定 15 台 POS 机绑定的银行账户在 2016 年 2 月至 2019 年 1 月转入的资金数额均为非法买卖外汇犯罪数额。此外,关于行为人因办理出入境手续短暂离开犯罪团伙后又返回这一行为的定性决定着犯罪数额。一方面,在主观上行为人没有脱离犯罪团伙的意图;另一方面,在客观上行为人短暂离开后返回继续从事共同犯罪活动,没有阻止共同犯罪结果的发生,不认定犯罪中止。所以将其离开前后行为认定为一个整体犯罪行为,对其离开期间发生的犯罪数额不予扣除。

案例五　李某杰通过买卖外汇非法经营案

一、基本案情

2004 年 1 月起,于某凯(另案处理)通过暴力、威胁等手段形成以其为组织者、领导者的 22 人黑社会性质组织。该组织在澳门开设赌场,组织、招揽沈阳及周边地区人员赴澳门赌博,并提供资金担保,通过境外赌博、境内结算的方式非法敛财,赌资累计达人民币 38 亿余元。在经营澳门赌场期间,于某凯还利用赌场账户,伙同李某杰为澳门赌场游客兑换港元,赚取汇率差价。

2020 年 11 月至 2021 年 6 月,李某杰、于某凯在广东省珠海市成立俊其杰公司,非法从事买卖外汇活动。于某凯负责提供资金,安排该组织成员黄某斌、刘某民、李某等人(均另案处理)在沈阳市多家银行开立 10 余个银行账户并绑定手机卡,交给黄某斌统一保管,用于收转买卖外汇资金;李某杰负责在澳门赌场、酒店等场所招揽需要兑换港元的客户并兑换外汇。李某杰招揽客户、谈好兑换汇率后,要求客户将人民币通过手机银行 App 转入黄某斌保管的银行账户,确认资金到账后，在澳门赌场将港元现金交付给客户。为获取港元现金用于非法兑换，该组织成员黄某斌、李某、刘某民等人从自己或他人名下的银行账户提取人民币现金后交给李某杰联系的地下钱庄人员，地下钱庄人员在澳门口岸交付港元现金给李某杰，存入该组织成员吴某波在澳门赌场的账户。该组织财务人员黄某负责上述人民币资金周转及账目记载。李某杰等人分工合作，在每日汇率的基础上提高兑换汇率，赚取汇率差价，李某杰与于某凯等人非法买卖外汇累计折合人民币1514万余元。

2022年12月19日，辽宁省沈阳市公安局大东分局以李某杰涉嫌非法经营罪移送起诉。

大东区人民检察院针对涉案账户资金交易记录复杂、关联证据情况不一等特点，结合李某杰等人供述、提供银行卡人员证言、已核实的34名买卖外汇客户证言、黄某斌等人手机中提取微信群部分聊天记录、部分接收资金短信截图、买卖外汇客户对银行流水的指认、对李某杰的辨认笔录等证据，比对黄某记录账目、涉案银行账户交易明细，依法认定犯罪数额。(1)对于财务人员黄某记录账目中有记录的交易明细，有李某杰、黄某等人供述，提供银行卡人员证言及银行卡开卡记录证实，记录账目涉及的银行账户系专门用于买卖外汇资金流转，记录的交易明细与银行账户交易明细中的客户姓名、转账数额一一对应，另有部分客户证言亦可印证交易过程，故账目中的全部交易数额均计入犯罪数额，共计681万余元。(2)对于黄某记录账目中未记录的交易明细，进行区分认定：对于有犯罪嫌疑人供述、客户证言等证据证明相关交易记录为买卖外汇交易的部分，计入犯罪数额，共计833万余元；对于其他交易金额，不能排除系涉案人员用于其他用途的，未认定为犯罪数额。

2023年2月2日，大东区人民检察院以李某杰构成非法经营罪向法院提起公诉。

2023年2月9日，辽宁省沈阳市大东区人民法院作出判决，以非法经营罪判处被告人李某杰有期徒刑2年6个月，并处罚金人民币4万元。判决已生效。另案处理的于某凯等人因犯组织、领导黑社会性质组织罪，参加黑社会性质组织罪，非法经营罪等罪名被依法判处刑罚。

二、案例分析

本案属于检察机关在办理涉跨境赌博犯罪案件时，通过对涉案人员及其实际控制公司的银行账户交易记录等证据的审查，发现银行账户存在资金频繁大额交易等异常情况进而找到存在非法买卖外汇等关联犯罪线索，依法追捕追诉的漏罪漏犯的典型情况。

由于本案中账户同时存在合法交易和非法经营的情况，确定非法经营数额需与其他证据相互印证。具体包括账目明细、聊天记录、客户证言、犯罪嫌疑人及同案犯供述等，无证据相互印证的交易金额应予以扣除。本案中，对于黄某记录账目中未记录的交易明细，进行了区分认定：对于有犯罪嫌疑人供述、客户证言等证据证明相关交易记录为买卖外汇交易的部分计入犯罪数额，其余部分则不计入犯罪数额。

案例六 章某虎、章某娴居间介绍买卖外汇非法经营案

一、基本案情

2017 年，章某虎结识了从事非法买卖外汇活动的吴某朋等人（均另案处理），产生了居间介绍本地客户通过外省地下钱庄兑换外汇并抽成获利的想法。章某虎负责招揽有购汇需求的客户并确定合作的地下钱庄，章某娴在章某虎的安排下，负责与吴某朋、地下钱庄沟通联络客户需购汇的币种、金额、外汇收款账户等具体信息。章某虎联系客户将需换汇的人民币先转入其控制的本人或其亲戚名下的银行账户，再由章某娴通过网银转账方式转入地下钱庄指定账户。地下钱庄收款后，向客户指定的境外账户支付对应外币，并将已存入客户外汇账户的银行交易截图经吴某朋发送给章某娴，从而完成跨境“对敲”非法买卖外汇行为。章某虎、章某娴按照约每 10 万美元收取 300 元人民币的比例，采用从客户转账款中扣除或者单独收取的方式赚取差价获利。2017 年 9 月至 2019 年 12 月，章某虎、章某娴通过上述手段非法买卖外汇折合人民币 1.96 亿余元。

2021 年 11 月 24 日，江苏省无锡市公安局惠山分局以章某虎、章某娴涉嫌非法经营罪移送起诉。

惠山区人民检察院在审查起诉中重点开展以下工作：一是针对章某虎、章某娴为地下钱庄和客户居间介绍，并非独立开展非法买卖外汇犯罪的情况，检察机关对二人主、从犯认定进行分析。检察机关认为，章某虎、章某娴以自己的名义承接客户买卖外汇业务，用自己控制的银行账户直接向客户收取人民币，自行决定按比例扣点从中赚取差价，其作为境内人民币支付的重要环节具有相对独立性。其中，章某虎负责招揽需换汇的客户，决定通过吴某朋和地下钱庄进行非法买卖外汇交易，在非法买卖外汇中起关键作用，依法认定为主犯；章某娴不直接接触客户，仅根据章某虎的指示与吴某朋联系及操作网银资金转账，依法认定为从犯。

二是针对本案涉案账户资金流水量巨大，但无境外资金交易的直接证据，且犯罪嫌疑人不具体供述犯罪数额，犯罪数额认定难度大的情况，检察机关根据“对敲”型非法买卖外汇犯罪的特点，以境内相关证据为主体构建证明体系认定犯罪数额：(1)将聊天记录与资金流水相互印证部分认定为犯罪金额。章某娴和吴某朋的聊天记录证实，章某娴将客户姓名、购买外汇币种、金额、境外收款账户发送给吴某朋，并将客户支付的人民币转入吴某朋提供的地下钱庄收款账户，地下钱庄将对应外币支付到客户境外收款账户，并提供支付凭证截图。上述内容能够与境内资金交易流水相互印证，可以证明非法买卖外汇交易已完成，据此认定非法买卖外汇累计折合人民币 1 亿余元。(2)将客户证言与资金流水相互印证部分认定为犯罪金额。部分购买外汇的客户证言及对相应资金流水的辨认记录，证实客户汇入章某虎所控制银行账户资金的时间、金额、用途，上述资金系用于购买外汇，且在国外已收到对应的外币，据此认定非法买卖外汇累计折合人民币 9000 余万元。(3)对于经由章某虎控制的银行账户进入地下钱庄的部分资金，既未在吴某朋等人非法买卖外汇案件中予以认定，又无相关聊天记录、客户证言等证据证明资金的用途、性质，未认定为犯罪数额。最终惠山区人民检察院认定章某虎、章某娴非法买卖外汇金额折合人民币 1.96 亿余元。

2022 年 4 月 24 日，惠山区人民检察院以章某虎、章某娴构成非法经营罪向法院提起公诉。

2022年3月，惠山区人民检察院将该案中向章某虎非法购买外汇的客户线索移送国家外汇管理局无锡市中心支局（现为国家外汇管理局无锡市分局），该局调查后对12人给予行政处罚，罚款共计1683万元。

2022年5月23日，江苏省无锡市惠山区人民法院作出判决，以非法经营罪判处章某虎有期徒刑8年，并处罚金人民币25万元；判处章某娴有期徒刑3年，缓刑3年，并处罚金人民币15万元。判决已生效。

二、案例分析

具有营利目的的倒卖外汇行为构成非法经营罪；而不以营利为目的的买卖外汇行为，只能处以行政处罚。因此在该类非法经营罪案件中，不仅要根据是否以“营利为目的”判断是否系经营行为，还应当结合行为人非法买卖外汇的频次和规模等因素综合判断其是否系以“买卖外汇”为业。如果行为人具有中介身份，既联系上家，又联系下家，客观上通过组织、居间介绍、代理等方式进行非法买卖外汇，充当非法买卖外汇掮客，虽未参与境外兑付外币环节的活动，但主观上具有营利目的，仍可以独立构成非法经营罪。

此外，判断非法买卖外汇行为是否构成犯罪，应当依照《外汇管理条例》第四十五条判断是否属于行政违法，如不违反行政法规，则无需利用刑法进行再次判断；如违反了行政法规进而需要利用刑法进行二次评价，主要从社会危害性、立案追诉标准、主观构成要素等各方面进行判断，这也是刑法独立性与补充性的重要体现。

具体至非法买卖外汇型非法经营罪，刑法在非法买卖外汇这一行为上主要规制的是变相买卖外汇、倒买倒卖的非法经营者。对于自然人或公司基于自用等非营利目的而进行的私自购买或出售（换汇）的行为，由于其仅违反了行政法规则，对其进行行政制裁即可，此为刑法进行独立判断的重要作用。因此，在该案中，有12人接受了行政处罚，该12人就是章某虎介绍的，有购汇需求的客户。该案中地下钱庄和客户的资金，在境内的人民币通过境外外汇流转的方式进行交易，属于典型的对敲模式。可以说，客户也是对敲模式的参与者，但是，这并不代表参与对敲模式就应该认定客户构成非法经营罪。如果查明客户购汇的目的不是再次转售,而是自用,则不能认定其行为属于经营行为,不构成非法经营罪。

案例七 王某良等人通过地下钱庄“对敲”买卖外汇非法经营案

一、基本案情

2015～2020 年,王某良与王某欣(另案处理)、王某军等人为多家农产品公司非法买卖外汇赚取差价。王某良控制的账户兑换外汇,累计折合人民币 5.3 亿余元。王某军控制的账户兑换外汇,累计折合人民币 1.2 亿余元。其中,青岛某农产品公司(另案处理)采取低值高报的方式虚增农产品的出口总价,在境内将人民币汇入王某良等人控制的账户用于购买外汇,王某良等人按照约定的汇率通过境外账户将美元汇入某农产品公司指定的账户。某农产品公司通过上述方式骗取国家出口退税共计人民币 2126 万余元。

2015～2020 年,臧某与臧某新、秦某共同为王某军、刘某等人非法买卖外汇赚取差价。其中,臧某控制的账户兑换外汇累计折合人民币 3.7 亿余元。臧某新控制的账户兑换外汇共计人民币 1.2 亿余元。秦某为臧某非法买卖外汇提供外汇资金共计 1254 万余美元,折合人民币 8807 万余元。刘某控制的账户兑换外汇累计折合人民币 6957 万余元。

2021 年 5 月 12 日,山东省青岛市公安局市南分局以王某良等 6 人涉嫌非法经营罪移送起诉。

市南区人民检察院重点开展了以下工作:一是认定非法买卖外汇犯罪数额。本案犯罪嫌疑人作为外汇掮客赚取差额,境内人民币账户与境外外汇账户不发生直接关联。在境外资金账户查询不到位的情况下,检察机关对犯罪嫌疑人以及控制的他人境内账户之间的往来资金进行重点梳理。根据已经处理的同案犯、犯罪嫌疑人和外汇提供者等人的言词证据,确定用于非法买卖外汇的账户,对账户的支出数额、收入数额进行汇总、比较,发现支出数额普遍低于收入数额,故将支出数额初步作为非法买卖外汇数额,同时考虑到账户进出资金量大,在没有境外账户直接关联和缺少转账具体用途的前提下,将其中的正常业务往来金额、无证据证明系涉案交易的金额扣除,最终认定非法经营的犯罪数额。二是督促退缴违法所得。检察机关向犯罪嫌疑人重点阐明认罪认罚从宽制度以及积极退缴违法所得对量刑建议的影响,通过辩护人与犯罪嫌疑人及其家属进行沟通,促使臧某新、秦某、刘某3人自愿认罪认罚,并在提起公诉前退缴违法所得。

2021年10月27日,市南区人民检察院以王某良等6人构成非法经营罪向法院提起公诉。2022年11月4日,山东省青岛市市南区人民法院作出判决,以非法经营罪判处王某良有期徒刑8年,并处罚金人民币80万元;判处臧某有期徒刑6年,并处罚金人民币60万元;判处王某军有期徒刑6年,并处罚金人民币50万元;判处臧某新、秦某、刘某有期徒刑2年,并处罚金人民币30万~40万元。宣判后,王某良、臧某、王某军提出上诉。2023年5月22日,山东省青岛市中级人民法院裁定驳回上诉,维持原判。

2021年4月至2023年7月,国家外汇管理局青岛市分局对本案涉及的11个地下钱庄交易对手非法买卖外汇行为给予行政处罚,罚款共计7020万元。

二、案例分析

本案又是一例“地下钱庄”采取“对敲”方式帮助换汇的典型案例。

从最高人民检察院发布的案例三、案例六、案例七这三个典型案例可以看出,地下钱庄的客户都不构成外汇类非法经营罪,应当移交外管局给予行政处罚。究其本质,还是在于地下钱庄的客户,就其买卖外汇的行为而言,虽然成为非法买卖外汇的一环,但其本身不具有营利目的,也并非经营行为。外汇经营行为是指从买入卖出的差价中营利的行为,即《最高人民法院、最高人民检察院关于办理非法从事资金支付结算业务、非法买卖外汇刑事案件适用法律若干问题的解释》中规定的“倒买倒卖外汇”的入罪行为。

《外汇管理条例》第四十五条规定:“私自买卖外汇、变相买卖外汇、倒买倒卖外汇或者非法介绍买卖外汇数额较大的,由外汇管理机关给予警告,没收违法所得,处违法金额30%以下的罚款;情节严重的,处违法金额30%以上等值以下的罚款；构成犯罪的，依法追究刑事责任。”此处的情节严重是指：(1)情节恶劣，造成严重后果或社会影响；(2)严重影响外汇管理政策实施效果或对国际收支平衡产生重大不利影响；(3)国家利益遭受重大损失；(4)涉及恐怖活动、毒品、走私、洗钱、恶意逃骗税；(5)在金融机构违规案件中，工作人员主谋或参与、教唆或知悉违规仍为其办理；(6)多次实施，性质恶劣，拒不改正。本案中，青岛某农产品公司骗取出口退税的行为构成此处的情节严重的情形。

此外，在案例三、案例六、案例七这三起案例中，客户是作为证人参与到刑事案件的办理中的，其证言对于查清案件事实具有重要意义，在案件办理过程中，侦查机关会对地下钱庄的客户采取询问、调取相关证据等侦查措施，在案件事实查清后再将客户移送外管局进行行政处罚。

案例八　张某群、吴某锐等人通过非法买卖外汇非法经营、骗取出口退税、虚开增值税专用发票案

一、基本案情

（一）骗取出口退税

2018 年 7 月至 2019 年 11 月，张某群与郑某华等人实际控制、管理的宝某公司等，以价值低的翻译机、陀螺仪等电子产品冒充高价值货物，串通具有出口经营权的乐某公司顾某杰共同骗取出口退税。

在具体实施过程中，宝某公司等将上述电子产品以虚高价格销售给乐某公司，并开具增值税专用发票。顾某杰通过乐某公司，与张某群等人通过吴某述联系的吴某锐签订虚假购销合同，进行报关出口，并由吴某述负责将货物运输至马来西亚、泰国等地作为废品处理。在资金方面，张某群先将人民币汇至吴某锐控制的境内账户，再由吴某锐通过控制的境外公司将对应的美元汇至乐某公司，作为虚假购买出口产品的货款。顾某杰通过乐某公司结汇，在申报并骗得出口退税款后，按宝某公司等开具发票的票面金额向张某群方付款，形成资金闭环。经查，张某群等人通过前述方式共骗取出口退税人民币 3663 万余元，吴某述、顾某杰均

从中获取非法利益。

（二）非法经营

吴某锐伙同马某建按照事先约定，在境内收取张某群等人支付的人民币，在扣除佣金后再将其在境外贸易中获得的美元或从他人处购得美元，通过实际控制的顺某公司等境外公司作为虚假出口购货款转账至乐某公司，完成人民币与美元的跨境非法兑换。经查，吴某锐等人非法兑换人民币1.8亿余元，违法所得18万余元。

（三）虚开增值税专用发票

在虚假出口的同时，张某群与郑某华为宝某公司等虚增增值税进项抵扣，安排财务会计王某，在没有实际业务往来的情况下，让龚某森实际控制的彭某公司等10家公司虚开522份增值税专用发票，价税合计5625万余元，税款318万余元。

2021年2月26日，江苏省常州市公安局武进分局以张某群等人涉嫌骗取出口退税罪、龚某森等人涉嫌虚开增值税专用发票罪、吴某锐等人涉嫌非法经营罪移送起诉。

武进区人民检察院经审查后认定，张某群等人通过实际控制的宝某公司等，以低劣的电子产品作为出口"道具"，让他人为自己虚增增值税进项，再串通乐某公司外贸部经理顾某杰，通过乐某公司实施虚假货物出口，骗取国家出口退税款，数额特别巨大。张某群、吴某述、顾某杰等人均构成骗取出口退税罪，且系共同犯罪。

对于骗税资金流关键环节的吴某锐等人，武进区人民检察院经审查认为：一是虽在案证据不足以证实吴某锐等人构成骗取出口退税罪，但其在境内收取本币、境外兑付外币的行为属于非法买卖外汇行为，应以非法经营罪定罪处罚，且属情节特别严重。二是因涉外证据难以固定以及汇率变化，导致以吴某锐等人支出的美元作为非法经营数额难以精确认定，且张某群、吴某锐等人控制账户多达70余个，二人对控制账户的资金情况供述模糊，犯罪数额难以认定。检察机关调整了证据审查思路，以吴某锐所收人民币金额作为认定基础，比对从张某群处扣押的账本所记载的汇兑支出记录，与从各行为人手机提取的汇兑转账截图，结合吴某述、吴某锐等人的供述,认定吴某锐接收的张某群转账钱款均用于非法汇兑,且能够排除系其他经济往来。

2021 年 3 月 25 日,武进区人民检察院以张某群等人构成骗取出口退税罪,龚某森等人构成虚开增值税专用发票罪,吴某锐等人构成非法经营罪向法院提起公诉。

2021 年 9 月 22 日,江苏省常州市武进区人民法院作出判决,以骗取出口退税罪,判处张某群有期徒刑 14 年,并处罚金人民币 2800 万元;判处郑某华有期徒刑 12 年,并处罚金人民币 800 万元;判处吴某述有期徒刑 6 年,并处罚金人民币 50 万元;判处顾某杰有期徒刑 6 年 6 个月,并处罚金人民币 50 万元。以虚开增值税专用发票罪,判处龚某森有期徒刑 11 年,并处罚金人民币 25 万元;判处王某有期徒刑 3 年,缓刑 4 年,并处罚金人民币 15 万元。以非法经营罪,判处吴某锐有期徒刑 5 年 6 个月,并处罚金人民币 35 万元;判处马某建有期徒刑 2 年,缓刑 3 年,并处罚金人民币 10 万元。宣判后,张某群、龚某森等人提出上诉。2022 年 2 月 8 日,江苏省常州市中级人民法院裁定驳回上诉,维持原判。

二、案例分析

在非法买卖外汇案件中,犯罪数额会直接影响行为的定性和量刑,犯罪数额既包括非法经营数额,也包括违法所得数额。根据《最高人民法院、最高人民检察院关于办理非法从事资金支付结算业务、非法买卖外汇刑事案件适用法律若干问题的解释》第三条,非法经营数额在 500 万元以上,或违法所得数额在 10 万元以上,即可认定构罪。

在司法实践的大多数案件中,法院均以非法经营数额为基础进行定罪处罚。非法买卖外汇案件涉及境内外资金流动,加之行为人合法与非法资金账目混同、证据繁杂、人员网络化等特征,数额认定往往成为一大难题。不过在实践中,尽管非法买卖外汇的形式多种多样,但基本的交易结构是相同的:账户的收入是外汇的卖出价款,支出是外汇的买入价款,有时地下钱庄通过“对敲”的方式在境内收取人民币,在境外支出外币。究竟以收入或支出中的哪一方认定非法经营数额,司法实践中没有固定做法,通常以收入或支出中较易查证的一方作为认定非法经营数额的基础。具体到本案,在违法经营数额的认定方面,由于境外外币资金难以查证,但有证据能够证明境内账户收取的人民币资金均用于非法兑换外币的,最后直接按照境内人民币交易数额认定为非法经营数额。

此外,根据上述典型案例和实践中的判例,非法经营数额的认定主要有以下几个方面:一是区分账户收入与支出,一般是以收支其中一方为依据计算非法经营数额。二是区分账户中是否有其他合法资金往来,一方面在账户存在合法交易的情况下,确定非法经营数额需与其他证据相互印证;另一方面在账户资金可以排除其他来源的情况下,可以将账户内的全部交易金额认定为非法经营数额,不过排除资金不属于其他合法来源的举证责任在检方。三是行为人出借资金用于购买外汇的,应当认定为该行为人的非法经营数额。四是购买外汇未成功的款项应认定为未遂数额。

第二节　行政处罚典型案例解析

案例一　北京某某汽车零部件有限公司(国家外汇管理局北京市分局京汇罚〔2024〕1号)

违法行为:擅自对外借款

处罚结果:给予警告,处197,822.45元人民币的罚款

律师点评:该企业擅自对外借款,违反了《跨境担保外汇管理规定》第十九条[①]的规定。近年来,国家外汇管理局加快推进外汇管理"五个转变",既让守法合规

---

① 《跨境担保外汇管理规定》第十九条规定:外保内贷业务发生担保履约的,在境内债务人偿清其对境外担保人的债务之前,未经外汇局批准,境内债务人应暂停签订新的外保内贷合同;已经签订外保内贷合同但尚未提款或尚未全部提款的,未经所在地外汇局批准,境内债务人应暂停办理新的提款。境内债务人因外保内贷项下担保履约形成的对外负债,其未偿本金余额不得超过其上年度末经审计的净资产数额。境内债务人向债权人申请办理外保内贷业务时,应真实、完整地向债权人提供其已办理外保内贷业务的债务违约、外债登记及债务清偿情况。

的市场主体充分享受贸易投资便利，也保持对各类外汇违法违规行为的高压打击态势，以维护我国涉外经济金融安全。企业作为市场主体应积极履行社会责任及守法义务，在保证正常经营的前提下，合法使用外汇资金。

案例二　中国银行股份有限公司某某分行（国家外汇管理局河北省分局汇冀检罚字〔2024〕第1号）

违法行为：违反规定办理售汇业务

处罚结果：没收违法所得3048元人民币，并处45万元人民币的罚款

律师点评：目前，为防范异常跨境资金流动风险，国家外汇管理局借助大数据系统加强监测排查，加大对异常跨境资金流动的主要渠道和重点主体的检查力度，在不影响守法市场主体正常经营的同时，及时发现并查处违法违规行为。银行作为金融体系和市场经济运行的重要环节，应高度重视落实监管意见，认真吸取教训，持续加强业务合规管理，全面培育合规文化，严守风险合规底线。

案例三　黄某某（国家外汇管理局甘肃省分局甘汇检罚〔2024〕2号）

违法行为：变相买卖外汇

处罚结果：给予警告，并处以49,663.80元人民币的罚款

律师点评：个人变相买卖外汇违反了《个人外汇管理办法》第三十条①的规定，根据《外汇管理条例》第四十五条②处以罚款，构成犯罪的追究刑事责任。对于个人而言，切莫因一时利欲熏心而私下买卖外汇，可能会受到行政处罚，情节严重的，还需要承担刑事责任。

---

① 《个人外汇管理办法》第三十条规定，境内个人从事外汇买卖等交易，应当通过依法取得相应业务资格的境内金融机构办理。

② 《外汇管理条例》第四十五条规定，私自买卖外汇、变相买卖外汇、倒买倒卖外汇或者非法介绍买卖外汇数额较大的，由外汇管理机关给予警告，没收违法所得，处违法金额30%以下的罚款；情节严重的，处违法金额30%以上等值以下的罚款；构成犯罪的，依法追究刑事责任。

3

PART

第三编

虚拟货币与黄金交易的反洗钱法律实务

第一章

虚拟货币与黄金交易的反洗钱理论研究

第一节　中国反洗钱现状解读

一、中国反洗钱数据分析

根据《2021年中国反洗钱报告》，本书对报告中的数据做出如下分析整理，见表3-1-1。

表3-1-1　中国反洗钱监测分析中心2021年报告摘要

年份	报告机构数	可疑交易报告	同比增长率
2021	4453个	381,600份	47.52%

（一）可疑交易报告数量大增

全国共接收可疑交易报告381.6万份，同比大幅增长47.52%，反映监测质量持续改善具体各项指标情况见表3-1-2。这得益于报告机构强化系统建设，严格落实客户身份识别制度。

表3-1-2　2021年反洗钱指标同比变化情况

指标	2021年数量	同比变化（%）
处理的重点可疑交易线索数量	16,196份	-14.36
开展反洗钱调查次数	7321次	-6.19
向侦查、监察机关移送线索数量	6940个	13.96
协助侦查、监察机关反洗钱调查次数	34,906次	-3

续表

指标	2021 年数量	同比变化(%)
协助破获涉嫌洗钱等案件数量	1004 起	41.41
中国反洗钱监测分析中心提供金融情报批次	9451 批	55.09

(二)反洗钱调查深入强化

全国处理重点可疑交易线索 16,196 份,较 2020 年下降 14.36%。但对需深查线索开展反洗钱调查 7321 次,仅下降 6.19%,显示调查深度不断加强。同时,协助破案 1004 起,增长 41.41%,反映调查广度继续扩大,各相关罪名处置情况见表 3-1-3。

表 3-1-3　2021 年反洗钱相关罪名处置情况

指标	批准逮捕(起)	批准逮捕(人)	提起公诉(起)	提起公诉(人)
《刑法》第一百九十一条"洗钱罪"	340	494	982	1262
《刑法》第三百一十二条"掩饰、隐瞒犯罪所得"	15,047	28,397	23,302	45,677
《刑法》第三百四十九条"窝藏、转移、隐瞒毒品"	21	47	57	86
总计	15,408	28,938	24,341	47,025

(三)涉洗案件批捕起诉大幅上升

全国批准逮捕涉洗案件 28,938 人,提起公诉 47,025 人,分别增长 13.96% 和 41.41%。这主要得益于地方检察院设立专门反洗钱机构,专人办理,提高了办案效率。各相关罪名判决情况见表 3-1-4。

表 3-1-4　2021 年反洗钱相关罪名一审判决情况

指标	一审审结案件(起)	生效判决人数(人)
《刑法》第一百九十一条"洗钱罪"	499	552
《刑法》第三百一十二条"掩饰、隐瞒犯罪所得"	14,848	31,229
《刑法》第三百一十四条"窝藏、转移、隐瞒毒品"	21	102
总计	15,368	31,883

(四)洗钱犯罪宣判量刑增多

法院依法审结洗钱案件 15,368 起,判决定罪 31,883 人,较上一年有所增加,显示出司法机关持续加大对洗钱犯罪的惩治力度。

二、中国反洗钱相关法律制度

(一)《刑法》

洗钱罪是针对掩饰、隐瞒一些严重犯罪如毒品犯罪、黑社会性质组织罪等所得及其收益来源和性质的行为,如提供资金账户、帮助财产转换、转移资金等。洗钱罪的设置体现了严厉打击严重犯罪的利益链,切断犯罪分子及组织持续犯罪的经济基础,维护经济金融秩序的立法目的。掩饰、隐瞒犯罪所得罪是针对掩饰、隐瞒一般犯罪所得的行为,适用范围更广,与洗钱罪相比,法定刑较轻。该罪的设置也体现了切断犯罪经济基础,遏制犯罪的严厉性。

上述两罪都体现了刑法打击犯罪、维护社会秩序的重要作用,特别是严厉打击严重危害社会的犯罪。这与刑法的基本任务和属性是一致的。上述两罪在量刑上都体现出相对严厉的特点,如较长的刑期,并处较大数额罚金等。这与刑法对犯罪所得和收益采取没收的原则是一致的,也体现出刑法的严厉性。

(二)《反洗钱法》

我国于2006年制定《反洗钱法》,于2007年1月1日起正式实施。《反洗钱法》对反洗钱工作作出全面部署,具有重要法理和现实意义。

首先,《反洗钱法》明确了反洗钱的定义和监管范围,将掩饰、隐瞒毒品犯罪、黑社会犯罪、恐怖活动犯罪等犯罪所得及其收益来源和性质的洗钱活动,纳入反洗钱监管。这为识别和调查洗钱活动提供了标准。

其次,《反洗钱法》设立了统一的反洗钱监管部门,即国务院反洗钱行政主管部门,负责全国反洗钱工作的组织协调。明确反洗钱监管部门可以调查资金流向,必要时采取冻结措施,与公安机关配合查处洗钱犯罪。这为监管部门依法开展反洗钱工作提供了法律授权。

再次,对金融机构提出了明确的反洗钱义务,要求建立客户身份识别、交易记录保存、大额交易报告等制度,开展反洗钱培训,制定反洗钱规章。这些措施有助于金融机构加强风险控制和可疑交易监测,封堵洗钱渠道。

最后,明确了违法洗钱的行政处罚和刑事责任,有助于增强反洗钱工作的权威性,形成惩戒机制。此外,加强国际合作交换信息,也是《反洗钱法》的重要内容。

(三)《银行业金融机构反洗钱和反恐怖融资管理办法》

《银行业金融机构反洗钱和反恐怖融资管理办法》是针对银行业金融机构开展反洗钱和反恐怖融资管理工作而制定的规章。明确了国务院银行业监督管理机构和其派出机构对银行业金融机构开展反洗钱和反恐怖融资监督管理的职责。详细规定了银行业金融机构在反洗钱和反恐怖融资管理方面的义务,包括建立内控制度、客户身份识别、记录保存、报告制度、风险评估等方面。重点强调了银行业金融机构在市场准入、境外机构管理、新业务准入等方面的反洗钱和反恐怖融资审查规定。明确了对银行业金融机构违反反洗钱和反恐怖融资规定的监管措施和处罚。本规章的制定有利于规范银行业金融机构的反洗钱和反恐怖融资管理,防范洗钱和恐怖融资风险,维护金融秩序和国家安全。

(四)《银行跨境业务反洗钱和反恐怖融资工作指引(试行)》

2021 年 1 月,中国人民银行和国家外汇管理局联合发布了《银行跨境业务反洗钱和反恐怖融资工作指引(试行)》,对银行跨境业务中的反洗钱和反恐怖融资工作提出了一系列规范性要求。

一是在管理环节要求银行将反洗钱和反恐怖融资风险控制贯穿整个跨境业务流程,从客户背景调查、业务审核到持续监控都需要加强风险防控。二是要求银行建立健全反洗钱和反恐怖融资内控体系,明确不同岗位的职责分工,形成合力。三是要求银行对客户进行充分的背景调查,持续更新客户信息,并根据风险状况实施分类管理。四是要求银行对客户交易进行真实性、合规性、合理性审查,对高风险业务采取强化措施审查。五是要求银行建立大额交易和可疑交易报告制度。六是要求银行妥善留存客户资料和交易记录。

通过这些规定,进一步规范银行跨境业务管理,强化反洗钱和反恐怖融资工作,降低金融风险,维护金融秩序。该规章的实施对于防范跨境金融风险、维护国家金融安全具有重要意义。

第二节　虚拟货币的发展历程和政策现状

虚拟货币概念的产生源于比特币的出现。虚拟货币的发展历程也离不开比特币的发展，虚拟货币最早可以追溯到 1974 年，诺贝尔经济学奖得主，英国学者 Friedrich von Hayek 所提出的观点：利用计算机建立比依靠国家信用更加可靠的货币体系。

到 2008 年 1 月 1 日，中本聪提出了比特币的概念，这篇短短 9 页的白皮书，在现在看来，几乎改变了数百年来世界的金融运作模式。之后 2009 年 1 月 3 日，比特币创世区块被中本聪挖出，标志着第一个虚拟货币的诞生。2009 年 12 月，比特币在网络上出现了有史以来的第一笔交易。2010 年 2 月，Bitcoin Market 作为第一个虚拟货币交易平台现世，4 月公开交易，价格为 0.03USD/1BTC。2011 年 2 月，比特币与欧元和英镑平价。自此之后仅不到 10 年的时间，比特币享有“数位黄金”之称，2017 年 5 月 4 日，比特币的价值首次突破 1500 美元，市值达 250 亿美元以上，达到 BTC：USD 约 1：20,000 的巅峰。

虽然比特币开创了去中心化密码货币的先河，但是比特币并不完美，直到 2013 年由程序员 Vitalik Buterin 受比特币启发后首次提出以太坊的概念，大意为“下一代加密货币与去中心化应用平台”。以太坊在设计上就是为了解决比特币扩展性不足的问题。

总体来说，虚拟货币的发展经历了从无到有、从小到大、从单一到多元的过程，目前仍处于快速发展和变革的阶段。

一、虚拟货币的现存问题

国内互联网技术和生态正处于高速发展阶段，虚拟货币也快速发展，但与之相对应的法律约束和部门的有效监管并没有快速完善，使其在发展过程中出现了一系列的风险隐患——一个非正常现象在频繁出现：任何赃款只需要换成虚拟货币,在美国、日本、新加坡等国家立刻就可以变成法定货币。只要全球有任何一个主要经济体承认虚拟货币,其他国家或地区的不法分子就会利用这一点实施违法犯罪行为。这一点,即使是国家立法全面禁止,也无法完全阻止此类事件的发生。放眼全球的虚拟货币监管政策,可以发现各个国家或地区监管部门都处于探索状态,也有不少国家和地区曾经在开放和保守之间来回转变。对于新事物的立法,试错的成本肯定是要付出的,但如何达到试错成本和可得利益之间的最大平衡,就亟须从中吸取其他国家或地区的经验和教训,总结出最适合我国国情与法律法规体系的立法路径。即使是基于区块链技术的虚拟货币,上链新发也是没有被明确禁止的。但是,新发虚拟货币如果涉及以下三个方面则可能会被认为是违法犯罪活动:第一种,私募融资。在虚拟货币发布之后的交易是合法的,但在发布之前的私募行为确属违法活动,《关于防范代币发行融资风险的公告》所禁止的也是这种代币发行融资行为。第二种,提供虚拟货币交易场所。虚拟货币的发行本身是合法的,但为虚拟货币兑换法币或兑换其他虚拟货币场所的行为则是违法的。第三种,利用虚拟货币从事非法金融活动。虚拟货币之所以被国家打压,主要原因之一也正是因为它的金融属性过重。一旦将虚拟货币用于金融活动,就要谨慎从事。

在国家和社会的治理中,政策和法律是相辅相成的,二者缺一不可。但政策和法律又有诸多不同的特质,其中一点尤为重要:政策可以是灵活的、多变的、短期的;但法律通常是刚性的、稳定的、长期的。因此,法律一旦被确立,再试图从根本上进行大的调整的可行性较低,这也是我国目前仍然没有开始针对区块链和虚拟货币进行立法的主要原因之一。但也恰恰是因为法律的缺位,才导致虚拟货币在执法、司法领域都遇到了很多的阻力和麻烦。一个执法行为或司法行为的实施,如果没有法律的支撑,甚至没有法理的支撑,将会失去它的合法性。也正是因为合法性的不足,导致当前我国执法或司法部门在处理虚拟货币类案件的时候,总是引起社会层面的重大分歧和争议。区块链和虚拟货币是相生相依的,区块链的概念始于比特币。尽管虚拟货币不能代表区块链的全部,但在去中心化的区块链体系内,作为激励措施的比特币,已经用15年的时间,从一文不值到7万美元的历史高点证明了它的兴起。故此,无论是开放性的还是保守性的监管措施,虚拟货币的法律研究对数字经济时代而言都是不可或缺的。

二、各国对虚拟货币的政策的调整

迄今为止，以比特币为首的虚拟货币在全球范围内历经三次比较大的政策调整。第一阶段是围绕虚拟货币的定性和风险提示开始的。2012 年欧洲中央银行发表了一份《虚拟货币体制》的报告，在其中对虚拟货币作出了定义："虚拟货币就是一种能够被虚拟社区成员认可、接受和使用的加密货币，它的发布和监管不受官方控制只由其开发者控制。"2013 年 6 月，澳大利亚税务局确认了加密货币的双重征税制，任何人在购买加密货币时会被征税，在使用加密货币购买需缴纳税款的物品时会被再次征税。第二阶段各国监管的重心集中在 ICO 的收紧上。2017 年 7 月，美国证监会发布《投资者公告：首次代币发行》明确："根据每个 ICO 的实际情况，发行或出售的虚拟货币或代币可能是证券。如果发行或出售的虚拟货币或代币是证券，ICO 发行和出售的这些虚拟货币或代币受联邦证券法的管辖。"以美国、日本、加拿大、欧盟、澳大利亚等国家或地区为代表的大多数西方国家，虽然一定程度上对 ICO 加强了监管，但并未对此进行"一刀切"式的全面禁止。第三阶段是从小众走向主流的一个阶段。2020 年 7 月，俄罗斯总统普京签署了一份监管数字资产和加密货币的数字金融资产法案，赋予加密货币作为资产的合法地位。2021 年 9 月，萨尔瓦多成为全球首个正式将比特币作为法定货币的国家。2022 年 6 月，日本通过了《资金结算法》修正案，规定了"稳定币"运营方的管制方式。2023 年 7 月，美国国会通过了《区块链监管确定性法案》(Blockchain Regulatory Certainty Act)，明确将虚拟货币归属于数字资产。

三、我国对虚拟货币的政策调整的三个阶段

我国对虚拟货币的政策调整的三个阶段分别是：第一，2013 年 12 月中国人民银行联合五部委印发的《关于防范比特币风险的通知》明确："比特币应当是一种特定的虚拟商品，不具有与货币等同的法律地位，不能且不应作为货币在市场上流通使用。"第二，2017 年 9 月中国人民银行等七部门联合下发《关于防范代币发

行融资风险的公告》,明确禁止首次代币发行活动以及为虚拟货币提供兑换、买卖、定价、中介等服务。第三,2021 年 9 月由中国人民银行等十部门联合发布《关于进一步防范和处置虚拟货币交易炒作风险的通知》,明确将虚拟货币相关业务活动全部定义为非法金融活动,一律严格禁止。至此,经过三轮较大的政策调整,除非经营(业务)性质的行为外,虚拟货币的业务活动被完全禁止。值得一提的是,当下的调整仅限于政策层面,在实际执法和司法层面尚未形成较为成熟的处置方式,在立法层面也尚未有地市级或全国性的立法被正式提上日程。

第三节 虚拟货币的双重法律属性

一、各国对虚拟货币法律属性的不同认定

(一)虚拟货币"货币说"

虚拟货币作为一种新兴的金融工具,其特殊性和潜在风险引发了国际社会的广泛讨论,为维护金融市场的健康稳定发展和促进投资者利益的长久保护,许多国家纷纷出台了一系列措施规范虚拟货币市场。日本 2020 年 5 月 1 日生效的《金融工具和交易法》(Financial Instruments and Exchange Act,FIEA)将加密资产明确视为货币,投资者投资加密货币时,就属于"有权投资或出资货币等的人"的范畴,采用投资者投资加密资产机制的基金运营商将受到 FIEA 的监管,所以日本对虚拟货币的定义始终围绕在货币结算或者支付方式上。与此同时,拉美国家萨尔瓦多则在法律层面率先采取了开创性的措施,通过《比特币法》直接将比特币定为法定货币,彰显了国家的最高意志,这样的政策举措无疑是对虚拟货币市场发展的一种全新尝试。然而,我国在全国范围内全面推行虚拟货币仍蕴含着潜在的风险和挑战,因此务须谨慎地权衡利弊。无论如何,这种探索也反映了小国在夹缝求生的背景下,通过灵活应对外部环境,不断开拓新的生存之道的努力。将虚拟货币视为正式的货币支付方式,一方面有利于在司法裁判中依据货币现有的相关法律进行承认和执行,为裁判提供更直接的指导和依据;另一方面也便于金融机构

和监管部门对其进行即时监管和践行反洗钱措施。反之,这种认定方式也存有一定的弊端,如波动性、稳定性和法律适用性存疑,与传统金融体系的融合度有待考量,需要大量的技术支持和基础设施投资等。

(二)虚拟货币"虚拟财产说"

中国将虚拟货币视为虚拟商品,这在2013年《关于防范比特币风险的通知》中已明确提到,比特币只是一种虚拟商品,不具有与法币同等地位,否认了虚拟货币的货币属性。在法律属性上,虚拟货币并非《民法典》第一百一十五条规定的"物",也不是第一百二十七条中的"数据",而是将其归属于网络虚拟财产的范畴。欧盟将虚拟货币定性为有价值的数字表示,这可以看作"虚拟商品"这一概念的细分和延伸。这种定性有助于确立虚拟货币的法律地位和权益保护,促进市场的透明度和合规发展。虚拟货币领域的复杂性和巨大潜力,导致各个部门都试图对其进行监管,因此在《区块链监管确定性法案》出台之前,美国的各个部门之间的定义有所不同,涉及货币、大宗商品、财产以及证券等方面。2023年7月26日,美国通过了《区块链监管确定性法案》(Blockchain Regulatory Certainty Act,BRCA),对虚拟货币的法律地位予以明确,并将其正式定义为"可以由个人独占和从人对人转移,而无需必要依赖于中介的任何形式的无形个人财产",即"数字资产"。这一法案可能使美国商品期货交易委员会和专属机构成为唯一的监管机构,导致美国证券交易委员会之前的处理方案可能被废止。然而,综合考虑到证券交易委员会在美国金融界的影响力,其在未来可能仍将促进相关监管立法的实施。泰国证券交易委员会于2018年发布的《数字资产业务法》同样将虚拟货币视为数字资产,这显示出泰国在虚拟货币监管方面与东南亚其他国家类似的立场。2023年欧盟的立法者们推出了一项新的加密货币法规(Markets in Crypto-Assets,MiCA),进一步确立了虚拟货币数字资产的定义。英、法两国的态度一脉相承,英国将其视为"私人货币资产",而法国则认为它是可转让的非物质资产。俄罗斯在2020年颁布联邦法律第259号法案,正式将虚拟货币视为个人资产,同年乌克兰也通过《虚拟资产法案》正式确立了虚拟货币的财产属性。2023年4月25日,韩国国会政务委员会在法案审查小委员会上通过了虚拟资产第一阶段法案,即《虚拟资产投资者保护法》,与我国香港特别行政区 2018 年通过的虚拟资产法律不同,韩国在这一部法律中明确提到了虚拟货币。迪拜于 2022 年 3 月 9 日,通过了第一部监管虚拟资产的法律,包括比特币等虚拟货币以及 NFT(非同质化代币,Non-Fungible Token)都被明确纳入虚拟资产范畴。虚拟货币最大的特性就是其交易和流动性更明显,这是传统商品所不具备的特点。此外,传统商品对于金融监管的冲击很小,但虚拟货币常被用于洗钱,将虚拟货币归属为虚拟财产类将有利于适用更加严格的监管和合规措施,以防虚拟货币被用于非法活动。

(三)虚拟货币"证券说"

2017 年 ICO 大火时我国香港特别行政区这个传统金融中心才注意到它,但当时对虚拟货币的定义还非常混乱,很长一段时间在香港特别行政区可以说其既是商品又是证券。随之,香港特别行政区政府相继出台了各类虚拟资产、虚拟银行相关法规,但仍然没有直接给虚拟货币下明确定义。初期的混乱总是在所难免,但是混乱终会被终结。2023 年 6 月 1 日,香港特别行政区虚拟货币交易所发牌制度正式生效,并受证监会直接领导。证监会也通过一份清单确立允许交易的虚拟货币,那么在这份清单里的虚拟货币(BTC、ETH、LTC、DOT、BCH、SOL、ADA、AVAX、MATIC、LINK)很明显已经与证券没有什么区别。相较之下,加拿大则采取更为严谨的态度将虚拟货币视为证券,并于 2017 年 8 月 24 日发布了监管通知,明确了加拿大证券法对加密货币及相关交易和市场操作的潜在适用性,并为市场参与者提供了相应的指导。3 年后,加拿大中央银行行长斯蒂芬·波洛兹(Stephen S. Poloz)明确表示,从技术角度来看,虚拟货币可以被视为证券。在裁判执行方面,可以依据现有的证券相关法律对虚拟货币进行监管和执行。这种定性使证券交易委员会等机构能够对虚拟货币市场进行监督和调控,防止欺诈和不当行为,有利于金融的持续稳定,同时对洗钱等非法金融活动进行防范。毋庸置疑的是,这也增加了虚拟货币交易的合规成本和法律风险,同时限制了虚拟货币的流动性和跨境交易,否定了虚拟货币去中心化的原本创设精神。简言之,主张证券说的国家普遍认为虚拟货币具备财产性权利的表征,其核心价值结构与公开发行所形成的法律关系类似,且均具有融资的金融功能。

(四)小结

在数字经济时代下,网络技术的迅猛发展加速了社会的变革,对金融体系和法律治理都产生了强烈的冲击。虚拟货币作为一种新型的货币形态,使人们不再受制于传统货币体系,其发展逐步涉及金融、投资、支付、司法等多个领域,引起全球各国政府和监管机构的瞩目。在既有研究中,有关虚拟货币的定义尚未形成统一的认知,不同的文献对其作出了不同的界定,但基本会突出虚拟货币的去中心化、匿名性、不可控性、安全性、快速交易等典型特征。有学者将Q币、百度币、新浪U币和脸谱币(Facebook Credits)等网络虚拟币称为虚拟货币,也有学者将新浪爱问积分、微软积分、任天堂点数等网络积分称为虚拟货币,还有学者将魔兽世界币(World of Warcraft Gold)、林登币(Linden Dollar)、侠义元宝、纹银等网络游戏币称为虚拟货币,更多的学者将以比特币(Bitcoin)、以太币(Ether)、莱特币(Litecoin)为代表的基于区块链技术的货币形式称为虚拟货币。总体来说,现有文献中的虚拟货币概念可以概括为以下三种:应用于网络虚拟社区的虚拟货币、电子货币和基于区块链技术的虚拟货币。

二、界定虚拟货币法律属性的必要性:争议频发以及精准监管的必要

在货币的发展史中,货币形态的变化往往是社会需求和技术供给相互作用的结果,新的货币形态通常源于对更高交易效率的需求。随着社会的发展和科技的进步,虚拟货币应运而生并提供了一种不受地域限制、可在全球范围内交易、减少中间环节和手续费的高效交易模式,总体更加便捷、快速和安全。随着区块链技术的出现,虚拟货币得以实现去中心化和去信任的特性,进一步提高了交易的安全性和可追溯性。虚拟货币的价值很大程度上取决于其提高了交易的安全性和可追溯性。然而,随着虚拟货币的广泛应用和市场渗透,我们不得不面对一个现实问题:与虚拟货币产生的价值同步出现的各类问题导致了虚拟货币的交易安全性遭受了重大挑战。要面对这些挑战的最有效方式就是针对虚拟货币交易创造新的细致化监管模式。

(一)法律纠纷和不确定性激增

技术的跨越式进步必然会对货币的法律定义造成影响,虚拟货币作为区块链

技术应用和互联网金融创新的产物,在为经济发展带来效率和活力的同时,因其天然的匿名性、去中心化和跨境流通性,已然超越了传统法律框架的边界,牵引出包括诈骗、传销、盗窃、走私、吸纳公众财产等在内的多种刑事犯罪风险,给交易纠纷、税务合规、资产定义以及反洗钱等多个领域带来全新的法律考验。同时,这也为虚拟货币类案件的查处和追责带来了诸多难题,诸如犯罪场景的多样性、行为的隐匿性,以及证据的难以获取等。具体来说,在交易纠纷方面,传统的争议解决机制常常因为虚拟货币的匿名性而变得难以执行。这使得很多投资者在遭遇欺诈或其他不当行为时,面临着寻求法律救济的困难。在税务合规方面,鉴于虚拟货币的跨境流动性,确定税收来源和税务义务成为难题,导致在税收领域出现大量的法律空白和模糊地带。此外,关于虚拟货币的本质定义也存有争议。是将其视为一种资产、货币,还是一种新型的财务工具,不同的定义会产生不同的法律后果,进而出现"同案不同判"的现象。更为严重的是,全球各国对于虚拟货币的法律地位和政策差异巨大,这种不统一性为国际交易带来了极大的不确定性,进而对投资者的信心造成不利影响,且可能为不法分子提供操作空间。法律属性存有争议必然会影响到疑难案件中法律规范效力的认定,随之而来的适用模式分歧会造成裁判论证方式上的各色各异,而不同的支撑立场可能会分化个案的裁判后果。

(二)"同案不同判"引发争议

虚拟货币在全球范围内的法律定性存在诸多争议,部分国家视之为"货币",而某些地域则认定其为"资产"或"商品",这种差异性导致在不同法律背景下的案件裁决中出现截然不同的结果。再者,我国相对严格的虚拟货币监管与国际的开放态度形成鲜明对比,这也为不法分子创造了可乘之机。通过"选择"在监管较为宽松的司法管辖区行事,从而借助法律的模糊地带进行获利。该现状无疑揭示出,简单地否定与虚拟货币相关的法律行为并不利于法治的稳定。在立法存有空白的背景下,中国人民银行及其他国家机关发布的监管策略在当下我国的司法实践中扮演着至关重要的角色,凸显出其明确的价值取向。然而,也正是由于对这些监管策略的多种解读,才导致某些相似情况下出现不同的裁决结果,进而影响我国司法裁判的一致性和权威性,也使得公众对于如何合法操作存有疑虑。如若在处理虚拟货币时简单地将其归类为新兴数据信息,而忽视其背后可能引发的法律问题,将会导致对虚拟货币相关犯罪裁决不一致、给权利人带来严重经济损失,甚至威胁到整个金融体系稳定等不利局面,对一国货币体系形成难以预料的冲击。确保法律的连续性与兼容性,契合财产权的广泛延伸方向,核心在于确立虚拟货币的财产性质并为其制定清晰的私法规范。唯有真正承认虚拟货币的法律属性,方能准确评估其在司法领域带来的潜在风险,强化公众权益的维护,为区块链技术的持续繁荣提供坚实的法律基础。

(三)精准监管的前提:界定虚拟货币属性

随着虚拟货币在全球范围内的使用频率和交易活跃度持续上升,与之而来的风险和挑战也日益彰显,如市场操纵、欺诈交易、洗钱及跨境资金流动等,这些都对精准的监管机制提出了迫切需求。作为曾在全球比特币交易市场中独占鳌头的交易平台,2014 年 Mt. Gox 遭遇重大的黑客攻击,损失市值高达 4 亿美元的 85 万枚比特币。Mt. Gox 破产所产生的一系列蝴蝶效应,对整个数字货币行业的安全防护和监管体系带来严峻的挑战。当前,对涉及虚拟货币的违法活动,如何更有效地进行打击和治理,如何创新监管手段并提高其效益,已然成为监管者必须直接面对且深入探讨的问题。涉虚拟货币的违法犯罪活动之所以监管难度高,主要有以下几点原因:一是涉虚拟货币违法犯罪具有匿名性、查询难、点对点交易、追踪难、冻结难等高科技特征,极易形成涉案资金链隐秘难寻,进而提高了资金追踪、赃款追缴、涉案人员的处罚难度;二是涉虚拟货币违法犯罪已然相对成熟,组织化特征明显,结构层次分明;三是犯罪行为人与受害人之间具有网络化特征,追查打击难度高。倘若我们无法准确定义虚拟货币在法律上的属性,也很难制定出有效的监管策略和框架。因此,为确保虚拟货币市场的公平、透明和稳定,保护消费者和投资者的权益,界定其法律属性并据此建立精准监管机制就显得尤为关键。

根据上文可知,虚拟货币是一种通过数字技术创建、存储和传输的货币,因其独有的去中心化技术而不受中央银行发行和控制,可以在全球范围内自由流通,免受政治因素和国际汇率等影响。不同于传统货币,虚拟货币具有匿名性、自主性、可分割性、不可篡改性等特征，促使各国对虚拟货币法律属性的认定不尽相同。时下，虚拟货币的法律属性在我国监管政策和司法实践中均存有分歧，致使数字经济在向前发展的同时，相应的法律规制却无法同步。综观通行的“货币说”“虚拟财产说”和“证券说”等观点，都离不开精准监管的内核。故此，区分我国不同类型的数字资产，按其特定属性实施双轨制的法律属性判定，有利于实现更高效的资源配置，有助于对违法行为进行科学打击，有益于虚拟货币行业的持续健康发展。

1. 网络虚拟财产定性的理论证明

网络虚拟财产是一种在数字环境中存在的，可以通过一定渠道进行交易，能被既有度量标准评测其价值，具备独特市场的非物质形态新型财产。网络虚拟财产一般具有以下特征：第一，数字性：这种特性指的是虚拟财产只存在于数字环境中，它没有物理形态，也无法触摸，但是能在网络或数字环境中被存储、使用、交易。第二，稀缺性：基于二进制代码开发的虚拟财产虽然很容易被复制，但是必然也会有数量限制，为保证其价值稳定性，肯定不能无限制复制。第三，价值性：虚拟财产应具有内在价值，能够在市场上被他人认可并愿意为其付出一定代价。第四，可交易性：虚拟财产应具有一定的流动性，能够在需要的时候转手交易，转化为现金或其他形式的资产。第五，财产权保障：虚拟财产的所有权应受到法律的保护，不受无故剥夺。当下，我国并没有对虚拟财产作出明确的定义，但通过缕析虚拟货币的现实特征，不难佐证出其与虚拟财产具备高度适配性的结论。

首先，虚拟货币具有数字性。这种数字性主要指的是其生成和交易全过程在数字化环境中完成。以比特币为例，其产生过程通常被称为“挖矿”，就是通过解决一系列复杂的算法问题以验证和记录网络交易信息。基于区块链的技术框架，其本质上是一个公开、去中心化的数据仓库，每个数据块都包含一定量的交易信息，这些数据块依时间顺序一一链接，构建出一条信息链。数据块一旦被添加到区块链中，其内部信息几乎不能被更改，因为任何修改都会引起数据块哈希值的变化，这种变化会被网络中的其他参与者迅速察觉。比特币的所有者通过一个被称为“钱包”的应用程序管理他们的比特币。这个“钱包”并不实际“储存”比特币,而是保存了一对加密的数字密钥,公钥用于接收比特币,而私钥用于签署交易,证明比特币的所有权。这种构架让比特币能够在全球范围内自由流通,只需网络连接就能进行发送或接收,这是比特币数字性的重要体现。

其次,虚拟货币具有稀缺性。据著名虚拟货币信息平台 CoinMarketCap 统计,大多数虚拟货币的供应量是有限的。例如,比特币的总供应量被技术算法限定为 2100 万枚,一旦达到这个数量,将不会再产生新的比特币。即使是供应量无限的狗狗币,其年通胀率也被控制在 5.2% 左右,基本在通胀的正常范围内。近期诸多虚拟货币设计机制趋势呈现通缩模式,如以太坊从 PoW 转换到 PoS 后,每日销毁的手续费 ETH 数量超过了通过 Stake 质押产出的 ETH,此外还有 BNB、AVAX、COCOS 等,这类代币的燃烧机制进一步会加剧其稀缺性。

再次,虚拟货币具有多重价值性。一方面,对于运用工作量证明机制的虚拟货币,例如比特币和以太坊需要消耗大量电力才能生成。这个过程实质上是对电力的极大损耗,换言之,将能源转化为虚拟货币,所以这部分虚拟货币的价值至少可以被视作对消耗能源的估值。另一方面,以太坊等区块链平台显示出其实际应用的价值。以太坊不仅提供智能合约的支持,还为大量分布式应用(DApps)提供基础设施,如 NFT 和链上运行的游戏。NFT 使艺术家能够创建和销售唯一的数字作品,这对传统艺术领域和知识产权带来深远的影响;而区块链游戏,例如"Play to Earn""Move to Earn""Sleep to Earn"等模式,为玩家提供了通过网络游戏甚至现实锻炼、睡眠等活动获得实际经济收益的机会。这些应用提升了以太坊等公链币种的价值,进一步证明了虚拟货币具有实际价值的潜力。再者,虚拟货币的价值也表现在被社会广泛接受和认可的程度上。例如,全球虚拟货币的总市值已经达到数万亿美元,这是对虚拟货币价值的有力证明。另外,很多大型公司,如特斯拉、美图开始购买大量比特币,这些公司的行为进一步提升了虚拟货币的价值和信任度。在 2021 年的牛市中,全球最大的虚拟货币交易平台币安一天的交易额甚至超过了当日沪深两地证券交易所的总交易额,这也展示了虚拟货币交易的巨大潜力和市场接受度。

复次,虚拟货币具有高度的可交易性。与传统的实物资产相比,虚拟货币无需物理交割，只需通过网络就可以进行交易，这极大地提高了交易的速度和效率。无论在何处、无论是何时，只要有网络输入对方的地址就能交易。尽管虚拟货币与法币的直接兑换在某些地方可能存在一些难度，但是通过稳定币（如 USDT、BUSD、DAI 等）兑换就十分方便。关于交易场所，无论是通过中心化的交易平台（如某安、某易），还是通过去中心化的交易平台（如 Uni、Pancake 等）都有丰富的交易对以及交易深度。

最后，虚拟货币的所有权也得到了一定程度的保障。虽然虚拟货币的法律地位在不同的国家和地区中存在差异，但许多国家和地区已经开始对虚拟货币的所有权进行法律认可和保护。不说美国、新加坡以及我国香港特区等国家或地区早已立法并保护虚拟货币交易，即使我国内地没有针对性地在法律、行政法规层级立法，但综观我国当前对虚拟货币的政策法规，可以得出当下还是强调并且支持虚拟货币的财产属性的。

2. 证券定性的理论证明

根据《证券法》第二条可得，证券系多种经济权益凭证的统称，代表了一种有价值的财产权益。这种权益可以是实体资产，也可以是金融资产，如股票、债券、期权等。证券的持有者通常有权获得一定的收入，如股息或利息。关于证券的测试标准，最著名的莫过于美国最高法院在 1946 年的一个判决（Sec v. Howey）中采用的豪威测试标准，即一个交易可以被视为证券要满足四个条件：投资资金、预期利润、投资的利润来自他人的努力和投资涉及企业的共同事业。在加密货币领域，虚拟货币的产生方式大致可以分为两类。一类是通过所谓的“挖矿”过程产生，如比特币。该过程并非直接依赖于投资者的资金投入，而是通过计算机执行复杂的算法以求解特定的哈希问题，成功后会获得相应的比特币奖励。尽管“挖矿”过程需要投入硬件设备，但它并不等同于直接购买比特币。然而，存在另一类虚拟货币，如 BNB（币安币）、SOL（Solana）、GMT（STEPN 链游代币）以及 SHIB（Shiba Inu）等，这些虚拟货币的产生方式是通过 ICO、IDO 或 IEO 初次进行代币发行。在早期，ICO 是加密货币项目筹资的主要方式，投资者通常会投入比特币或以太币，以此购买新项目发行的代币，这些新代币的价值通常与该项目的成功与否紧密相连。然而,随着市场的进一步发展和部分国家对ICO的监管,出现了新的筹资方式。其中,IDO就是在去中心化交易所中进行的代币发行方式,参与IDO的投资者不仅需要投入资金购买新的代币,通常还需要在交易所为这些新代币提供流动性。此外,IEO是在中心化交易所进行的代币发行方式,这种方式让交易所扮演项目审查的角色,从而提供一种相对安全的代币发行方式。

投资部分虚拟货币的主观目的系赚取预期利润,对于绝大多数参与者来说,参与加密货币市场的主要驱动力依然是经济利益,而非理念支持。换言之,虽然加密货币的初衷是去中心化的梦想,但实际上大多数人参与其中的主要原因在于寻求经济收益。就算是像以太坊创始人维塔利克·布特林(Vitalik Buterin)这样的技术专家,他们对去中心化理念的支持可能也同时伴随着经济目标的追求。因此,我们不能否认,虚拟货币领域内经济动机占主导因素。无论是牛市时的热门模因币(MEME币)如Doge、Shib、Babydoge,抑或熊市大火的Pepe和Aidoge令人瞠目结舌的价格剧烈波动,都显示和强化了人们的FOMO情绪。尽管这些加密货币项目基本上都宣称实行去中心化,宣称其货币价值的形成依赖于整个社区的共同努力,但实际上虚拟货币的投资回报通常是源于其他参与者的付出和努力。然而,很多投资者更期待的是项目方主导并推动价值增长,以实现其投资回报。观察各种虚拟货币,特别是那些被称为“土狗币”的小众加密货币,我们会发现投资者对项目方的态度通常会随着币价的涨跌而变化。当价格上涨时,投资者通常会对项目方充满赞扬;然而,当价格下跌时,批评和质疑的声音也随之而来,这反映出虚拟货币投资的风险性和投资者对项目方的高度期待。参与虚拟货币投资往往涉及集体事业的运作,一个典型的例子是在Defi(去中心化金融)项目中,用户的参与不仅表现为对项目代币的投资,同时他们的投资资金可能会在项目中被运用于各种金融活动,如提供流动性、实施贷款等。这不仅仅是简单的投资行为,更体现了对该项目的积极参与和支持。

3. 我国对虚拟货币的定性应以网络虚拟财产为主,证券为辅

在明晰虚拟货币的双重法律属性后,仍需在不同场景下给予对应的侧重,方能正确辨明问题的主要矛盾并加以化解。当前,以美国为代表的部分国家或地区

在虚拟货币的监管上采取了精准监管的思路，即区分不同类型的数字资产，并按其特定属性实施监管，这种方法同样适用于我国。对于公链币和部分去中心化应用币，将其定性为虚拟财产，然后建立适度、开放的监管框架，既允许其流通，也防止系统性风险；而对于通过ICO、IDO、IEO等融资的代币，特别是那些与股票、债券高度相似的代币，则可将其界定为证券，由证监会纳入管理清单并进行严格监管。这类代币发行存在较大信息不对称和投资风险，有必要通过注册发行、信息披露等方式保护投资者权益。因而，双轨制的定性和监管，既兼顾了金融创新与安全，又提高了监管效率。与全面禁止或放任自流的做法相比，它实现了更高效的资源配置，有利于我国虚拟货币市场的健康发展。

结合我国的法治环境现状，将网络虚拟财产作为虚拟货币的主要定性是当下的最优解。具体理由如下：第一，当前对公众财产进行监管和保护的法律框架已相对成熟，将网络虚拟财产作为虚拟货币的主定义，有利于将虚拟货币的规制尽快纳入我国现有法律体系，无需重新进行大规模的立法活动，节约立法的理解成本和制定成本。比如，针对虚拟货币的税务问题，就因虚拟货币的定性不明，无法准确地纳入现有的税收监管体系之中。第二，将网络虚拟财产作为虚拟货币的主定义，有利于提高司法活动的效率。具体而言，与证券定性相比，针对一般财产的取证流程和证据能力要求通常更为简便，有助于提高司法取证的效率，从而促进案件事实的查明；针对一般财产类案件的办案专业程度通常门槛更低，结合虚拟货币类案件激增的现实情况，有利于司法人员的快速适应，从而减少“同案不同判”现象的发生；针对一般财产的执行流程通常更为灵活，有益于案件判决后的执行处置，从而降低法院“执行难”的压力。第三，将网络虚拟财产作为虚拟货币的主定义，有利于虚拟货币的价值认定。财产属性在一定程度上可以包含证券属性，进而囊括更多的适用情形。将虚拟货币仅以证券的定性进行评估，所使用的主流评估方式主要有内在价值法、相对价值法、收购价值法与杠杆收购价值法，这些针对有传统中心化发行主体的证券的评估方式并不一定能够完整地反映出虚拟货币的实际价值；而将虚拟货币以更为广泛的财产进行定性，则可适用如收益法、市场法、成本法等更多维度的评估方式为特定的虚拟货币进行更精准的价值认定。

将证券属性作为虚拟货币的辅助定性将有利于加大对特定虚拟货币的监管力度，降低因过度放任而导致的社会不稳定因素发生。金融监管以其独有的专业性、及时性和针对性，可以成为禁止或限制虚拟货币交易、稳定金融市场的重要手段。基于区块链技术的虚拟货币作为一个很大的类目，根据不同的项目向下细分又可列出数十万种的具体币种，搭建更明晰的监管体系、采用创新监管技术，并针对特定细分币种的监管进行重点细化，将是对虚拟货币进行精准监管的关键途径。对于涉及虚拟货币发行和交易的行政案件和刑事案件，特别是那些与传统证券类违法犯罪案件高度相似的，则可以适用证券法的相关规定。证券法对各类操纵市场、内幕交易、欺诈发行等违法行为都设定了明确的惩罚措施，这为加大对虚拟货币犯罪的打击力度提供了有益借鉴。比如，在该类诈骗案件中，可依证券法对信息披露义务的规定，认定项目方存在欺诈发行的主观故意；依据证券法对证券诈骗行为的刑事处罚规定，加大对代币诈骗者的惩戒力度。这对维护虚拟货币交易市场秩序，保护广大投资者权益具有重要意义，同时也可做到罪责刑相适应。需要注意的是，为了避免不同的司法人员及其他相关人员对法律适用产生理解偏差，应将虚拟货币认定为证券的条件进行严格限制。仅在法律或国家级规范性政策文件明文将某一虚拟货币归类为证券之后，才可将该虚拟货币作证券属性的相关法律适用。

主要原因在于：一是虚拟货币在设计上具有独立的名称和记账单位，以赋予其在特定虚拟社区内独特的身份和认可。二是每种虚拟货币都有其独特的功能和用途，并且仅在特定虚拟社区内指定的范围内流通和使用。其功能可能包括购买虚拟商品、支付虚拟服务费用，甚至在某些情况下进行虚拟社区内的投资和交易。三是虚拟货币通过独立的名称和记账单位以及特定的功能和流通范围，赋予其在特定虚拟社区内独立的身份和认可。

（四）结语

随着元宇宙概念风靡全球和区块链技术的飞速发展，虚拟货币以极其惊人的涨幅使一些早期投资者获得了数以亿计的利润，也让一些观望的投资者感到焦虑不安，对传统金融运作模式和法律规范认定形成较大的冲击。虚拟货币所创造的财富价值和经济利益主要源于认可群体对网络中虚拟数据的自主运用，而其中虚拟数据的价值则主要体现在获取与让渡过程中带来的经济效益与权利流转。虚拟财产的法律属性因其涵盖的多重权益而变得难以界定，除对其是否具备稀缺性、可支配性的争议外，核心主要在于价值性的认定，坚持对其进行统一的法律属性判定是不切实际的。相反，每一个具体案例都应根据所涉及的特定虚拟权益进行独立的法律评估，方能实现对虚拟货币的精准监管。在数字化时代，将虚拟货币解释为法律上的“财物”并不超出国民的预测可能性，也不违背法秩序统一性，最为符合当下的情况。故此，以网络虚拟财产定性为主，证券定性为辅的双重定性模式最为契合我国当下国情和未来前景。虚拟货币的法律定性和合规措施对于加密货币市场的稳定发展、金融交易的有序监管和防范非法活动的发生至关重要，唯有如此方能为数字经济的发展和进步保驾护航。

第四节　关于虚拟货币的税收和罚没处置问题

一、关于对虚拟货币的税收问题

2024 年 1 月 5 日，上海市税务局在其公众号发布《个人所得税经营所得和分类所得常见误区》一文，指出个人通过网络买卖虚拟货币需要缴纳个人所得税。

由此也引发了币圈的热议，诸如：“虚拟货币终于要开始收税了！”“虚拟货币收税，恐将面临补缴高额滞纳金”“我国只能对合法所得征税，国家承认虚拟货币！”“币圈即将再次辉煌！”等等。但笔者在仔细查阅原文后，发现该发文并不是官方对虚拟货币收税的表现。《个人所得税经营所得和分类所得常见误区》原文中一共涉及四个常见误区，其中关于虚拟货币的是误区三，原文如下：

“问题：个人通过网络买卖虚拟货币不需要缴纳个人所得税。

答案：需要缴纳个人所得税。《关于个人通过网络买卖虚拟货币取得收入征收个人所得税问题的批复》（国税函〔2008〕818 号）规定：个人通过网络收购玩家的虚拟货币，加价后向他人出售取得的收入，属于个人所得税应税所得，应按照

‘财产转让所得’项目计算缴纳个人所得税。”

虽然表面上看起来好像真的是要对虚拟货币开始征税了。但是,划重点:这里引用的规定是2008年的一个批复!为什么说币圈会蹭热点?用2008年的批复无法解释2009年才诞生的比特币。

首先,虽然国内的比特币和网络游戏的游戏币都在官方层面被统称为“虚拟货币”,但实际上基于区块链技术的虚拟货币,无论是底层逻辑、发行目的、价值体现,还是社会作用、法律属性、大众认知,都是不同的;并且在国际上对基于区块链技术的虚拟货币和普通的游戏币,也都不是同一个定性。

其次,再看这个2008年的批复原文中对于主体的定义,也是“个人通过网络收购玩家的虚拟货币”。重点是“玩家”,根据上下文的语境也能看出这里的虚拟货币是游戏币的定义。

最后,上海税务的这篇文章,也仅是日常的“常见误区”提醒性质的推文,并非正式的官方文件。如果真要针对虚拟货币征税,官方不会采用此种方式进行而是采用发布规范性文件的形式进行通知,故笔者在此再次提醒各位读者,切勿再将上海税务的推文作为官方开始收税的依据了。

虽然笔者在上文分析了上海税务要对虚拟货币征税只是个乌龙事件,但也能反映出币圈对于征税一事的强烈反应。因为一旦征税,不仅意味着要缴纳一笔不小(通常认为是20%)的税费,还意味着虚拟货币将被国家正式认可。

大家可能有所不知,美国等西方国家对于征税这件事,是不会考虑是否为合法所得的,哪怕是走私贩毒也得先交税。毕竟资本主义的政府,财政开销基本全靠征税。

但不同于美国等西方国家,我国目前无论是理论界还是实务界的主流观点和做法,都一致认为“应税所得应具备合法性”,即非法所得是不归税务局管的。所以,一旦对虚拟货币征税,也就意味着至少税务机关已经认可了虚拟货币的合法性。

回归主题。为什么说国内对虚拟货币的征税估计也不远了呢?

早在2021年《924通知》发布之后不久,就有国家税务总局的工作人员和笔者探讨过针对虚拟货币开始征税的可行性。10 月国税总局旗下杂志《中国税务》刊登了一篇题为《防范虚拟货币带来的税收风险》的文章,试探社会各层的反应。

随后在 2022 年年初就有部分地区的税务机关开始针对币圈大户进行个人所得税的稽查工作。一直持续到 2023 年,仍然不断有人被税务机关稽查。

目前无论是五部委的《关于防范比特币风险的通知》,还是七部委的《关于防范代币发行融资风险的公告》,抑或十部委的《924 通知》都只是否定了虚拟货币的法定货币属性,并没有否认虚拟货币的财产或商品属性,更没有直接将之定义为非法财产。

所以,就理论上而言,只要国家大方向一定,随时都会向虚拟货币进行征税。在全球各国逐渐承认虚拟货币的合法性,以及各地财政严重紧缩的大背景下,相信这一天的到来,也不会太远了。

二、虚拟货币的罚没处置:由央行回购罚没的虚拟货币或许才是最好的方案

自 2021 年以来,虚拟货币"一刀切"式的"不作为"监管,已经严重影响了国内经济稳定和金融稳定。特别是在地方财政严重收紧的背景下,国内公安机关对虚拟货币类案件的打击力度日益加强,罚没的虚拟货币甚至成为各地充盈财政资金的主要来源之一。由此,各地也出现了各种用于处置罚没的虚拟货币的政策,从折扣 80% ~90% 不等,这些虚拟货币在转手的一瞬间,就"平白"消失了 10% ~20% ,这些钱去哪儿了? 10% ~20% 的"销售"成本合理吗? 至少笔者觉得是不合理的,如何更好地处置这些罚没的虚拟货币呢? 笔者认为或许由中国人民银行(以下简称央行)回购罚没的虚拟货币才是最好的方式。

(一)现状

近年来,美国、欧盟、日本等多国陆续发布了相关法案,承认了绝大多数主流虚拟货币的法律地位,同时出台了一些对应的监管规定。由此也导致虚拟货币在国际上已经基本处于合法的自由流通的状态。

基于上述原因,结合国内对外汇的强管制等原因,很多资金出入境的换汇、从

事国际贸易或跨境电商的结汇等，都会通过 USDT 等虚拟货币完成，甚至指定只用 USDT 交易，而非人民币结算。如此一来，不仅影响了国内的外汇管理秩序，甚至已经影响到人民币的法定货币地位与汇率调控等问题。例如，截至撰稿日（2023 年 3 月 24 日）央行公布的人民币对美金汇率为 7.229 : 1，而人民币对 USDT 的比率则为 7.245 : 1 左右（不同的交易所有偏差）。

同时，因虚拟货币在境外变现容易，国内诸多电诈、网赌、洗钱等黑灰产业也早就将虚拟货币作为涉案资金的主要流转方式。然而，目前公安部门等办案机关在查办案件后，又重新将查获的虚拟货币卖回国内市场。甚至各地公安机关目前已经变成国内虚拟货币的主要"供给方"之一。

此外，在当下虚拟货币处置过程中，因利润巨大（通常为处置价值的 20% 左右，且变现极为容易），又滋生出上级部门或上级政府与地方办案机关争夺处置权的问题。其中，又会产生贪污受贿等各类职务犯罪的问题。

（二）难点

虚拟货币的全球化趋势已是不可逆的事实。各国都在摸索监管方式，但我国自 2021 年 9 月 24 日央行等十部委联名发布《924 通知》以来，"一刀切"的政策部署，反而使得近几年虚拟货币在市场上的流通变得更加无人监管。

再来看虚拟货币的处置问题。目前，各地公安机关侦办案件的主要动力来源并非单纯地打击犯罪，更多的是为了最终处置罚没资产后充盈地方财政。因此，在这种背景下，如果不赋予地方处置权，就会直接降低虚拟货币类案件的查办效率，反而导致打击犯罪的积极性下滑。同时，又由于《924 通知》"一刀切"的原因，国内并没有合法的交易所可以让地方公安机关或处置机构进行合法处置。

因此，虚拟货币的处置难点可以总结为无法可依、无人监管、利益复杂。

（三）对策

针对上述问题，建议国内的虚拟货币处置统一由央行进行集中收购。我国法定货币的调控职能一直由央行行使。虚拟货币本质上也是一种非法定的流通货币。虚拟货币虽然会对现有经济秩序造成一定的冲击，但其在国际上仍然有重要地位，例如，伊朗援助巴勒斯坦就使用了大量的虚拟货币、俄罗斯突破西方的经济制裁也使用了虚拟货币。

由央行进行集中收购,至少有以下六个优点:(1)可以保证地方财政的罚没资产处置收入,且保障其处置收益最大化;(2)回购资金最终流向地方政府,不会再次流入其他违法犯罪活动中,也不让其重新流入国内市场;(3)可以作为外汇储备,减轻人民币的汇率压力,增强外汇调控的手段;(4)去除"中间商",可以从根源上避免处置虚拟货币过程中的贪污受贿等问题;(5)在央行实际控制的虚拟货币达到一定量级后,可以通过拉升、砸盘等方式一定程度影响全球虚拟货币的实时价格;(6)用于回购的专项资金仅在央行和地方政府的内部流转,并不会带来额外的现金流动性过高的压力,也有利于地方财政的充盈。

如此分析来看,央行进行集中收购至少应该是利大于弊的。但从实际推行层面来看,原有的各类针对打击虚拟货币的政策几乎都是由央行牵头进行的。如果现在又让央行进行集中收购,会不会有部分责任人感觉被"打脸"而拒绝执行呢?引人深思。

第五节　黄金交易过程中涉及的刑事犯罪

黄金及其制品具有独特的物理和商业金融属性,其单价高、保值久、便携和易隐匿,对普通消费者、黄金公司、金店商家甚至犯罪分子均具有很强的吸引力,也使得黄金交易市场和交易过程中存在显著的刑事法律风险。

一、洗钱罪/掩饰、隐瞒犯罪所得罪

目前在国内金价上涨、黄金交易市场火热的背景下,迅速形成了一条将黄金公司或商家以及虚拟货币作为工具的买金—背金—出金/换金的"黄金洗钱"链条。近几年,临安、太原、贵阳等地公安陆续发布案情通报,"跑分"团伙通过黄金公司或商家搭建的线上聊天群,在群内订购黄金后再由商家直邮交付第三方,或者直接前往黄金公司或商家大额刷卡购买黄金,再转卖给异地的二手商或交给币

商,而买金的钱款系涉诈赃款,所刷的银行卡系电信网络诈骗案件中的涉案银行卡,从而形成洗钱闭环:团伙负责人接到境外电诈团伙的"洗钱"订单后,联系"卡商"寻找"卡农"提供银行卡接收境外电诈、网络赌博赃款,由"踩点团队"寻找有大量黄金现货的金店商家,由"刷卡团队"负责买金,由"背金组"将所购黄金转运至异地,再由"出金组"卖给异地金店商家或交给币商,币商交给"换金组"进行销赃,并将销赃资金转换为虚拟货币交给团伙负责人,最后由团伙负责人将虚拟货币转至境外电诈团伙。

类似的案例有江西省高级人民法院发布的电诈及其关联犯罪典型案例(被告人L某等人"黄金交易"掩饰、隐瞒犯罪所得罪),该案中,被告人L某为首的犯罪团队,设立空壳公司与黄金公司签订贵金属交易合同,将明知是涉诈犯罪活动的所得资金,通过黄金市场交易提取黄金的方式提现,从而将上游犯罪所得资金转移并"洗白"提现,其出入账流水超5亿元,法院判决成立掩饰、隐瞒犯罪所得罪。

此外,利用黄金交易洗钱的常见表现形式有以下几种:

第一,资金流水异常。如私转公、公转私频繁;资金来源于全国各地的账户;资金流入、流出金额与公司规模不匹配;不是门店经营模式,收款方却出现大量个人或大额现金交易;经常有大额现金的存入或领取;交易对手不属于产业链上下游;资金快进快出,账户余额较小。

第二,利用非法获取的黄金珠宝进行交易。不法分子将非法获取的黄金珠宝转卖给黄金珠宝公司。

第三,利用黄金珠宝交易掩饰非法所得。不法分子用来路不明的资金,购买黄金珠宝后存放在以他人名义注册的黄金珠宝空壳公司中,或直接携带出境后变现,以达到洗钱目的。

二、诈骗罪

在黄金交易中构成诈骗罪的常见情形是:黄金公司对投资人开展利诱性的投资建议和反复诱导,实施直接操作投资人资金、设立规则禁止投资人自由交割、蓄意引导客户频繁交易损失手续费、无黄金实物交付等行为,符合以非法占有为目的,骗取投资人的预付款、投资款和高额手续费。在司法实践中,类似案例呈多发趋势。

被告人Z某等人注册成立公司并成为某贵金属会员单位,开展黄金等贵金属的现货交易。后借助贵金属交易平台,合谋骗取投资者的投资款:通过业务员以情感引诱取得客户信任后,向对方推荐现货黄金,并虚构有渠道获得内幕消息、有分析师提供行情指导以获得巨额收益进行利诱,在客户入金操作时,再由分析师提供与预测行情相反的指导意见,由业务员鼓动客户加金、加仓,从而造成客户的巨额亏损并产生大量手续费,在对亏损客户进行安抚之后如此反复诱骗,持续骗取客户的投资款,累计骗取302名被害人6377万元。

本案中,被告人Z某等人利用后台不可操控的贵金属交易平台,隐瞒对赌关系、真实杠杆比例等事实,不遵循正常的交易规则,通过多种手段蓄意造成客户亏损而获取财物,构成诈骗罪。其中,业务经理管理多个业务组,参与时间长、精通犯罪方法,属于骨干分子,一般认定为主犯;分析师负责做亏客户,是诈骗行为的实行犯,但系受雇佣犯罪,一般认定为从犯;处于共同犯罪链条最底端的业务员,虽然也是诈骗行为的实行犯,但一般是误入犯罪道路,主观恶性小,宜进行分类处理:对于参与时间长、诈骗数额大、获利多的人员,一般认定为从犯;对于参与时间短、仅获取少量报酬的,一般不作为犯罪处理。

三、帮助信息网络犯罪活动罪

帮助信息网络犯罪活动罪(以下简称帮信罪),是指明知他人利用信息网络实施犯罪,为其犯罪提供互联网接入、服务器托管、网络存储、通信传输等技术支持,或者提供广告推广、支付结算等帮助,情节严重的行为。本罪要求行为人实施前述行为,"情节严重"的才构成犯罪。对情节严重的认定,主要可以结合行为人所帮助的具体网络犯罪的性质、危害后果,其帮助行为在相关网络犯罪中起到的实际作用帮助行为非法获利的数额等情况综合考量。

在黄金交易中,帮信罪的常见表现形式有以下两种:

第一,行为人明知他人开办的银行卡可能用于实施电信网络诈骗等犯罪行为，仍帮助其开办银行卡。这些行为比较常见，往往是违法犯罪分子要求用自己的身份证办理几张银行卡，并承诺一张银行卡支付一定的费用。

第二，行为人明知他人利用信息网络实施犯罪，为其犯罪提供支付结算的帮助，这里常见的是其上线实施违法犯罪行为，行为人仍然为其提供支付结算业务。

例如，北京警方曾发现在各大商场中，有一类"买金"人员，他们多人次、多频次使用多张银行卡在不同的黄金售卖门店购买了大量的黄金制品，所用手机卡、银行卡均为专卡专用，得手后有专人将金条送到黑市交易变现，转移涉案资金。此类人员反侦查意识较强，手段操作隐蔽、交易速度快、止付难度大。经过审查，该犯罪团伙借助非法通信软件，在境外人员的指使下，使用专用手机和银行卡大量购买黄金，再将所购黄金交与指定人员，以此为境外涉诈窝点洗钱。此案抓获犯罪团伙成员 14 人，起获金条 2.1 公斤，涉诈银行卡 57 张，核实全国案件 562 起，涉案资金达 2 亿余元。在本案中，此类"买金"人员明知他人利用非法的通信软件实施犯罪，仍为其提供"买金"的帮助，转移涉案资金，情节严重，符合帮信罪的构成要件。

四、黄金交易公司的间接故意行为

上文所述的洗钱罪、诈骗罪、帮信罪及掩饰、隐瞒犯罪所得罪的案例在主观构成要件上均为直接故意。然而，在实际的黄金交易过程中，大多数的黄金交易公司只专注于自身的商业利益，对于上下游的客户的资金来源是否合法、是否涉及洗钱或诈骗等情况在所不问，那么黄金交易公司的行为是否构成刑法上的间接故意呢？间接故意是指行为人明知自己的行为可能发生危害社会的结果，并且放任这种结果发生的心理态度。间接故意与直接故意的不同之处在于，认定间接故意的必要条件是危害结果的实际发生，如果没有危害结果就不能认定行为人具有放任危害结果发生的主观要件。

因此，黄金交易公司是否构成间接故意分为以下几种情况：

第一，黄金交易公司对客户的资金来源或黄金交易是否合法并不知情，当然不构成间接故意；

第二,黄金交易公司对客户的资金来源或黄金交易是否合法持怀疑态度,但未造成危害结果,不构成间接故意;

第三,黄金交易公司明知客户的资金来源或黄金交易可能不合法,仍然交易,且造成危害结果的,构成间接故意。

综上,黄金交易的变现速度很快,且有些交易的记录和信息不易排查,甚至催生了新的洗钱手段,也为走私、诈骗、洗钱变现、非法经营等犯罪活动提供了便利条件。因此,无论是消费者还是黄金公司抑或金店商家,在我国从事黄金交易需要了解相关法律法规的监管现状以及可能面临的法律风险,不要成为犯罪分子诈骗、洗钱的工具和帮凶。

第六节　黄金交易过程中应当注意的事项

黄金是最广为人知的一种贵金属,社会大众在生活中或多或少都会参与一些与黄金相关的交易和投资,对于潜伏其中的各类风险应当有所了解。作为黄金公司或金店商家,在从事黄金交易的过程中,应当注意防范可能的刑事法律风险,避免无意中落入法律禁区。针对本书中分析的可能出现的法律风险应该如何应对呢?

第一,坚持银行转账交易原则,并且资金原路返还。

根据《中国人民银行办公厅关于加强特定非金融机构反洗钱监管工作的通知》(银办发〔2018〕120 号)可知,黄金珠宝公司是反洗钱特定非金融机构,须履行反洗钱和反恐怖融资的义务。根据《中国人民银行关于加强贵金属交易场所反洗钱和反恐怖融资工作的通知》(银发〔2017〕218 号)可知,买卖黄金珠宝的交易场所或交易商,在提供服务或开展业务时,原则上都应采取"非现金"交易方式,即必须以银行转账方式进行交易,同时在银行转账时,必须使用交易当事人的同名银行账户,发生退款的,必须按原支付途径,将资金退回原付款人的银行账户。例如,客户刘某购买了两对金镯,事后因产品质量存在重大瑕疵,商家同意退货退款，商家只能将款项原路退回到客户刘某购买时用的支付账户，而不可能退回到其他任何银行账户，即使是客户刘某指定的其他收款账户也不行，便于防范洗钱风险。

第二，规范收支账户使用和管理，避免使用人头卡或其他非法账户。

第三，熟悉交易对手情况，对于公司客户，要熟悉公司规模、经常经营地、法定代表人、主要业务范围、销售渠道、客户群体等情况。

第四，建立异常情形应对机制。比如对频繁大额采购需要报备，对陌生客户大额采购需要审查。

第五，设立风控岗位。反洗钱工作，属于黄金珠宝行业重要的合规工作，甚至关乎企业的生死存亡，企业必须设置专门的部门，安排专岗工作人员，保障该项工作的开展。同时，企业及其工作人员需要与各主管部门进行定期沟通交流，实现信息共享。

综上所述，在黄金价格波动较大的当下，黄金交易商应当更加谨慎，深入了解交易的潜在风险，关注政策及法律法规的最新动态，积极履行反洗钱和反恐怖融资的义务，防范法律风险，谨防涉诈受骗。

第二章

虚拟货币与黄金的反洗钱实务

第一节　虚拟货币与黄金的洗钱逻辑

洗钱(money laundering)是一种将非法所得资金(如贩毒、走私等犯罪行为获得的资金)转换为合法收入的过程,其目的是掩盖非法资金的来源,使其看似合法。洗钱的历史可以追溯到古代,但其现代形式始于20世纪早期。最著名的早期案例是美国黑帮头目阿尔·卡彭(Al Capone),他通过毒品、武器与酒类走私活动获得大量“黑钱”,为了将资金漂白,使非法资金与犯罪活动之间的联系斩断,他想到一个办法——投资洗衣店。阿尔·卡彭投资了大大小小的洗衣店,这种洗衣店以不记名投币式洗衣作为主要经营方式。每天清晨醒来,阿尔·卡彭的洗衣店就收到“洗衣”获得的成千上万的硬币收入,无数“黑钱”通过换成硬币投到阿尔·卡彭的洗衣机来“漂白”换成合法收入,由此,“洗钱”一词便应运而生,它形象地描述了将“黑钱”漂白的过程。

一、洗钱的产生与常见方式

在了解洗钱之前,我们要先了解什么是正常的合法资金。一个公司员工,通过付出自己的劳动,同时也向国家纳税,最后纳税剩余由公司打到个人账户,这就是个人的合法劳动所得。一个公司老板,通过公司的正常经营,获得利润,再通过公司的股权分红等形式,获取金钱,这也是合法所得。对于小额资金的日常消费,商户或者银行一般都不会进行太多的审查,但是面对大额消费时,如果通过银行转账,根据银行的风控系统,常常会有资金来源的审查,通过上述形式获得的合法收入在进行资金审查时常常会有合理的银行流水进行解释。

大多数诸如走私、贩毒、抢劫、绑架等类型的犯罪分子通过犯罪得来的资金后,进行买车、买房这种需要大额支出置业时常常面临障碍,一方面,直接通过诸如电信网络诈骗等一类犯罪活动获得的资金可能是分散的,需要进行归集才能存放在犯罪分子头目的个人账户中,短时间内的大量入账,不仅要面对银行对资金进行的审核,还要面对警察对被害人损失的资金进行追查,所以直接使用这些钱对犯罪分子来说风险是非常高的。另一方面,像毒品一类犯罪所得常常是现金,但是现金逐渐退出流通市场,我们日常消费、置业使用的常常是银行转账,去买房、买车直接提着大量现金也会引起对方的怀疑,进而要求提供资金来源,使挥霍犯罪所得困难重重。在直接挥霍犯罪所得变得难以为继时,洗钱就有了市场,将犯罪所得伪造成有合法来源的银行账户数字就有了必要性。

改革开放后,我国发展迎来了重大机遇,经济不断市场化,但也带来了一些发展乱象,违法犯罪时有发生,漂白犯罪所得的手段也在不断创新和升级。传统的洗钱方法主要依靠现金交易和金融机构的漏洞,传统洗钱手段的效果在银行与洗钱者之间的博弈下,也在不断式微,而新兴的洗钱手法则更加多样化,更加难以追踪,但是为了更好地了解洗钱是什么样的存在,以下将详细阐述几种主要的常见且有一定历史的洗钱方式及其运作原理。

1. 通过空壳公司进行洗钱

空壳公司(shell companies)是指所有自行注册或委托他人注册或向他人购买的、不以实际生产经营或不参加实际商业活动为目的,注册资本金很低或存在虚假出资的各类公司。这类公司可以是在国外(常见的有开曼群岛、维尔京群岛、百慕大等具有“保密天堂”之称的国家或离岸金融中心)注册的离岸公司,也可以是在国内注册的公司。这些公司通常被用作洗钱的工具,因为它们可以隐藏资金的真实来源和所有者。空壳公司在洗钱活动中的作用主要有两个:一是以空壳公司的名义开设银行账户,为非法或违法收入提供隐蔽的资金管道或通道;二是虚构空壳公司交易或投资,掩盖资金来往真相,使非法收入合法化。空壳公司洗钱一般要经历以下过程：

(1)设立空壳公司：洗钱者通常在多个司法管辖区设立空壳公司，利用这些国家和地区的隐私保护法律隐藏公司所有者的信息，同时开立公司银行账户用于资金转移，此外大部分国际银行都可以开设离岸公司账户，这在无形中给洗钱者带来了可乘之机。

(2)进行虚假交易：这些空壳公司之间通过伪造合同、投资款等进行大量的虚假交易，例如虚构货物买卖或服务合同，伪造货物运输单据、销售单据，人为制造并不存在的虚假交易，产生资金实际参与经济活动运行的假象；此外还通过多层次的转账和跨国交易，让合法资金与非法资金产生混同，难以辨别，更难以追踪。

(3)最终合法化：经过多次转账和伪装后，资金会被注入合法开设的公司账户中，得以漂白的资金最终会以工资、补贴等看似合法的形式再次发放到个人手中，成为看似合法所得的个人财产。

近年来，许多著名的洗钱案件都涉及空壳公司。最具代表性的就是震惊中外的厦门远华特大走私洗钱案件，远华走私集团建立了远华房地产有限公司、远华电子有限公司等实体企业，利用这些行业现金流量较大的特点，编造虚假财务报表，在没有多少营业活动和收入的情况下，将走私所得赃款加入其中，虚增营业额和利润，再向税务局申报纳税，缴纳各种税费和保险，使税后资金成为合法收入，最终隐瞒和转换了犯罪违法所得的性质和来源。调查反映，远华集团及其下属共计 17 家公司，曾分别在 7 家厦门的商业银行设立 55 个账户，其中 44 个属于一般存款账户和辅助账户，11 个属于基本存款。这些公司都是为远华走私集团洗钱而建立的空壳公司。

2. 通过合法赌场进行洗钱

赌场因其大量现金交易和高额赌注与“射幸”色彩，成为洗钱的理想场所。洗钱者通过将“黑钱”换成筹码进行赌博，然后兑换筹码或支票，进而换出合法资金。合法赌场洗钱一般要经历以下过程：

(1)购买大量筹码：由于赌场一般不对资金来源进行审核，而且用于兑换筹码的赌资常常是现金，所以洗钱者用非法所得现金一次性或者分散多人购买大量赌场筹码，筹码就是钱，在这一步，"黑钱"和筹码实现了断联。

(2)伪装赌博活动：洗钱者的目的是在最低折损限度下，将更多的钱进行漂白。一种方式是在赌场内进行一些低风险的赌博活动，甚至只是参与赌场的一些娱乐项目，以保证筹码大部分仍然能够保留。另一种方式是洗钱者将筹码在赌场进行购物，买些名表、珍贵首饰等，然后将这些名表、珍贵首饰在赌场典当行换取现金，以此模仿真正的赌徒行为。在这里进行这些活动很关键的一点是，赌场大多数比较注重私密性，上面所述两种行为可以在相对保密的情况下完成。通过这一步，"黑钱"通过筹码的方式进行了合法的赌博活动。

(3)兑换合法资金：洗钱者将貌似通过赌博活动留存的剩余筹码兑换成支票，通过银行存取支票的方式，给银行制造支票来自赌博活动的错觉，进而将银行卡里的数字变成一笔合法收入。

在我国，澳门特别行政区的赌场是合法的博彩业，因其规模化的合法博彩环境，成为洗钱者追捧的圣地。洗钱者利用 VIP 赌厅和博彩中介，将巨额非法资金漂白为合法赌赢收入，再通过银行系统转移至自己的银行账户。

3. 通过高价值商品交易进行洗钱

高价值商品(如艺术品和古董)交易也是一种常见的洗钱手段。由于这些商品的价值评估主观性强、变现能力强且交易频繁，因而成为一种硬通货，洗钱者可以利用虚构交易和高价回购来掩盖非法资金。通过高价值商品交易进行洗钱一般要经历以下过程：

(1)购买或伪造高价值商品：洗钱者在利用高价值商品进行洗钱之前，通常要掌握一些高价值商品，这些高价值商品要么用非法资金进行购买，要么通过找人伪造一些不那么出名的古董或者艺术品，由于艺术品、古董等交易市场较为隐秘，一般难以对其交易记录进行追踪。

(2)炒高价格：通常幕后洗钱者通过控制幕前傀儡利用国际拍卖行进行跨国多次交易、虚假买卖炒高艺术品、古董等的价格，使得该艺术品、古董价值不断升级的线索变得难以调查。频繁的买卖会给艺术品、古董等制造一定的热度，通过热度的不断升级，艺术品、古董的价格也越来越高，此时该艺术品、古董就成了一个硬通货,随时可以兑换现金,也具备了兑换现金的合法“外观”。

(3)高价回购:在艺术品、古董价格达到可以把“黑钱”大量漂白的时候,幕后洗钱者便来到台前,通过委托拍卖行等机构进行拍卖,然后由洗钱者安排购买者并向其提供自己尚未漂白的“黑钱”作为购买资金,通过“左手倒右手”的方式,将这笔黑钱漂白,最后看似合理合法地存入自己的银行账户。

纽约的艺术品市场经常被用于洗钱活动。由于艺术品的价值评估复杂且市场不透明,洗钱者可以轻松地通过高价拍卖和私人交易掩盖非法资金。例如,某些知名画廊和拍卖行曾被指控协助洗钱活动,通过夸大艺术品价值和虚假交易记录进行操作。

4. 通过房地产行业进行洗钱

房地产行业此前一直是我国经济发展的一个“顶梁柱”,房地产的上下游集聚了2000多个产业,对经济拉动作用巨大,因此房地产行业一直是一个资金密集型行业而且房地产行业涉及大量资金且交易记录复杂,洗钱者也会利用这一点将非法资金合法化。通过房地产行业进行洗钱一般有以下手段:

(1)建材消费:房地产的建材消费一般都是以现金交易为主,洗钱者可以作为包工头的角色包办建材消费,将通过各个渠道得来的“黑钱”以现金形式投入这个过程中,分散为多笔支付给卖家或运输方,再通过从房地产公司账面支出合法资金进入自己的账户。

(2)虚假买卖:通过与房地产商进行合作,用“黑钱”现金进行买房(房地产商在实际建造房屋过程中也会使用很多现金),不通过银行参与买房过程,将“黑钱”与犯罪行为断联,再择机出售房产,将漂白的合法资金转到自己的账户中。

(3)租赁收入:将房产出租并收取租金,以合法的租赁收入掩盖非法资金。

(4)跨国投资:利用不同国家和地区的房地产市场,将资金转移并漂白。

伦敦、纽约和温哥华等大城市的高端房地产市场,常被用于洗钱活动。洗钱者通过复杂的跨国公司结构和信托基金进行操作,使执法部门难以追踪资金来源。例如,2016年的“巴拿马文件”泄露,揭示了全球许多富豪和政要利用离岸公司进行大规模的房地产投资和洗钱活动。

5. 通过拍电影进行洗钱

拍摄一部电影，通常需要非常雄厚的资金，耗费非常多的人力、物力，电影业作为资金密集型产业，也常被用作洗钱的渠道。一般来说，通过电影洗钱要经历以下过程：

(1)预热电影做大声势：投资方会选一些名气比较高，而且易于控制的导演、编剧、演员，这样可以让影片的投资成本拉得非常高，然后签订阴阳合同，如演员明面上合同可能有1亿元，但实际上演员要通过返点的形式返还给需要洗钱的投资人，对于演员来说，虽然有很大的税务风险，但是出名和赚钱的诱惑可能会让他们忽视这种风险。

(2)虚假提高电影拍摄成本：通过提高电影拍摄成本，如购买奢侈品、古董、字画作为电影的道具，将其摊派在影片的制作成本中，后期电影拍摄完成，这些道具就由投资方自行处置。

(3)构建高价值的损毁现场：投资方与导演合谋，虚假增加电影中的一次性成本的投入。比如制作一个爆炸现场，本身场地的布置仅需要几十万元到100多万元，但是为了洗钱，通常会用自己投资的另一家公司作为爆炸现场的布置公司，公司布置在该部电影中报价报一两千万元，然后现场搭建完之后进行爆破，现场布置也难以留存，事后更是难以查证这次爆炸现场的布置究竟花了多少钱。通过这样一次运作，黑钱就被漂白，进入了洗钱者的口袋。

(4)票房运作：在电影院发布电影，通过与院线进行合作虚假制造票房，安排专人批量购票，制造财报上电影火爆的假象，但实际上可能电影院空无一人，以此来提高电影的账面收益，通过账面收益使需要洗钱的投资人获得漂白的资金。

2006年，大毒枭李贤欢一度开设了5间制毒工厂，但他明面上是一家影视公司的老板，以投资影视剧赚钱，电视剧在拍摄放映的过程中，鲜少有人关注电视剧的投资方、投资资金是否合法，所以李贤欢就是利用这一点，把制毒贩毒的资金投入影视剧，然后将自己的黑钱漂白。

二、传统洗钱面临的挑战

实际上，一个传统的洗钱过程往往要经历三个阶段：处置、离析和归并。首先，在处置阶段，犯罪分子将犯罪收益处理为其他易于掌握和看起来不是特别可疑的形式进行保管。如走私大量的货币现金、将赃款转作金融机构存款以便与合法存款混同、分散存款或进行商业交易等。经过处置阶段后，不法分子的非法收益进行了初步的加工和处理，为下面步骤的顺利实施提供了条件，成为整个洗钱活动的基础。其次，在离析阶段，不法分子利用各种手段将非法收益在不同国家和地区来回划转，采取多种形式使非法收益披上合法的外衣，模糊非法收益与犯罪收入之间的关系。比如，通过银行、保险公司、证券公司、黄金市场、汽车市场甚至街头零售业，制造出复杂的交易层次，多次转移或多次交易，甚至采取匿名交易，刻意蒙蔽或规避审计，将非法的资金与其来源之间的联系人为地割断。这一阶段的主要目的是掩饰、隐瞒非法收益的来源和性质，使之披上合法的外衣。最后，在归并阶段，不法分子把经过离析后、一般人难以觉察其非法性质和来源的财产以合法财产的名义转移到与犯罪集团或犯罪分子无明显联系的合法机构或个人的名下，投放到正常的社会经济活动中。这样，犯罪分子就可以自由支配清洗后的收益，进行挥霍、享受，甚至实施新的犯罪。

尽管洗钱手段多样且复杂，最终也能把“黑钱”漂白，但传统洗钱方式仍然面临诸多难点和挑战。

1. 现金使用率降低

违法活动常常伴随着大量现金收益，而将大量现金合法化是洗钱过程中最具挑战性的部分。如今，现金交易经常会被认为是高风险行为，商户在面对大额现金交易时，通常会有相应的报告制度，金融机构对大额现金交易也有严格的审查和报告制度，如美国的《银行保密法》（Bank Secrecy Act）中对于超过 1 万美元的大额现金交易，要求商业银行和其他金融机构及时报告。因此，在全球反洗钱背景下，洗钱者大量现金想漂白并非易事，这要求他们必须设计复杂的交易结构和伪装手段以规避监管。

2. 反洗钱全球合作

以往洗钱活动通常跨越多个国家和地区，不同司法管辖区之间的法律和执法差异，使追踪跨国洗钱活动变得异常复杂。因此常常出现的一个现象是，诸如受赌资金这些“黑钱”在国际上的不同账户之间游走一圈，回国后立即就变成了“合法收入”，现在通过反洗钱全球合作，进行跨国公司股权穿透和离岸账户的资金审查变得更加容易，通过跨国公司和离岸账户进行洗钱也变得越来越难。

3. 金融监管升级

随着全球反洗钱法规的不断完善以及大数据等科技手段在金融业的广泛运用，金融机构通过自身的风控系统，监控可疑交易变得越来越容易。洗钱者不得不使用更多创新手段，以规避金融系统的监管和执法部门的追查。

4. 洗钱网络的臃肿与低效

上述描述的洗钱方式中很多都要求建立庞大的洗钱网络，明确上游、下游，参与人数众多，每一环节出错的空间都很小，然而由于参与人数变多，洗钱的不确定性就变高，从而使得洗钱网络控制变得低效。此外，参与洗钱的每一环节都可以抽走一部分利润，因此会出现洗了一圈，钱虽然漂白了，但仅剩下一半的合法资金的情况。

犯罪者的大额消费需求客观存在，洗钱活动也无时不在展开，然而，这些传统方式洗钱的痛点也一直困扰着洗钱者，但是伴随着比特币等虚拟货币的出现，上述洗钱的困境客观上得到了一定程度的“迎刃而解”。

三、虚拟货币洗钱的天然优越性

虚拟货币（如价值币比特币、以太坊等，稳定币泰达币等）由于其匿名性、去中心化和全球流通性，成为现代洗钱的新工具。虚拟货币本身的这些特点，使其在洗钱活动中具有明显的优势，也给反洗钱工作带来了极大的挑战。

一是匿名性。虚拟货币交易不需要披露真实身份信息，极大地保护了交易双方的隐私。虽然所有交易记录都在区块链上公开，但参与者的身份通常是匿名的，仅以地址表示。这使得洗钱者可以轻松地隐藏其真实身份。二是去中心化。虚拟货币没有中央控制机构，使得政府和金融机构难以干预或追踪交易。交易在全球范围内分布的节点上进行，无法通过传统的金融监管手段进行有效控制。三是全球自由流通。虚拟货币可以轻松地在全球范围内转移，无需受到跨国金融法规的限制。洗钱者可以利用这一点,将资金迅速转移至不同国家和地区,在当地进行变现,规避监管和追查。四是交易不可逆。一旦虚拟货币交易完成,便很难进行逆转或撤销。这增加了司法机关划扣、冻结虚拟资金的难度,使得洗钱者可以更加安全地进行操作。

具体来说,虚拟货币一般通过以下方式进行洗钱。

1. 使用混币器

混币器(mixer)是一种服务,允许用户将自己的虚拟货币与其他用户的虚拟货币混合,以混淆资金来源和流向。产生这种需要是因为虚拟货币虽然不记名,但是链上地址是公开可查询的,如果能追踪到地址,也就可以追踪到这笔不法虚拟货币的流向,这种根据地址可识别的特征虚拟货币需要用到混币器抹除相应的特征。

像 Coin Join 这样的混币器协议,使用完全协调或点对点(P2P)方法混淆交易。从本质上讲,该协议允许一大群用户聚集一定量的比特币,然后重新分配,这样每个人都能收到一定数量的比特币。然而,没有人知道谁收到了什么,或者它来自哪里。通过混币器,洗钱者可以有效掩盖其虚拟货币的来源,使追踪变得困难。混币器一般通过以下方式进行洗钱。

(1)混合虚拟货币:将非法所得兑换成虚拟货币,或者直接使用虚拟货币进行勒索。然后将虚拟货币发送至混币器,与其他用户的虚拟货币混合。在这里我们可以把混币器看成一个水池,本身池子里面有不少水,然后犯罪分子将水(虚拟货币)倒入混币器里,混币器池子里的水便难以分清哪些是白资,哪些是“黑钱”了。

(2)分散和重新分配:经混币器混合后,虚拟货币已经没有了显性的特征,然后将混合后的“漂白”的虚拟货币分散并重新分配给不同的地址,使得流向的每个钱包地址难以追踪和识别。洗钱者最终接收到混合后的“干净”虚拟货币,这些货币的来源已经被有效掩盖,然后便可进行下一步的法币变现。

2. 利用虚拟货币交易所

虚拟货币交易所是洗钱活动的重要环节。通过这些交易所,洗钱者可以将非法资金兑换为虚拟货币,然后再兑换回法定货币,完成洗钱过程。洗钱者一般通过以下方式在虚拟货币交易所进行洗钱。

(1)注册多个账户:洗钱者通过“跑分”平台,利用多个人的虚假身份信息在多个虚拟货币交易所注册账户,以此隐匿背后操纵者的真实身份,这使大多数中心化交易所的 KYC 变得名存实亡。

(2)购买虚拟货币:洗钱者将黑钱打到跑分者的账户中,通过分散式、随机化在交易所或者 C2C 市场上购买虚拟货币,获得在虚拟货币交易所账户中的虚拟货币。此外,有一些洗钱者还要求跑分客在交易所购买一些“山寨币”,然后立即卖出,从而制造该交易账户正常使用的假象,通常这个环节会有一定的亏损,但比例很小。

(3)跨交易所转移:将虚拟货币通过一些随机化操作,在不同交易所之间频繁转移,以免触发交易所的风控措施,同时还可以混淆资金流向。

(4)兑换回法定货币:将虚拟货币进行全球流动转移,在某些承认虚拟货币合法,且有宽松交易环境的地区兑换回法定货币,再转入洗钱者控制的不同的银行账户,使资金看似合法。

不过,虚拟货币交易所常常受到中心化政府机构的管制,经过调查,犯罪所得兑换成虚拟货币流入中心化交易所后,如果办案机关能够及时通知交易所,相关的涉案账户可能随时被冻结,但是通过多个账户进行操作时,冻结常常有一定难度。此外,中心化交易所常常会受到洗钱的困扰,不知不觉中卷入洗钱过程,2024 年全球最大的中心化交易所——币安(Binance)就受到美国政府的处罚,其中一项罪名就是涉及洗钱。

3. 使用去中心化交易所

去中心化交易所(DEX)与传统交易所不同,它们没有一个中央机构进行管理,通过在链上进行运作,交易也直接在用户之间进行,不能对其中的资金进行冻结。这使得洗钱者可以更加自由地进行操作,而不受监管的限制。

洗钱者在洗钱时一般与上述中心化虚拟货币交易所的操作类似,但是可以减少账户的开立,简化一些洗钱流程。不过由于去中心化交易所布置在链上,因此去中心化交易所在交易时相对来说会有较大的磨损,而且因为涉及区块的打包,链上的拥堵,可能耗费的时间比较多。

除了上述的主流洗钱手段,洗钱者还辅之以下面的技术手段使其在虚拟货币交易的世界更加匿名化,常见手段如下。

一是使用加密通信软件:正常的通信软件一般会在政府部门的监控下,受到政府的监管,但使用加密通信工具如 Telegram 进行交流,由于加密是端到端加密,而且即使截获数据包也非常难以解密,因此可以避免执法部门采用常规的手段进行监控。

二是使用虚拟专用网络:正常的网上浏览一般会将包含 IP 地址的数据包发送到服务器,IP 地址可以追踪到网络使用者的物理位置,但利用 VPN 可以隐藏真实 IP 地址和地理位置,使追踪变得更加困难。

三是使用匿名浏览器:正常的浏览器上网时会保留很多网络操作痕迹,通过这些痕迹也可以追踪到相应的人员,但匿名浏览器(如 Tor)使用全球很多节点进行链路访问,很多黑客和犯罪分子通过这种方式隐匿身份,洗钱者可以通过这些方式访问虚拟货币交易平台和混币器,进一步隐藏身份和操作痕迹。

利用虚拟货币洗钱时,常常并非单一的洗钱方式,甚至可能是很多方式的综合使用,比如先用混币器,再用去中心化交易所模拟交易,最后转到中心化交易所换取法币。

虚拟货币被中本聪发明以后,链上就成了全球犯罪分子洗钱的“乐园”,虚拟货币的发展也不断代替传统洗钱方式,利用虚拟货币洗钱可以将洗钱的“三阶段”并需要编织一张巨大的洗钱网的过程缩短为非常简短的过程,只要将“黑钱”兑换成虚拟货币,再辅以上述手段,便可以让违法犯罪者在世界各地“享受”到犯罪的果实。总体来说,相较于传统洗钱方式,虚拟货币洗钱主要有以下优势。

1. 效率大幅提升

传统洗钱手段往往需要经过复杂的流程和多个环节,如设立空壳公司、进行虚假交易和跨国转账等。虚拟货币地址的建立、交易等一整套流程可以在几分钟内完成,大幅提高了洗钱的速度和效率。洗钱者只需在交易平台上进行几次简单的操作,就可以完成大额资金的转移和漂白。

2. 监管控制较难

传统金融系统受制于严格的反洗钱法规和监控，金融机构对大额交易和可疑活动进行实时监控，并报告给相关执法部门。虚拟货币由于其去中心化和匿名性的特点，使监管机构难以实施有效的控制。尽管许多国家和地区已经开始对虚拟货币交易进行监管，但洗钱者仍然能够利用技术手段规避这些监管措施。

3. 跨国交易便捷

传统洗钱需要通过复杂的跨国公司结构和金融操作，才能在不同国家和地区之间转移资金。虚拟货币可以轻松实现全球转移，洗钱者只需设立虚拟货币钱包点对点转账，即可完成资金的跨国转移，规避跨国监管。

4. 高度隐蔽性

虚拟货币的交易记录虽然公开，但“谁掌握了密钥，谁就掌握了虚拟货币”，所以地址与实际身份没有直接关联，这使追踪资金流向变得更加困难。洗钱者可以通过使用混币器和去中心化交易所，将资金来源和流向进一步隐藏。传统洗钱方式，如空壳公司和高价值商品交易，尽管也具备一定的隐蔽性，但仍然需要面对银行和金融机构的审查和监管。

值得一提的是，尽管虚拟货币作为洗钱工具有诸多便利性，但是其链上数据不可更改的特性，也为司法机关锁定犯罪证据提供了相当的便利。

四、黄金，经久不衰的洗钱工具

如前所述，当今洗钱活动逐渐呈现出多样化和复杂化的趋势。马克思曾说“货币天然是金银”，这揭示了货币和金银之间的通兑属性。黄金作为历史悠长且备受信赖的贵金属，一直备受社会各阶层人士的喜爱，人们用它做成金首饰佩戴，以显示尊贵身份，储存金条进行投资对抗通货膨胀。黄金具有一系列优良的特性，但如今因其高价值和流通性，成为洗钱活动中的重要工具，加上随着虚拟货币的崛起，黄金和虚拟货币结合的洗钱手段更是变得隐秘和难以追踪、追回。

比如，对于电信诈骗类犯罪来说，“‘黑钱’→黄金—合法资金”这一洗钱链条相当简单和高效，具体采取以下操作方法。

一是“黑钱”到黄金的转化过程：(1)洗钱业务联系：业务联系人员通过境外聊天软件(通常具有一定的加密性，如上述 Telegram，我国侦查人员难以调取相应记录)对接需要洗钱的“客户”，商量洗钱合作事项；(2)组织卡农接收赃款：资金接收人员负责组织卡农接收上游赃款；(3)踩点寻找目标金店：踩点人员负责寻找有大量黄金现货的金店，或者寻找能够为其预留大量黄金的金店销售人员，购买目标一般是金条、金元宝，虽然购买需要进行实名登记以预防可能发生的洗钱，但易手之后的金制品往往与人身没有很强的绑定，具有不记名的特征，所以再次出手也无需过于担心公安等执法机关的追踪；(4)刷卡购买黄金：踩好点后，刷卡人员就在指令下刷卡大量购买黄金。这一过程用黄金实现了“黑钱”与犯罪行为脱钩的效果。

二是黄金到合法资金的转化过程：(1)黄金转移：将购买的黄金移交到指定地点并联系上家，由指定人员进行黄金跨区域转移；(2)出售黄金变现：销赃人员通过寻找一般是异地二手黄金收购商进行销赃变现，通常，为了快速变现，销赃人员会以低于市场价格进行售卖；(3)购买虚拟货币进行转移：销赃人员将黄金变现后，快速将出售黄金的现金购买虚拟货币转给上游，或者在出售黄金时直接用虚拟货币支付，并将售卖黄金所得的虚拟货币直接转给上游。随后上游可以使用虚拟货币直接在境外进行变现。

黄金洗钱之所以受到犯罪分子的青睐，主要在于其具有以下几个特性。

(1)高流通性和便携性：黄金是一种高价值、流通性强的资产，可以通过多种渠道进行交易，方便携带和储存，黄金的物理特性也决定了黄金可以很容易地转化为不同的形态，可以转化为首饰、纽扣等物品以自用方式掩人耳目，逃避出入境时海关的检查，此外，经过艺术加工的黄金制品也难以估值。

(2)不记名性：随着监管力度的加大，黄金在购买时也许会登记身份，但一旦完成交易，进入流通市场，任何机构或者个人都很难甄别黄金是何人购买，使得洗钱犯罪的风险难以被察觉，这一点在非正规的市场和私人交易中体现得更为充分。

(3)易于变现，收益稳定：黄金可以很容易地转化为现金，特别是在有大量黄金交易市场的地区。黄金也是自古以来的投资和储值的佳品,因为其抵御风险的能力非常强,所以一直存在很强的需求市场,犯罪分子可以快速将黄金出售,获取急需的现金。

(4)监管困难:在生产、加工、流通、回收各个环节,黄金洗钱都可能发生,加上黄金行业本身跨度大、涉及链条长,使得黄金洗钱难以监管。

上述这些特性使得黄金在洗钱活动中具有重要地位,尤其是在跨境资金转移和逃避金融监管方面。如今,面对越来越严重的黄金洗钱问题,我国也越来越重视黄金珠宝领域的反洗钱工作,国务院办公厅于 2017 年 8 月发布《关于完善反洗钱、反恐怖融资、反逃税监管体制机制的意见》,提出要探索建立贵金属和珠宝业的反洗钱和反恐怖融资监管制度,加强对贵金属和珠宝业的反洗钱监管。

五、各方主体面对虚拟货币和黄金的反洗钱策略

可以想象,自改革开放以来,随着经济的蓬勃发展,通过犯罪获得的“黑钱”也越来越多,例如一个大毒枭,一开始制毒贩毒获得的黑钱,可以通过开设空壳公司进行洗钱,但是这个过程烦琐而复杂且效率不高。20 世纪 80 年代末 90 年代初,我国与世界各国联系加深,空壳公司的运作可以与国际接轨,离岸公司成为洗钱的“乐园”。同时,先富起来的人把收藏艺术品作为一种风尚,通过艺术品交易洗钱也逐渐变为一种风尚。随着港澳的回归,去澳门赌钱逐渐兴起,大捆现金聚集的贩毒集团,一时成为澳门赌场的大金主,挥霍之余,洗钱也是手到擒来。20 世纪 90 年代末 21 世纪初,随着电视走进千家万户,影视剧也成为赚钱的利器。当然,资金的巨量投入也使得该领域成为洗钱的“重灾区”。随着房地产行业的逐渐蓬勃发展,大量资金涌入房地产行业,在房地产行业,洗钱者不仅可以投入巨额“黑钱”,甚至可以赚取房地产升值的收益,简直是一举两得。但是随着监管的升级,国内反洗钱打击力度加大,单一的模式已经难以奏效,以上几种方式的综合使用成为洗钱者的选择。伴随着比特币的横空出世,毒贩很快想到了在暗网利用比特币交易毒品这一方案,不仅可以隐匿身份,还能使用比特币快速变现,而且也不会存放大额现金,仅需要一个地址和一个密钥。但是比特币因为价值波动

巨大，难以掌控，使得资金稳定风险增高，于是开始用比特币、稳定币和黄金结合起来进行洗钱。总而言之，洗钱伴随着经济、社会和科技的发展也在不断发展，但“魔高一尺，道高一丈”，新出现的洗钱活动也逐渐受到监管的重视和严厉查处。

随着“断卡行动”的展开，洗钱活动风险变得越来越高，上游犯罪获得的收益，通常要经过洗钱掩饰为合法资金，才能进入正常的流动环节。在此之中，币圈的OTC商家、金店和普通个人都有可能无意中成为洗钱的一环，如果被查到涉案资金，更是会被冻结银行账户，造成不必要的麻烦。如果是明知甚至是故意，还可能构成掩饰、隐瞒犯罪所得罪、洗钱罪和帮助信息网络犯罪活动罪。作为高风险主体，应当在以下几个方面履行尽职调查或注意义务。

（一）OTC商家或金店的尽职调查义务

1. 严格的客户身份识别（KYC）：应严格执行KYC规定（Know Your Customer），对所有频繁大额虚拟币或黄金购买者进行身份验证，确保其资金来源合法。

2. 着重审核大额交易客户的银行流水：对于大额资金，如果出现资金的快进快出，应当着重审核其资金来源，着重查看资金的沉淀时长，对资金沉淀时间短且快进快出的账户尽量不进行交易。

3. 做好记录留存：对大额交易进行监控，保留详细的交易记录，包括购买者的身份信息和交易细节。定期审查交易记录，发现异常交易行为时及时采取措施。

4. 提高员工的警觉性：培训员工识别可疑交易行为，如频繁的大额交易、不愿提供身份信息的顾客等。通过提高员工的风险意识，可以在第一时间识别和阻止可疑交易。

5. 与执法机构合作：一旦发现可疑交易，应及时向当地执法机构报告，配合调查。建立与监管机构的良好沟通渠道，共享情报信息，增强防范能力。

（二）普通个人的注意义务

1. 谨慎选择交易渠道：选择有资质的正规金店（最好是实体店）、知名虚拟货币交易所进行交易，避免通过不正规渠道购买“二手”黄金。正规金店、知名交易所通常有严格的监管措施，可以有效减少洗钱风险。

2.避免成为中间人:不替他人进行大额黄金、虚拟币购买,以防止被利用进行洗钱活动。对于亲友提出的代购请求,应慎重考虑,避免因一时疏忽而卷入犯罪。

3.切莫贪占小便宜:如有陌生人或朋友要求代为购买大额黄金,并给予“返点”的优惠,应提高警觉,避免卷入犯罪活动。对于不明来历的交易请求,应保持警惕并拒绝。

总而言之,在日常的生产、生活中,我们要时刻树立反洗钱的意识,对于资金的进出时常多一份思考,不贪占生活中的小便宜,以免让自己“吃大亏”。

第二节 针对虚拟货币与黄金的反洗钱预防措施

一、“洗钱者”身份的隐匿

洗钱者在实施完上游犯罪之后,通常会通过洗钱合法化犯罪所得,为此,洗钱者经常要使用一系列手段。

(一)隐藏身份

洗钱者深知,使用真实身份进行交易很容易被追踪到。因此,洗钱者决定获取一系列虚假身份来掩盖自己的行为。

在黑市上获取假身份并非易事。洗钱者需要通过特定的暗网论坛找到信誉良好的造假者。这些论坛通常只有通过推荐或支付高额会费才能进入。进入论坛后,洗钱者花费大量时间筛选造假者,查看造假者的客户反馈和成功案例,最终选定几名声誉较好的造假者。

洗钱者通过加密的通信软件与这些造假者联系,这些造假者隐藏在全球各地,利用先进的仿制技术制造高质量的假证件,包括护照、身份证、地址证明和驾驶执照等。洗钱者详细描述自己的需求。这些造假者不仅会提供高质量的假证件,还会附带真实的身份信息和银行账户信息。为了确保这些假身份的真实性,洗钱者还会支付额外的费用,让造假者为每个身份编造详细的背景故事,包括出生地、工作经历和联系方式等。

除制造假身份外，洗钱者还在黑市上购买真实身份，洗钱者联系相应的卖家，买家收集相应的真实人口的身份证、护照、银行卡、电话卡、地址证明等与身份具有绑定关系的证明物件应对审查比较严格的机构；此外，这些真实人口往往还可以给洗钱者提供验证身份的有偿服务。

洗钱者利用这些假身份，在不同的加密货币交易平台上注册账户。洗钱者每次使用不同的身份，并且在不同的时间和地点进行注册和交易。今天洗钱者可能以“张三”的身份在一家交易平台注册账户，明天又以“李四”的身份在另一家平台进行交易。每次交易时，洗钱者都会小心翼翼，使用 VPN 让自己隐藏在真实的网络环境后面，进一步增加了追踪难度。

尽管洗钱者已经采用多种身份隐匿自己的真实身份，但是仍然存在要求严格的机构，给洗钱者带来了相当的挑战。

1. 身份验证的挑战

在使用这些假身份进行注册时，洗钱者遇到的第一个问题是某些平台的身份验证系统非常严格，要求进行视频验证或提交多种身份证明文件。为了面对这些挑战，洗钱者会联系一些专业的黑客团队，这些黑客团队专门提供远程身份验证服务。洗钱者可以通过技术手段模拟真实的网络环境，成功绕过视频验证系统。

2. 交易记录的监控

有些加密货币交易平台对大额法币买入交易和频繁交易会进行严格监控，这让洗钱者非常头疼。洗钱者必须想方设法避免引起平台的警觉。为此，洗钱者采取了几个措施：一是分散交易，洗钱者将大额交易分散成多次小额交易，每次交易金额控制在平台监控的临界值以下。二是在随机时间间隔交易，洗钱者在不同的时间段进行交易，避免短时间内频繁交易引起怀疑。三是多平台操作，洗钱者在多个交易平台之间切换，分散交易记录，避免在单一平台上留下大量的交易痕迹。

3. 身份背景调查

一些高级别的交易平台会对注册用户进行背景调查，核实其提供的身份信息。这对洗钱者来说是一个巨大的挑战。洗钱者不仅需要假身份证明文件，还需要配套的背景信息，如银行账户、税务记录等。为了应对这一问题，洗钱者一方面求助于洗钱者的造假者网络，这些造假者能够提供完整的身份信息包，包括真实的银行流水和税务记录，使得这些假身份看起来更加可信；另一方面让真实存在的人口帮助其进行审核，再支付相应的报酬。

4. 账户冻结和调查

尽管洗钱者非常小心，但洗钱者的一些账户还是因为可疑活动而被平台冻结。但是洗钱者分散存放加密货币的方式让洗钱者在每一个账户中，都存放较少的加密货币，如果遇到冻结的情况，洗钱者会通过专业团队进行申诉，如果没有申诉成功，洗钱者会迅速放弃这些被冻结的账户，转而使用其备用身份和账户继续进行交易。

通过这些手段，洗钱者成功利用假身份在多个加密货币交易平台上注册并进行交易，以此让自己的犯罪所得转换为加密货币。

（二）混淆资金交易路径

为了进一步隐匿资金来源，洗钱者会利用“混币器”。洗钱者将比特币通过混币服务与其洗钱者用户的比特币混合，使得交易路径难以追踪。这些混币服务通过多次分割和重组比特币，极大地增加了追踪难度。洗钱者在不同的混币平台之间不断地转移资产，资金流动路径变得更加复杂，在这个过程中资金也变得越来越难以追踪，越来越安全。

（三）转换为黄金

在完成比特币的混淆后，洗钱者计划将这些比特币转换为黄金。洗钱者知道，黄金作为一种传统的保值工具，更加便于隐匿、携带和变现。一方面，洗钱者选择在一些监管较为宽松的国家或地区甚至在金矿的开采区进行交易，在个别腐败的国家，政府工作人员即使知道洗钱者在洗钱，但是经过洗钱者的贿赂，仍然能为洗钱者的洗钱通道大开绿灯。洗钱者通过线上联系，找到当地人购买黄金，并委托信得过的个人将其运送至离岸银行账户保险柜。尽管洗钱者已经通过贿赂为自己大开绿灯，但是洗钱者仍然通过各种加密软件进行黄金买卖的单线联系，以此隐匿自己的身份。但是这种方式的风险在于，在某些环节中，相应的联络人可能经不起金钱的诱惑,随时卷款跑路。另一方面,洗钱者将比特币通过交易平台出金的方式,转化到相应"黄金跑分客"的手中,洗钱者把比特币转账给这些跑分客,由分散在全国各地的跑分客进行黄金的购买,然后交由洗钱者指定的人员进行收取归集,在这个过程中,跑分客通过抽成进行获利。

(四)合法化资金

仅仅持有黄金并不是完全安全的,洗钱者需要将这些黄金合法变现。于是,针对在海外的黄金,洗钱者通过设立多个离岸黄金贸易公司,伪装成合法的黄金商人,将黄金进行再次出售,将获得的资金存入海外银行账户。这些资金通过复杂的公司结构和跨国交易,最终进入了合法的金融体系。针对在国内的黄金,洗钱者分散在不同地区卖出,以此获利了结。

洗钱者将这些获利了结的资金投资于高回报的合法项目,如房地产和股票市场,从而进一步掩盖资金的非法来源。让自己可以高枕无忧,尽情享受违法犯罪所得。尽管这条洗钱之路充满了风险,每一步都可能被发现,但洗钱者看着账面上的资金不断增值,内心会有一种从未有过的满足感。这也是一直驱使着洗钱者诈骗、洗钱的动力。

二、反洗钱机构的用户识别

(一)身份识别的难点

诸如银行、虚拟货币交易所、金店这些机构,在日常对抗洗钱的过程中,时常会存在许多的难点,如果不能准确识别这些难点,就会卷入洗钱者的洗钱旋涡。总体来说,常见的识别难点如下。

1. 身份造假。加密货币交易所和金店可能会遇到客户使用伪造的身份证明文件进行交易。这些伪造文件可能包括假护照、假身份证、假地址证明等。

2. 身份信息不完整或不一致。客户在不同平台或不同时间提交的身份信息可能不一致,或者在多个系统中记录的信息不完整。这种情况可能导致难以准确识别客户的真实身份。

3. 频繁更换身份信息。有些客户可能会通过造假频繁更换身份信息,如更换姓名、地址、联系方式等，以逃避监控和审查。这种情况增加了识别客户真实身份的难度。

4. 多次小额交易分散大额资金。客户可能通过多次小额交易分散大额资金，从而绕过大额交易的监控和报告要求。这种行为会使得交易所和金店难以发现可疑的资金流动。

5. 高风险客户管理不当。对于被认为是高风险的客户，如果交易所和金店没有采取足够的措施进行尽职调查和持续监控，可能会导致洗钱行为未被及时发现。

（二）如何找出面具背后的真实身份

1. 严格的身份验证程序。加密货币交易所和金店应当实施严格的身份验证程序，确保客户提供的身份证明文件真实有效。可以通过联网核查公民身份信息系统进行验证，或者与公安、市场监管、税务等部门核实身份信息。客户在加密货币交易所注册时，要求其上传身份证明文件。系统会自动连接到公民身份信息系统进行验证，确保文件的真实性。如果发现任何异常，立即拒绝注册并标记为可疑客户。

2. 多层次的身份验证。在进行初步验证后，还应进行多层次的身份验证。例如，通过视频验证、实地查访、回访客户等方式进一步确认客户身份的真实性。对于高风险客户，可以要求补充其洗钱者身份资料或身份证明文件。客户在金店购买大额黄金时，不仅要求其提供身份证明文件，确保客户与文件上的照片一致，还要核查税务、银行流水等收入信息，如有必要，可以进行实地查访或回访，进一步确认身份。

3. 使用先进技术进行验证。利用大数据分析和人工智能技术，可以提高身份验证的效率和准确性。比如，洗钱者在洗钱过程中，通常会涉及资金的归集，可以通过建立大数据模型，对高危行为进行分类，以此识别高危人群，进行标记。再如，通过面部识别技术验证客户身份，或者利用区块链技术记录和验证客户的身份信息，确保信息的不可篡改性。交易所可以引入面部识别技术，要求客户在进行交易时进行面部扫描。系统会自动比对扫描结果与客户提供的身份证明文件照片，确保两者一致。此外，可以利用区块链技术记录客户的身份信息和交易记录,确保信息的透明和不可篡改。

4. 持续监控和尽职调查。对于高风险客户,应进行持续监控和尽职调查。了解其资金来源、资金用途、经济状况或经营状况等信息,并加强对其金融交易活动的监测分析。交易所和金店对高风险客户的每一笔交易进行实时监控,定期更新客户的风险评估报告。如果发现任何异常交易行为,应当立即进行深入调查,了解资金的具体来源和用途。

5. 定期更新和审核客户信息。在与客户的业务关系存续期间,定期更新和审核客户的身份信息,确保信息的及时性和准确性。如果发现客户提交的身份证件或身份证明文件过期,应及时要求客户更新资料。每6个月对所有客户的信息进行一次全面审核,确保所有信息都是最新的。如果发现任何过期或不准确的信息,立即联系客户进行更新。如果客户未能在合理时间内提供更新信息,则暂停其账户使用权。

6. 建立高效的信息共享机制。加密货币交易所和金店应建立高效的信息共享机制,与金融机构和监管机构共享可疑交易和客户身份信息。这有助于形成全面的反洗钱网络,提高识别和打击洗钱活动的效率。加密货币交易所和金店可以与金融机构和监管机构建立合作协议,定期分享可疑交易和高风险客户的信息。通过这种信息共享机制,运用大数据分析模型,可以更有效地识别和阻止洗钱活动。

7. 员工培训和意识提升。通过定期的反洗钱培训,提高员工对客户身份识别重要性的认识和操作能力。员工应熟悉最新的反洗钱法规和要求,能够有效识别大额及可疑交易,提高整体反洗钱能力。每季度组织一次反洗钱培训,邀请行业专家讲解最新的反洗钱法规和案例分析。通过培训,提高员工的反洗钱意识和技能,确保员工能够在日常工作中有效地识别和处理可疑交易。

通过这些具体的实施步骤和策略,加密货币交易所和金店可以有效提高客户身份识别的准确性和效率,降低洗钱风险,维护金融体系的安全和稳定。

(三)身份识别的制度性建议

针对从事区块链交易或开发、黄金在线交易等业务的相关企业与人员,笔者建议根据以下内容建立相关的内部身份识别制度。

1. 适用身份识别的情形

(1)开立账户,建立合作关系,提供虚拟货币、黄金交易服务等。

(2)为自然人客户办理大额虚拟货币兑换法币、大额黄金交易业务(建议参照中国人民银行于2017年7月1日施行的《金融机构大额交易和可疑交易报告管理办法》第五条的规定,将其限制为等值人民币单笔5万元以上或者外币等值1万美元以上的)。

2. 初次识别的要求

虚拟货币交易所要通过公安机关接口联网公民身份信息系统进行核查,识别并准确评定客户洗钱风险等级,对反洗钱风险等级较高的客户,加强尽职调查。调查过程中可以采取以下措施:

(1)要求客户补充其他身份资料或者身份证明文件。

(2)回访客户。

(3)向公安、工商行政管理等部门核实。

不为身份不明的客户提供服务或者与其进行交易,不为客户开立匿名账户或者假名账户。

3. 尽职调查及持续客户身份识别

对于高风险客户或者高风险账户持有人,虚拟货币交易所应当了解其资金来源、资金用途、经济状况或者经营状况等信息,加强对其交易活动的监测分析。在与客户的业务关系存续期间,关注客户及其日常经营活动、交易情况,及时提示客户更新资料信息。客户先前提交的身份证件或者身份证明文件已过有效期的,没有在合理期限内更新且没有提出合理理由的,应中止为其办理业务。

4. 重新识别客户的情形

(1)客户要求变更姓名或者名称、身份证件或者身份证明文件种类、身份证件号码、注册资本、经营范围、法定代表人或者负责人的。

(2)客户行为或者交易情况出现异常的。

(3)获得的客户信息与先前已经掌握的相关信息存在不一致或者相互矛

盾的。

(4)先前获得的客户身份资料的真实性、有效性、完整性存在疑点的。

(5)虚拟货币交易所或者金店认为应重新识别客户身份的其他情形。

5. 提高风控等级、拒绝开户或交易的情形

(1)基本信息记录不完整的客户信息记录;身份信息过期的客户信息;身份证编号规则与证件类型、年龄、性别等信息明显不符的客户信息。

(2)疑似匿名或被控制账户所对应的客户信息,具体表现为多名毫无关联的客户,预留同样的住宅信息及联系方式。

(3)多个系统之间,对同一客户记录不相符的信息。

(4)未按规定开展洗钱风险分类的客户;根据录入的基本信息,洗钱风险分类明显不准确的客户(如被公检法机关调查冻结或扣划的客户未适时调整风险分类);不同系统之间有多个风险分类记录结果且结果不一致的客户。

(5)缺少尽职调查及持续客户身份识别记录的客户,或尽职调查及持续客户身份识别记录不满足时间或频率要求的客户等。

(6)筛查同一日同一客户在短时间内、连续发生多笔小额交易,或人民币 5 万元以上或者外币等值 1 万美元以上虚拟货币兑换法币交易、黄金交易的情况。

第三章

虚拟货币与黄金交易的实务案例解析

第一节　虚拟货币的实务案例解析

案例一　民事纠纷中虚拟货币是否可以折算为人民币计算损失

自2022年“深圳挖矿第一案”（指2021年9月24日《关于整治虚拟货币“挖矿”活动的通知》出台后深圳第一例已判决的虚拟货币挖矿类案件）判决后，基本奠定了深圳地区虚拟货币挖矿合同纠纷类案件的判决趋势。

在此之后，虽然也有2023年1月最高人民法院出台的《全国法院金融审判工作会议纪要（征求意见稿）》（以下简称《金融审判纪要》）的进一步规定，即根据《关于整治虚拟货币“挖矿”活动的通知》出台的时间节点为判断合同是否有效的依据，同时考虑过错责任。

《金融审判纪要》[①]第八十五条：【与“挖矿”有关的纠纷】虚拟货币“挖矿”是指通过专用“矿机”计算生产虚拟货币的过程。从案件审理情况看，因“挖矿”引发的纠纷可以概括为两种类型，一种是当事人为通过挖矿活动获取虚拟货币，购买、租赁生产虚拟货币的矿机，因矿机价款支付发生纠纷；另一种是融合了矿机买卖、合作分成或托管服务等多重法律关系的合作模式，如当事人双方共同出资购买挖矿机并约定在取得虚拟货币后进行分成，后因卖方未交货或者未分成形成纠纷。“挖矿”活动由于其能源消耗和碳排放量大，对国民经济贡献度低，对产业发展、科

---

① 虽未正式公布，但在分析问题时具有参考意义。

技进步等带动作用有限等原因,逐渐受到严格管控和有序清退。人民法院审理案件,应根据不同时期公共政策对合同履行的影响程度,合理平衡当事人之间的权利义务关系。在《关于整治虚拟货币"挖矿"活动的通知》(2021 年 9 月 3 日)发布之前,国家政策并未明确禁止挖矿活动。对此前当事人约定买卖、租赁、保管"矿机"或附加提供相关运营管理、技术开发等服务的合同,诉讼中又以合同标的物或合同目的违法为由请求确认无效的,人民法院不予支持。如因政策出台导致合同嗣后履行不能,一方当事人提出解除合同,人民法院应予支持。合同解除后,尚未履行的,终止履行;已经履行的,根据履行情况和合同性质,当事人可以请求恢复原状或采取其他补救措施,并有权请求赔偿损失。对 2021 年 9 月 3 日之后当事人约定买卖、租赁、保管"矿机"或附加提供相关运营管理、技术开发等服务的合同,人民法院应当认定合同无效。案件审理中,一方起诉请求确认合同有效并请求继续履行合同,另一方主张合同无效的,或者一方起诉请求确认合同无效并返还财产,而另一方主张合同有效的,人民法院应向原告释明变更或者增加诉讼请求,或者向被告释明提出同时履行抗辩,尽可能一次性解决纠纷。当事人按照释明变更诉讼请求或者提出抗辩的,人民法院应当将其归纳为案件争议焦点,组织当事人充分举证、质证。

就在笔者以为全国的此类判决会趋于一致的时候,一个来自深圳市中级人民法院的二审判决却没有完全参考最高人民法院的《金融审判纪要》,当然这也没有必然的错误,毕竟当下的《金融审判纪要》还处于征求意见阶段,尚未完全生效。当然,这个案件从笔者代理的被告(矿商)的角度来看笔者仍然是胜诉的,不过即使笔者是胜诉方,也依然认为有一些判决的法律依据仍然有待商榷。

一、基本案情

2021 年 4 月 18 日,原告与被告(矿商)签订《CHIA 服务器托管协议》,约定被告向原告提供 3P 算力的服务器托管服务,对价为 87 万元人民币。合同签订后原告立即向被告支付了 127,008 枚 USDT(折合人民币 87 万元,双方对此都认可)。事后,被告仅于 2021 年 6 月 9 日交付了 800T 的算力,且该算力仅维护了一个多月便停止所有交付。2021 年 9 月 2 日，原告将矿商起诉至深圳市罗湖区人民法院，要求矿商退还 87 万元购机款。2022 年 3 月，罗湖区人民法院一审判决原告胜诉，被告应退还原告人民币 87 万元。随后，笔者代表被告上诉，最终二审改判被告(矿商)胜诉。

二、核心争议焦点——USDT 能否折算为人民币

综合一审和二审的辩论内容和判决书的内容，本案最主要的核心争议焦点，就是虚拟货币能否折算为人民币。原告一方认为可以折算，笔者代表的被告一方则认为不可以折算。

在本案一审时，国内并没有任何一部法律规定虚拟货币不可以折算为人民币，虽然有《关于防范代币发行融资风险的公告》和《924 通知》规定了任何平台不得从事法定货币与代币、虚拟货币相互之间的兑换业务，不得买卖或作为中央对手方买卖代币或虚拟货币，不得为代币或虚拟货币提供定价、信息中介等服务。但并没有直接规定虚拟货币不具有价值，且这两份文件并不属于法律规定，仅仅是政策性文件而已。与此同时，矿商一方在交易的时候，还在聊天记录中确认了 127,008 枚 USDT 等同于 87 万元人民币的说法，也就是说对于虚拟货币价格的锚定标准也有了。于是，一审法院才会判决被告退还原告 87 万元人民币。

但在本案二审时，二审法院经过笔者的多次沟通，认为"一审法院判决被告向原告返还人民币 87 万元，实质上是变相支持了虚拟货币与法定货币之间的兑付和交易"，支持了笔者的观点。

为什么一审和二审的区别这么大？其实这里还有一个小插曲。2022 年 12 月 30 日(一审开庭后)，最高人民法院发布了第 199 号指导性案例"高哲宇与深圳市云丝路创新发展基金企业、李斌申请撤销仲裁裁决案"，该案正好也是深圳市中级人民法院办理的案件，其中原文明确提到"涉案仲裁裁决高哲宇赔偿李斌与比特币等值的美元，再将美元折算成人民币，实质上是变相支持了比特币与法定货币之间的兑付、交易，与上述文件精神不符，违背了社会公共利益，该仲裁裁决应予

撤销”。这个案例能被确定为指导案例并不意外,因为这个案例本就是报请最高人民法院核准后才由深圳市中级人民法院最终裁定的。此外,本案系发生在深圳挖矿第一案后,深圳挖矿第一案为本案提供了相同的理论依据。

因此,本案在笔者向合议庭提交了深圳挖矿第一案的判例,以及第 199 号指导案例后,二审也就基本锁定了胜诉局面。

三、本案的两处关键点

虽然笔者代理的矿商最终获胜,但本案的审理过程仍然存在两个重要的关键点。

关键一:法院想当然地认为挖矿合同必然无效。

虽然原、被告双方都没有对合同无效展开辩论(笔者站在被告角度,合同无效是最有利的,但站在原告角度提无效其实有点捡了芝麻丢了西瓜的意思,最后再分析),但两审法院仍然应当依职权认定合同是否有效。

本案中,二审法院并没有就合同是否有效发表意见。一审法院也没有像以往一样引用 2021 年 9 月 24 日发布的《关于整治虚拟货币“挖矿”活动的通知》为依据,而是以《924 通知》为依据,认为双方的行为属于非法金融活动,所以无效。至于为什么双方的行为就属于非法金融活动,并未展开论述。这里补充一个知识点,《924 通知》确实规定了所有的虚拟货币业务活动均属于非法金融活动,难道涉及虚拟货币的就都是业务活动?就直接认定无效吗?

此外,双方合同签订于 2021 年 4 月底,国家打击挖矿最早也是 2021 年 5 月底。明确定义为高耗能产业则是 2021 年 9 月 24 日。以未来的政策性文件,判过往的案件事实,明显不合理。再结合《金融审判纪要》的规定,至少也应当以 2021 年 9 月 3 日为一个时间节点予以认定。所以,抛开代理律师的身份,笔者仍然认为本案判决合同无效有待商榷。

关键二:法院没有着重审查双方对合同的履行情况。

若合同有效,双方的履行情况则反映了双方应当承担的责任大小。若合同无效,根据《民法典》第 157 条的规定,也应根据双方过错大小和损失大小划分责任。因此,无论合同是否有效,合同的履行情况,都应当是本案的重点审查对象。但本案两审法院均仅局限于虚拟货币是否应当折现这一问题,完全无视了双方的履行情况和过错责任的问题。如此才造成了一方完胜或一方完败的两次极端判决。

并且就实际情况而言,原、被告双方确实都存在诸多严重的过错。当然,开庭的时候笔者作为“稳赢”的一方,已经没必要和对方在这一点上纠结了,如果纠结了反而还要亏损一部分。但法院仍然有义务依职权查明合同的履行情况。

案例二　首例发币撤回流动性诈骗案

一、基本案情

2024 年 6 月 6 日,澎湃新闻发布了一篇题为“首例发行虚拟币涉刑案引争议:撤回流动性致炒币亏损是否构成诈骗”的报道。简要的案情为:2022 年 5 月,“00 后”大学生杨某超在境外公有链上发行了一款简称为 BFF 的虚拟币,因撤回流动性而引来牢狱之灾。检察机关指控,其发行了假的虚拟币,他人受误导充值 5 万 USDT 币后,杨某超迅速“撤资”,导致他人损失 5 万 USDT 币,其行为构成诈骗罪。2024 年 2 月 20 日,河南省南阳高新技术产业开发区人民法院一审认定杨某超犯诈骗罪,判处其有期徒刑 4 年 6 个月,并处罚金 3 万元。

二、案件控辩双方的观点

因为没有亲身经历案件的办理,笔者并不知道案件的全貌,我们仅从这位“UC 震惊系”的记者报道的内容来做分析。

作为控方,公诉人用以指控杨某超构成诈骗罪的理由是:杨某超通过创建与区动未来发行的虚拟币名字相同、发行宣传资料相同的虚假 BFF 币,自己充值 30 万 USDT 币作为诱饵,引诱被害人罗某充值 5 万 USDT 币后,杨某超连同自己充值的 30 万 USDT 币一共 35 万 USDT 币同时撤资,骗取罗某人民币 33 万元。

作为辩方,杨某超的律师无罪辩护的理由是:(1)杨某超发行的虚拟币虽然与区动未来英文名同名,但这不能说明是假的 BFF 币,因为同名的币比比皆是;并且区动未来并没有发行 BFF 币,而发行的是 BFFT 币、BFFA 币。(2)报案人钱包里的币所对应的 USDT,案发后不仅没有损失反而还增加了。(3)报案人是投资行为,而不是被骗。

最终,一审法院判决杨某超构成诈骗罪。

三、笔者的观点

笔者认为本案一方面应当考虑是否构成诈骗罪,另一方面还应当考虑是否构成其他罪名。

1. 诈骗的罪与非罪

杨某超是否构成诈骗罪,要从诈骗罪的构成要件考虑。本案中,重点要考虑的就是杨某超是否具有诈骗的主观故意与客观行为。

从杨某超特意选择了在区动未来发币的同一天,发布了基本同名的 BFF 币,并且利用区动未来相同的宣传资料的事实来看,杨某超是有混淆两者的主观故意和客观行为的。但混淆并不一定就是诈骗,不然拼多多的假货以及“康帅傅”这类商品就不会那么猖獗了。所以混淆只是一种不正当的竞争手段,并非犯罪。判断诈骗罪与非罪的重点还是要看杨某超是否具有“非法占有的故意”。

从杨某超突然撤回流动性的行为也可以看出,杨某超是有“占有的故意”的。那么这个行为是否非法就是本案最为关键的争议焦点。公诉人主张的是非法,辩护人主张是正常的投资行为,不是非法。

笔者认为,杨某超撤回流动性是否属于正常的投资行为重点要看杨某超撤回的行为是否能够和发币的行为分割开进行单独进行评价。

杨某超作为 BFF 的项目方,如果其是在发行后短期内就撤回了流动性,目的就是狠狠地割市场的“韭菜”,那就不能将发币行为和撤回流动性的行为进行分开评价。如果将两个行为合并评价,则应当认定为诈骗罪。反之亦然。

币圈的项目方们,不要激动。如果作为辩护人,笔者肯定也会提出无罪的理由。法律的作用之一就是为了调整并化解社会的矛盾。从法律角度评价，因为目前虚拟货币类案件并没有完全匹配的法律，法官只能在诈骗罪现有的法律框架内行使自由裁量权，杨某超如果将“冒名发币 + 撤回 + 割韭菜”在短时间内一气呵成，笔者相信一个正常的社会人，也很难将之评价为正常的投资行为。

反之，如果杨某超充当做市商提供流动性的时间很长，很难认定杨某超的行为是不是投资行为，那就应当依据“有利于被告人原则”，认定杨某超不构成诈骗罪。

最后，关于报案人钱包里的币到底有没有实际损失，笔者认为并不是本案的重点。因为杨某超的行为，就算割的不是最开始的报案人，也是存在其他受害人的，毕竟钱不可能是天上掉下来的。这是一场零和游戏，有人赚就一定有人亏。

不过，说句题外话。如果杨某超不是把发币、做市商、“割韭菜”三个行为齐聚一身，而是分别由不同的人“无共谋”地进行，三个人都不会构成任何犯罪。

2. 除了诈骗罪，杨某超还可能涉及什么罪名

根据笔者以往的办案经验，此类案件，办案机关有可能认定的罪名至少还有以下几个。

(1) 非法经营罪。虽然非法经营罪也有一个“其他情形”作为兜底条款，但是为了保证市场经济的发展，非法经营罪需要作限缩解释。然而，目前没有任何一条法律或司法解释规定发币行为属于非法经营罪的规制对象。所以，当然也不构成这个罪名。

(2) 非法吸收公众存款罪或集资诈骗罪，也就是大家常说的非法集资。这两个罪名是否构成，应该是目前司法实务界争议最大的。因为只要参与人数够 150 人，大概率就会涉及这个罪名。杨某超最应当被指控的就是这两个罪名中的一个。

(3) 非法利用信息网络罪。这个罪名与帮信罪一样，也是刑法中的一个兜底罪名，同样最高刑期只有 3 年。

第二节 黄金交易的实务案例解析

案例一 潘某从事黄金买卖涉嫌帮助信息网络犯罪活动罪，检察院不批捕后公安机关终止侦查

一、基本案情

A 公司主要从事大额的黄金买卖，潘某系 A 公司的实际控制人。2023 年 7 月，诈骗团伙的张某加了潘某的微信后，向其咨询购买黄金的相关事宜，最终决定购买 2 公斤黄金，并在签订合同后向 A 公司付款 100 余万元(款项为诈骗所得，在此过程中，潘某并没有积极主动地对张某的身份信息、资金来源等进行核实)。次日，张某安排其小弟到 A 公司提走了黄金，潘某仅要求提货人代张某签署了提货单据，同样未核实提货人的真实身份。一周后，潘某被某地公安机关以涉嫌帮助信息网络犯罪活动罪予以拘留。

二、律师观点

1. 潘某没有帮助信息网络犯罪活动的客观行为。帮信罪的客观构成要件表现为犯罪嫌疑人在明知他人利用信息网络实施犯罪，为其犯罪提供互联网接入、服务器托管、网络存储、通信传输等技术支持，或者提供广告推广、支付结算等帮助，情节严重的行为。本案中，潘某一方面并不明知或应知客户是否通过信息网络实施犯罪，也不知道客户的资金来源是否存在问题；另一方面，潘某向客户出售黄金的行为，仅属于商品买卖行为，也不属于提供互联网接入、服务器托管、网络存储、通信传输等技术支持，或者提供广告推广、支付结算的行为。

2. 潘某没有帮助组织信息网络犯罪活动的主观故意。根据潘某的陈述，其主

观上并不明知或应知客户实施了信息网络犯罪活动。主要原因有两点：第一，从买卖合同履行的角度来看，其对客户的基本审查义务已经完成，而其在收到货款后，向客户交付黄金，完全符合民事活动的相关规定。通过上述常规审查义务，确实无法判断客户是否有从事信息网络犯罪的可能。因此不存在明知或应知的可能。第二，从行业角度来看，虽然黄金具有一定的特殊属性，但深圳市的水贝片区从事黄金销售的公司，销售流程大多与 A 公司相似，且多数公司的黄金销售金额远超 A 公司。不能不考虑行业特性，直接将潘某等公司经营者遵从行业惯例的销售行为，简单粗暴地认定为明知或应知。

案例二　刘某从事黄金买卖涉嫌掩饰、隐瞒犯罪所得罪，检察院不批捕后公安机关终止侦查

一、基本案情

2023 年，刘某为从事黄金买卖行业，注册并成立了 B 公司。公司成立后刘某引入了上市公司的销售流程，在不到一个月的时间内，对外销售了价值近 1 亿元的黄金，流水数量及金额都特别巨大。其中，一笔涉及金额为 1500 万元左右的黄金交易因款项来源为电信诈骗款，被某地公安机关以诈骗罪立案后对刘某采取了拘留措施，后又将罪名变更为掩饰、隐瞒犯罪所得罪。本案为该省公安厅督办案件。

二、律师观点

1. 关于不构成诈骗罪的意见

首先，刘某与报案人素不相识，也从未进行过任何沟通联系。因此刘某没有直接作案（虚构事实、隐瞒真相）的客观行为。其次，诈骗罪作为“侵犯财产类”犯罪，要求以骗取财物为基本的行为模式。本案中，刘某在收到客户款项后，并没有将相关财物据为己有，而是向客户交付了等值的黄金货物。该事实有《贵金属委

托买卖合同》《客户提货授权书》《送货单》及微信聊天记录(含照片)、提货人的身份证复印件等可以证实。由此可以认定刘某不具备骗取财物的主观故意,也不具备骗取财物的客观行为。

2. 关于不构成掩饰、隐瞒犯罪所得罪的意见

《最高人民法院关于审理洗钱等刑事案件具体应用法律若干问题的解释》(已失效)第一条第一款规定:"刑法第一百九十一条、第三百一十二条规定的'明知',应当结合被告人的认知能力,接触他人犯罪所得及其收益的情况,犯罪所得及其收益的种类、数额,犯罪所得及其收益的转换、转移方式以及被告人的供述等主、客观因素进行认定。"与此同时,该规定还列举了7类可以认定(及应知)被告人明知系犯罪所得及其收益的情形:(1)知道他人从事犯罪活动,协助转换或者转移财物的;(2)没有正当理由,通过非法途径协助转换或者转移财物的;(3)没有正当理由,以明显低于市场的价格收购财物的;(4)没有正当理由,协助转换或者转移财物,收取明显高于市场的"手续费"的;(5)没有正当理由,协助他人将巨额现金散存于多个银行账户或者在不同银行账户之间频繁划转的;(6)协助近亲属或者其他关系密切的人转换或者转移与其职业或者财产状况明显不符的财物的;(7)其他可以认定行为人明知的情形。

本案中:(1)B公司基于与客户的买卖合同关系,才收取了客户支付的款项,具备正当理由;(2)B公司在收到货款后也向客户交付了市场价等值的黄金货物,不符合明显低于市场价销售的情形;(3)B公司的采购价和销售价差距极小,属于典型的薄利多销,也不符合收取明显高于市场价"手续费"的情形;(4)刘某不存在协助他人将巨额现金散存于多个银行账户或者在不同银行账户之间频繁划转,或协助近亲属或者其他关系密切的人转换或者转移与其职业或者财产状况明显不符的财物的行为。

此外,根据刘某的陈述,其主观上并不明知或应知客户从事犯罪活动的可能。首先,从买卖合同履行的角度来看。B公司对客户的基本审查义务已经完成,例如,核实购买方的主体信息、核实货款是否向购买方或其委托方付款、核实提货人的身份信息、核实客户购买意图的《实物用金承诺书》(B公司《实物用金承诺书》

模板内容节选:“本公司愿意主动承担社会责任,遵从商业守则,不接触或涉及以下情况:1. 销售渠道及去向不合法,违法套取或虚开增值税发票;2. 洗钱、诈骗以及来路不明的款项;3. 从高风险、冲突地区采购贵金属”等。B 公司在核实了这些基本信息后,接收货款并向客户交付黄金,完全符合民事活动的相关规定。特别是在本案中,因并非客户的本公司员工提货,B 公司特意要求客户出具《客户提货授权书》,就是为了出现纠纷后相关维权主体和办案单位可以及时查获相关证据,同时自证清白。通过上述全面的审查义务后,即使仍然无法完全杜绝收到涉案财物的可能,也已经尽到了一般民事主体在普通民事活动中的审慎义务。因此,刘某不存在明知或应知的可能。

其次,从行业角度来看。虽然黄金具有一定的特殊属性,但 B 公司所在的深圳市罗湖区水贝片区从事黄金销售的公司,销售流程大多与 B 公司相似,且多数公司的黄金销售金额远超 B 公司,B 公司并未刻意降低自己的业务标准,从而协助他人犯罪。不仅如此,甚至 B 公司向上游的黄金行业上市公司等采购黄金的流程与其他公司也相差无几。办案机关不应不考虑行业特性,直接将刘某等公司经营者遵从行业惯例的销售行为,简单粗暴地认定为明知或应知。

综上,正是因为黄金的特殊属性,B 公司在从事黄金销售业务时均有相应的合同、采购记录、提货记录、聊天记录等完备的业务流程。办案机关不应无视其正常的买卖流程,忽略对其有利的诸多证据,违反有利于被告人原则,从不符合常理的特定“假设”视角判断刘某的主观故意。

后　　记

研究反洗钱，笔者埋头工作，从细微处积累反洗钱工作的经验，深入了解犯罪者的洗钱动机、路径、方法，以应对可能出现的新型洗钱犯罪。

根据笔者多年的工作经验以及专业观察，全球洗钱犯罪呈现以下趋势：

一是新型洗钱手段不断涌现。有的搭建跑分平台，传销式拉人入伙进行洗钱；有的通过日益火爆的网络直播，零散打赏进行洗钱；有的通过虚拟货币跨境洗钱。伴随新业态、新金融工具的出现，洗钱犯罪也在不断滋生。

二是复合洗钱手段越来越多。虚拟货币、黄金、离岸公司、拍摄电影等多种形式的洗钱聚集在一起，洗钱手段层层嵌套，洗钱花样百般组合，无疑增加了调查难度，使得反洗钱工作需要投入更多的人力和物力。

三是全球洗钱规模越来越大。亚洲特许银行家协会（AICB）主席丹斯里阿兹曼哈欣指出，[①]7 月的全球反洗钱报告显示，全球反洗钱市场规模预计从 2022 年的 28 亿美元增至 2027 年的 58 亿美元，复合年均增长率为 15.9%。可见，全球反洗钱呈现越反越多的情形，这主要是由于新型洗钱方式不断出现，法律与监管具有一定的滞后性。

四是跨国犯罪及洗钱组织增多。日益发达的网络给人们带来便利的同时，也给了犯罪分子不少可乘之机，加密通信软件的发展，使不少犯罪分子头目方便进行远程遥控，离岸指挥犯罪集团实施犯罪行为并进行洗钱，犯罪集团可能由点及

① 《AICB 主席：全球反洗钱市场规模料 2027 年增至 258 亿》，载 https://www.sinchew.com.my/news/20220726/nation/3969348。

面,在全球各地形成一张巨大的犯罪与洗钱网络,这种犯罪组织架构成本较低,且在不同司法管辖区难以协同的情况下,犯罪分子可以逍遥法外。

笔者抬头看路,把握国家乃至全球的反洗钱大势。根据笔者观察,当前反洗钱工作出现了以下特征:

一是监管范围扩大。反洗钱趋势从发达经济体向新兴经济体和周边地区呈渐进式渗透。近年来,发达国家的反洗钱监管范围较为稳定,新兴经济体和发展中国家逐步被纳入全球反洗钱监管网络,区域范围不断扩大。这使全球反洗钱监管覆盖面更广,不同国家间的监管协作也日益频繁。

二是监管力度收紧。处罚金额和频次保持高位,但波动性较大。全球反洗钱监管力度整体呈收紧态势,银行业支付的罚款数额大体保持上升,但不同时间段又存在明显的波动性。这与全球经济形势和各国监管政策调整等因素有关。监管层面取得一定的阶段性成效后,也会出现短期内对企业的宽容期。

三是监管重点。聚焦银行业反洗钱制度建设中的薄弱环节,如组织架构、风险评估、人员配置等。这些都是反洗钱工作的基础和前提,直接影响了反洗钱监测、识别和应对的效果。因此,监管机构对此类制度性不足高度重视,要求银行业从根本上完善反洗线体系建设。这将是银行业今后一个时期的重点抓手。

因此,未来全球反洗钱工作可能会有以下发展趋势。

1. 监管范围将继续扩大,最终覆盖全球主要金融中心。

发达国家之间的跨境监管合作将更加紧密,发展中国家也将加快接轨。区块链、非银行支付和其他新兴支付方式也有望被纳入监管范围。全球范围内的反洗钱监管网络将不断完善,使各国可疑现金流更容易被发现和截断。

2. 监管力度将持续收紧,但可能呈周期性波动。

根据以往的经验,监管力度总体呈上升趋势,但在不同阶段会存在一定的起伏。银行业需要警惕监管的高峰期,以控制合规风险。同时,也应关注整体趋势,做好长期应对监管收紧的思想准备和资源储备。

3. 监管重点将继续聚焦制度建设中的薄弱环节，银行业需要从本质上完善反洗钱体系。

这需要银行业全面检视现有反洗钱制度，并针对薄弱环节进行深入的业务流程再造和技术革新。只有形成系统化、持续化的反洗钱能力，才能应对未来监管的深度考察。

4. 新兴洗钱手段将成为监管新的着力点。

虚拟资产交易和自媒体收付款等新兴洗钱方式，都需要引起高度重视并纳入监管体系。这需要银行业主动作为，及时跟进新兴支付工具的监管要求。

5. 国际监管合作将加强，不同国家和地区监管规则趋同。

跨国执法合作和监管标准统一，有助于堵截跨境洗钱漏洞，提高反洗钱效果。银行业也需要密切关注全球反洗钱政策变化，主动适应监管规则的统一。

李　华

盈科律师事务所创始合伙人、副主任、盈科全国业务指导委员会主任。

李华律师作为盈科全国业务指导委员会主任，负责盈科体系内的专业化建设，带领盈科律师，构建出完整的专业化法律服务体系，包括研究院、律师学院、专业委员会及专业化建设法律中心，推动盈科律师专业化的法律服务，以适应法律服务市场不断细分的需要。在此基础上，通过集成各专业委员会纵深化的法律服务能力为客户提供综合性的法律服务。

全国律师行业优秀党员律师、北京市优秀律师、北京市律师行业优秀党务工作者，最高人民检察院第六和第七检察厅民事行政检察专家咨询网专家，中国人民大学法学院法律硕士专业学位研究生实务导师，《钱伯斯大中华区指南2023/2024》TMT：数据保护&隐私领域上榜律师，2024 The Legal 500亚太地区中国法域榜单金融科技领域推荐律师。

郭志浩

盈科中国区董事会董事、西北政法大学兼职教授、中南大学法学院兼职教授，现任盈科深圳管理委员会委员、实务研究工作委员会主任、数字经济法律事务部主任，同时兼任西北政法大学国家安全学院数字经济与国家安全研究院执行院长、中国政法大学研究员、山西农业大学客座教授、深圳市法学会数字法学研究会理事、深圳市信息服务业区块链协会法律专业委员会执行主任等。多次被评为盈科全国优秀律师、领军人才、十佳律师、2022年度《对话律师》封面人物等。发表了数篇专业学术论文（部分为核心期刊），出版了国内首本区块链行业的法律实务类专著《区块链法律实务》，其经典案例也被编入《辩策》《盈论》《案说合规》《影响力聚焦》等著作。